経済学で読み解く
大相撲300年史
本所、そして両国の磁場

山村英司

日本評論社

はじめに

相撲。時には相撲道とも称される。屈強で巨大な男たちのぶつかり合うことからは、格闘技と考えられる。そう考えるなら、スポーツの一種である。しかし、単なるスポーツの範疇に収まりきらない面もある。相撲は日本の江戸時代から続く「国技」である。力士志望者は入門すると同時に相撲部屋での共同生活が始まる。早朝から激しいけいこにいそしむ。鍋など大量の「ちゃんこ」をたいらげた後は、昼寝をして体を大きくする。当番を決めて、食糧の買い出し、食事の用意なども自分たちで行う。風呂の順番など細かなことにも暗黙に共有される規範がある。

共同生活を営んでいくためのコスト（労力・時間）は、平等に負担されるわけではない。番付によって決まる序列が、そのまま日常生活の上下関係に持ち込まれる。相撲社会は日常生活にもおよぶ堅固な縦関係によって特徴づけられる。明確な上下関係の中では、下位の者は上位に者には黙して従うことが求められる。

相撲部屋に入門後、相撲部屋という閉じた生活空間の中で、肉体を鍛え、技量を磨いていく。そして、若者たちは力士へと成長していく。あまりの厳しさやプライバシーの欠如から、脱落していく者も多い。約７００名の力士の中で、真のプロフェッショナルとして認められるのは幕内と十両に属する「関取」のみであり、その数は70名と定められている。この10％の「関取」にたどり着く前に多くの者は相撲界を去る。[1] 厳しく閉じた世界の中で生き残るためには、心身とも相撲に捧げる覚悟と根気が求められる。

昭和時代、経済発展に伴い、都市への人口の流入が増大した。人口は地理的に移動したばかりではなく、就業する部門も農業から工業、そして商業へと急速に移り変わった。日本社会の変化に呼応するように、相撲界も変容していく。江戸時代から力士は都市からの入門者割合が高かったが、昭和に入ると地方から東京の相撲部屋に入門する若者が増加し、出身地の多様化が進んだ。

伝統的かつ閉鎖的な印象がある相撲界だが、実は昭和から平成にかけて日本社会の中で最も早く外国人労働力（外国出身力士）が急速に増加し、その影響を受けてきた。外国出身の若者も日本人と同じく、入門後に相撲部屋で共同生活を送る。言葉はもとより生活習慣、価値観など全く異なる背景を持つ若者が力士になるコストは、他の「プロスポーツ」とは比べものにならぬほど大きい。野球、サッカーなど海外のプレイヤーが活躍する競技は存在するが、必ず通訳が傍らにいる。とりわけ日本語を学ぶ必要性に迫られていないからである。一方、外国出身力士はインタビューなどで、日本語をあやつり受け答えしている。生きていくためには、日本語が必要。だから、日本語が上達していく。[2] それが嫌なら荷物をまとめて母国へ帰ることになる。[3]

現代の相撲界を分析するには、その背景を理解する必要がある。国境を越えた労働力の流入は「国際化」である。本書で考える「グローバル化」はより広い意味を持つ。本書では特定地域内における「ローカル」な経済活動が、地域外に開かれ労働力が流入することを「グローバル化」と定義する。国内でもそれまで経済的結びつきが弱かった地域から、東京に労働力が移動することは「グローバル化」である。戦前から戦後にかけて昭和時代にすでに、相撲界は一種の「グローバル化」を経験している。グローバル化は何かのきっかけで急進展したのではない。過去の経験をもとにして、本格的なグローバル化の前提条件が整えられてきたのである。大河小説のように歴史は連続しているのである。

21世紀に入ると国内の遠隔地からの入門にかわって、急速に海外からの入門者が増加した。量的な拡大ばかりではない。最高位の横綱、それに次ぐ大関の力士の大半は外国出身力士が占めるようになり、外国出身力士の番付上の地位も高まった。様々な職業があり、自由を享受できる現代社会でなぜ、外国出身力士が増えていくのか？　その背景には、日本の経済発展、社会主義国家の崩壊、世界経済のグローバル化の相互作用がある。これら諸条件が連動し、伝統社会が変容していった。

これまで相撲を経済学の視点から考察した先行研究がいくつか存在する。[4] しかしながら、相撲社会の変容を長

（1）真の力士である関取になる前に相撲界を離れた男たちの人生については、佐々木（２０２２）が詳しい。

（2）力士の語学力の高さは、語学研究者にとっても興味深い研究対象である（宮崎　２００１）。

（3）例外としてカナダのアマチュアレスリング出身の琴天山（ジョン・テンタ）がいる。通訳付きで１９８５年から１９８６年にかけて1年余り力士として活躍。デビュー以来21連勝し無敗のまま引退。理由は、「恋人ができたが自由に会えず、自由のない社会はいやだから」。（朝日新聞１９８６年７月３日朝刊スポーツ面）

期的かつ巨視的に俯瞰する視点から、データを用いて数量的に相撲社会を分析した研究は存在しない。本書はデータを用いて江戸から現代までの大相撲の変容の全体像を描き、そのダイナミズムと文化的な意義を考察していく。

本書の前半では、江戸から戦後の高度経済成長期にかけての相撲界の長期的変容を取り上げ、主に国内における労働移動について考察する。1970年代以降の分析を行い、世界的な現象であるグローバル化の進展が日本の相撲界に及ぼす影響を分析した。このようなダイナミックな相撲社会の変容の中に、数多くの実証経済学のテーマが隠されている。さまざまな経済学分野の知見を手掛かりに、本書では日本社会全体の経済発展と相撲界の変容を結びつけ、海外からの移民ネットワークの形成、外国出身力士の流入が日本人力士へ及ぼす影響などを分析する。グローバル化は現実的な政策にかかわる問題である。しかし、日本国内を対象に日本語で書かれたグローバル化と外国人労働力の問題を論じた研究は数少ない。[5] わずかに存在する外国人労働の経済分析の研究書では、個別産業の実態や制度に関して歴史的経緯は考慮していないため統計分析と実態がどのように結びつくのか不明な点が多い。[6] 2000年以降の本格的グローバル化において、現実の労働市場における制度やルールを踏まえて、外国人労働者の影響を分析した書籍は存在しない。本書の隠れた狙いは、相撲界の変容を通してこの点を明らかにすることである。そのため外国出身力士という代替労働力の増加が日本人力士に及ぼした影響、さらに、グローバル化に対応するためのルールの変化とその帰結を紹介する。

本書は数々の実証分析結果に基づいて記されている。しかし本書の目的はその分析方法の詳細や妥当性を説明することではなく、「大相撲300年の真実」を経済学の視点で大局的に捉えることにある。したがって、本書では学術的な記述は割愛し、直観的にわかりやすい説明を心掛けた。より厳密な議論に興味のある読者には、各章の注で紹介した文献や、巻末の参考文献に挙げた私の学術論文をお読みいただければと思う。

本書で対象にするのは相撲界という伝統社会である。真実に迫るために欠かせないのは、歴史的経緯、制度や実態の理解である。そして、その時代に生きた人々の息遣いを感じ取ることだ。相撲界における文脈を踏まえ適切に研究を進めるために歴史資料、写真・地図、さらには文学者や随筆家の手記などを使用する。相撲の300年をカバーするために、各章は時系列順に並べてある。書籍の構成は大まかに、前半で江戸期から高度経済成長期まで、後半で高度経済成長期後の外国出身力士の流入によるグローバル化時代を取り上げる。

（4）例えば、中島（2003）は大相撲の制度的な側面を取り上げ、経済学的な視点から紹介した。Tamiya et al.（2012）は生物学的な知見を経済学に結びつけ力士のパフォーマンスを分析した。海外においては、レビットらによる八百長相撲の研究が知られている（Duggan and Levitt 2002）。

（5）大竹・大日（1993）は企業レベルのデータを利用した日本人と外国人の代替弾力性の推計をしている。

（6）主に1990年～2000年の時期を対象にした先駆的な研究として、中村他（2009）がある。彼らは、公式統計を駆使してオーソドックスな経済理論の仮説を検証している。しかしながらどこか隔靴掻痒の感がある。

各章にはコーヒーブレイクのために「相撲コラム」を挿入し、相撲界の人間模様に目を向ける。本書執筆時に私はイタリアに居住していた。なので、「コラム」では比較文明的視点から観察した相撲の姿も素描する。

「経済学者による、経済学者のための」分析が目的ではない。目指したのは、各時代の相撲界を取り巻く空気感を味わいつつ、多様な読者と共に大相撲３００年を旅することだ。週末や祭日の午後などに気軽に大相撲３００年の旅に出てみませんか？　読後はたぶん、両国の街を訪れるあなたがいるはず。

江戸大相撲生写之図　左隻
享和～文化年間（1801 ～ 1818）相撲博物館蔵

凡　例

- 本書の図と表は、以下のデータに基づき作成した。

  酒井忠正（1956）『日本相撲史 上・中巻』ベースボール・マガジン社

  『昭和の大相撲』刊行委員会編（1989）『昭和の大相撲』ティビーエス・ブリタニカ

  『相撲』編集部編（2001）『大相撲人物大事典』ベースボール・マガジン社

  日本相撲協会編（1975～1976）『近世日本相撲史 第1巻～第5巻』ベースボール・マガジン社

  『相撲』（1952～各号）ベースボール・マガジン社

  『大正の読売新聞 CD-ROM』読売新聞社

  『明治の読売新聞 CD-ROM』読売新聞社

- 上記以外の資料を用いた際は、その都度、出典を明記した。各々の資料の URL については、巻末の「参考文献・資料」を参照のこと。

第一部

近代日本の中の相撲

両国国技館。大相撲の聖地である。両国の街を歩くとしばしば遭遇する、丁髷《ちょんまげ》に和服姿の力士、ほのかな鬢《びん》付け油の香り、本場所が開催される頃に鳴り響く櫓《やぐら》太鼓。江戸情緒を体感したいなら、本場所開催中の両国だ。当地では江戸期から寺院である「回向院《えこういん》」で相撲興行が開催されてきた。明治期に入っても江戸っ子にとって相撲といえば回向院である。相撲好きとして知られた夏目漱石の小説『坊ちゃん』の描写が面白い。

「喧嘩をしても、回向院の相撲のような心持ちのいい喧嘩はできないと思った」[1]

そして、1909(明治42)年6月2日に回向院の隣に国技館が開館し、相撲興行が開催されることになった。

しかし、この「国技館」は現在の「両国国技館」ではない。長い伝統を誇る大相撲も政治経済の影響から逃れることはできない。大相撲の開催場所が移動したのである。回向院の国技館は第二次世界大戦後のGHQに接収され、1958年から日本大学講堂となり1983年に老朽化のため解体された。この間、1950年から1984年までは、隅田川を隔てた場所に立地した「蔵前国技館」が東京での本場所開催場だった。旧国技館から徒歩数分の場所に「両国国技館」が誕生し聖地になったのは1985年1月からである。

大相撲は単なる巨漢同士の格闘技ではない。力士が身にまとう色気に人は惹きつけられる。この色気の根底には江戸情緒と結びついた日本文化がある。そう考えると、大相撲は非常にローカルな存在に思えてくる。しかし、大相撲発展の歴史を経済学的な視点から考えると、大相撲は明治維新期から現代にかけて一貫して国内の「グローバル化」の渦中を駆け抜けてきたことがわかる。

明治維新により日本の政治経済の構造は「御一新」された。遷都により京都から東京へ首都が移された。日本全国の大名の下で統治され、一生を出生地で過ごしていた人々が故郷を離れ都会で生活するようになった。農業から軽工業へと経済活動の主役が移り変わった。その中で、市場経済の中に巻き込まれ、大相撲は本格的な娯楽産業へと変容していった。「その時、相撲界で何が起きていたのか？」この問いに答えてみよう。本書の前半では、明治期から昭和の高度経済成長期までの国内の「グローバル化」の実態を、「見える化」していく。これによって、外国出身力士が相撲界を席巻する以前の相撲界の状況を観察し、後半の国際的「グローバル化」との連続性を明らかにする。

（1）夏目（1988、八）を参照のこと。

1 江戸から昭和へ、力士はどこからきたのか?
グローバル化は高度経済成長期から

1・1 江戸から明治へ

織田信長など戦国大名、さらには江戸の大名は権勢を示すために、力士を雇っていた。現代でいう公務員のような存在で、大名の「お抱え力士」は帯刀を許され、自身の地位や権威の象徴とした[1](写真1)。江戸期において「勧進相撲《かんじんずもう》」は神社やお寺を建てたり、橋をかけかえたりする寄付を集めることが目的だった。[2] さらに、江戸中期には営利目的のために行われる興行へと変容する。[3] 相撲は歌舞伎などとともに浮世絵にも描かれ、一般大衆の娯楽となったのである。

明治維新の欧化政策の高まりとともに丁髷にまわし姿で力士が闘う相撲は前近的蛮族の習俗とされた。一時は廃止論が高まったが、伊藤

写真1:帯刀した力士たち
資料:「江戸大相撲生写之図」(左隻)〔享和～文化年間(1801－1818)〕 相撲博物館蔵
写真提供:日本相撲協会

博文、黒田清隆、板垣退助などの明治維新の元勲が相撲擁護論を展開したこともあり存続が可能となった。

明治維新を経て日本は産業が勃興し急速な近代化、市場化が進展していく。相撲は近代的市場システムに組み込まれていく。夏目漱石の随筆によれば「力を商《あきない》にする相撲が、四つに組んで、かっきり合った時、土俵の真中に立つ彼等の姿」[4]。力士は肉体的「力」を売り物にする市場参加者となったのだ。漱石が実際に目にした時代の相撲の様子は写真2に示される。現代とは異なり、親方が柱の前に座り審判役を務めている。

写真2：明治期の回向院相撲

資料：ミジョン（マイジョン）1908／（Migeon, Gaston, 1861-1930）「日本にて――芸術の聖堂へ巡礼の旅」国際日本文化研究センター収蔵

（1）現代でも刀は大相撲において象徴的な意味を持つ。横綱の土俵入りや写真撮影では太刀持ちを務める大関などを従える（第7章の横綱・双葉山の写真（写真1）では、大関名寄岩が太刀持ち）。また横綱自身が帯刀する写真もある（第3章の横綱・大鵬の写真（写真1）参照）。

（2）令和6年（2024）1月1日に発生した能登半島地震の被災地への義援金を募るため、62年ぶりとなる「勧進大相撲」が同年4月16日に開催された。

（3）生沼（2023）を参照のこと。

（4）夏目（1988、十九）を参照のこと。

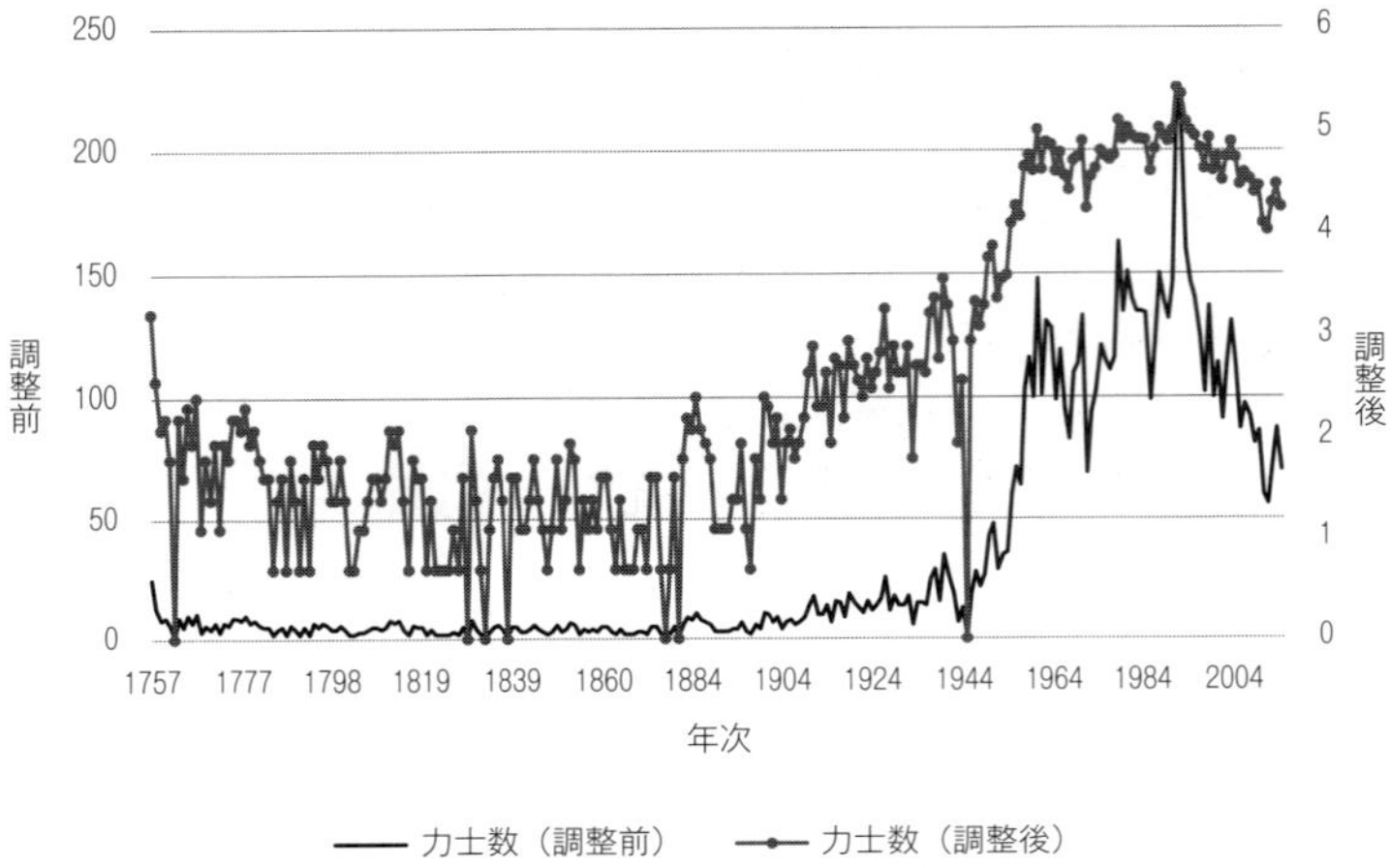

図１：江戸期から現在にかけての、初土俵力士の人数
注：「調整後」は対数化した力士数である。

１・２　初土俵力士数の長期推移

本書ではさまざまな相撲関連のデータを用いて数量的な分析を行う。例えば、力士レベル、相撲部屋レベル、相撲界全体レベルなどである。[5] ただし、本書で利用するデータにはかつて存在した大阪相撲と京都相撲のデータは含まれていない。[6]

具体的な数値データが入手可能な江戸期の18世紀半ばから現代まで、毎年の初土俵力士の数を観察しよう。図1は江戸から現代にかけての各年の入門力士数の推移を示した。実際の入門力士数は、年次によって大きく違うので、あまりにも少ない力士数の時期だと変化がわからない。そこで、この変化を視覚的に示す調整をした力士数の推移も示している。[7] まずは調整前の初土俵力士数に着目しよう。１７５０年から明治末期の１９００年ぐらいまで、初土俵力士が1年に10人未満であることがわかる。[8]

ところで経済発展に伴い、鉄道等の移動手段が整備される。また農業から工業、さらに商業へと中心的産業が変化していくことが知られている。江戸時代は身分が固定された、農業中心の社会である。多くの場合、農民は生まれ故郷を離れることなく生涯を過ごす。明治維新を経て、農村部では人手が余り、新たな産業が勃興する都市部へ職を求めに移住する。つまり、人々は出生地の農村を離れ都市で工業や商業などで職を見つけるようになる。この労働者の移動メカニズムを定式化し分析することは、経済発展論の古典的な研究テーマである。[9]

(5) 詳細は1ページの凡例を参照のこと。
(6) 現時点(2024年1月)では大阪相撲、京都相撲の数量データを入手することができない。これらのデータが入手可能になれば、東京、大阪、京都の三都相撲の比較分析が可能となるだろう。
(7) 対数化した力士数のことである。数値の間にあまりにも大きな差がある場合、小さな値の変化がほとんど視覚化できない。対数化すると、小さな値の変化を視覚化する際に有用である。
(8) ここで注意すべきことは、プロの相撲組織である相撲会所が江戸(東京)以外に大阪と京都にも存在したことである。京都相撲は明治末年に消滅し、大阪相撲は昭和初年(1926年)に東京相撲と合併し現在の日本相撲協会が組織化されていく。図1に示されている力士の数は東京相撲に限定したものである。したがって、1926年までの日本全体のデビュー力士の数は図1よりも多い。詳細な初土表力士の数は、1919年より10名を超えており、合併の1926年前後で大きな変化はない。したがって、本書では京都相撲や大阪相撲の規模は東京相撲に比べて小さく、江戸相撲への影響も小さかったと考える。
(9) 速水(2000)を参照のこと。

1・3　農村の力自慢はなぜ東京へ向かったのか？

経済発展と農村部から都市部への労働移動のメカニズムは、相撲界にも適用できるのだろうか？　さらに、相撲界で空間的な労働移動が本格化するタイミングはいつ頃なのか？　さまざまな疑問が湧いてくる。本書前半では経済発展を段階分けしてそれぞれの時代の特徴と、そこで働くメカニズムを明らかにしていく。[10]　図1から大まかに考えると第二次世界大戦前後で力士数に大きなギャップがあることがわかる。さらに、明治の「御一新」により、万事が改まり列国との交通が始まったとされる。グローバル化の第一歩が刻まれるのである。力士を抱えていた大名は消え、市場経済が本格化した。以上の点を踏まえ、本書第一部（第1章から第5章）では1750年から第二次世界大戦後の高度経済成長期までの約200年を、3期に分けて考えてみる。[11]　最初は江戸期（Ⅰ期）1750〜1867年、次に明治維新から第二次世界大戦前（Ⅱ期）1868〜1945年、そして戦後の高度経済成長期（Ⅲ期）1946〜1963年である。[12]

図1の調整後の力士数の推移をみていこう。この時、右の縦軸に示された「調整後」の数値は新人力士数の変化率と解釈できる。ここからわかるのは、1900年から対数値（調整後）のグラフの傾きが急になっている。これは増加率が高まっていくことを意味する。そして、第二次世界大戦中の一時的な落ち込みを除いて1960年代までの高度経済成長期において変化率の上昇傾向が観察される。つまり、戦争の影響を受けた

時期を除けば、1900～1960年の期間は力士の数が加速度的に増加していった規模の拡大期といえよう。

Ⅱ期に含まれる1900年以降の大まかな特徴は、藩閥政治の縁故主義から、高文官試験による高級官僚の任用への変化である。1905年の日露戦争後に全国を結ぶ鉄道網の発達、軽工業から重工業化への構造変化である。明治維新期の混乱から脱し、政治経済システムも整備され、欧米諸国からも一目置かれる存在になった時期だ。文化に目を転じれば、夏目漱石の『吾輩は猫である』（1905）、『坊ちゃん』（1906）、『こころ』（1914）などの作品が発表された頃だ。特に漱石の後期作品は、急速な日本の近代化の中で、神経症に悩む人間が描かれる。生まれ故郷を離れ都市生活を送る人間が主人公である。親方のもと、相撲部屋で疑似家族的な共同生活を送る力士も、故郷を離れ都会暮らしをする近代人なのだろうか？　データを用いて、江戸から現代に至るまでの、力士の出身地を分析してみよう。

(10) 長期期間を時代区分して分析する発展段階アプローチは、古くからの開発経済学で採用される枠組みである（園部・大塚2004）。

(11) 大きな時代の変化をとらえるために、本章では高度経済成長期以降の安定期は除外する。

(12) 200年間の時代区分方法は、無数にあるだろう。例えば機械的に明治、大正、昭和で区切る方法がある。詳細に時代の変化を追うならば、明治の45年間だけとってみてもさまざまな区分が必要だ。西南戦争まで続く内戦と混乱の時とそれ以降で社会の安定度は大きく違う。経済規模・産業構造や教育水準に注目するならば、日露戦争前後で区分することができる。発展段階アプローチでは時代区分が恣意的になる。しかし、その恣意性そのものが研究者の視点や学問的な立場を明らかにする。

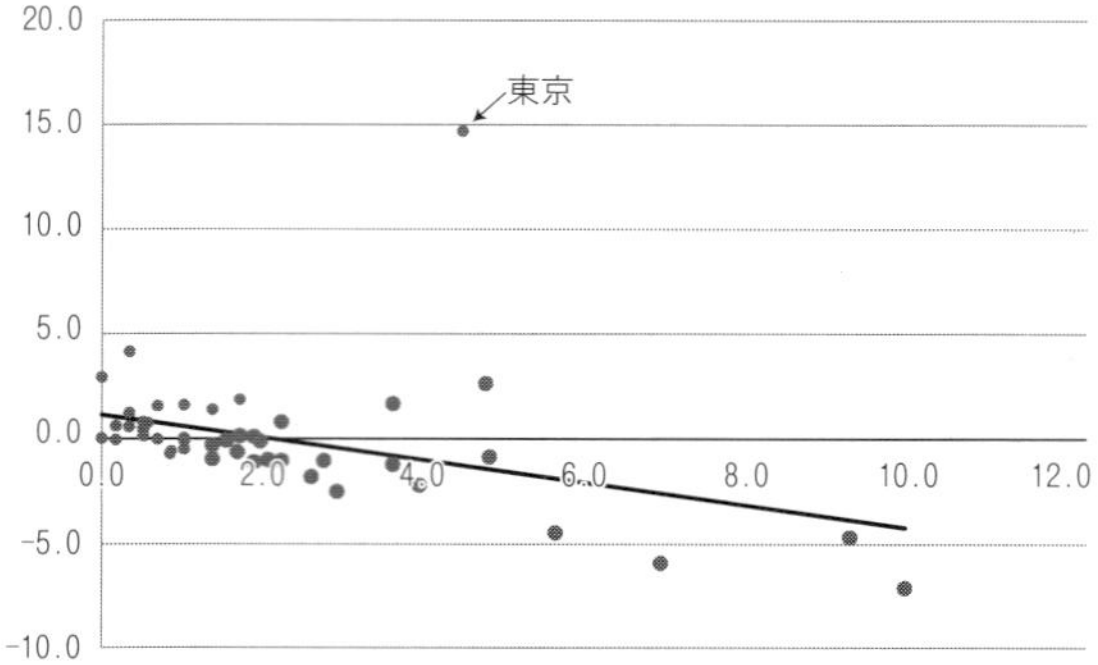

図２：都道府県別の新人力士率：「江戸」から「明治・戦前」にかけての変化（%）

注：横軸は「出身比率1757～1867年」の県別出身割合（%）、縦軸は「出身比率1868～1945年」−「出身比率1757～1867年」（%）。元データは日本評論社の本書籍ウェブサイトの付表２。

1・4　大相撲の集積化と江戸っ子力士

図2では、I期からII期にかけての力士の出身地の変化が示されている。横軸はI期の出身地別の力士の出身地シェア（%）をとる。右側へいくほど、江戸時代に多くの力士を輩出した地域である。縦軸はII期からI期の力士出身地シェアを引いた数値であり、マイナス（横軸より下方に位置）なら当該地域からの出身力士シェアは減少していることをあらわす。[13] 各点は都道府県の中の一つに対応する。[14]

図に示された直線は平均的な傾向を示す。図2の直線は右下がりになっている。これはI期において力士を多く輩出している地域ほど、II期での力士輩出の伸び率が低くなることを示している。言い換えるならば、江戸期において力士輩出比率が低い地域ほど、明治以降では伸び率が高くなるのである。つまり、地域間の力士輩出率の差が小さくなっていくといえる。出身地が全国へと広がっていったと解釈できる。

図2の中でI期の比率が約5%で、伸び率が約15%となっている地域がある。これは直線から大きく上方へ外れている。つまり、初期時点に比べて、並外れて出身比率の上昇幅が大きいことを示している。後に詳細に議論するが、この点は東京をあらわす。平均的には出身地域が少ない地域からの入門が増えているのだが、東京だけは例外である。相撲の本場東京からの入門者が突出して増えているのだ。明治から第二次世界大戦までの時期は、都市部のローカルな労働力を吸収して拡大していったのである。

図2ではI期からII期への長期的な出身地域の変化を描いた。ただし、時代の区分けが非常に大きいために、東京への集中が具体的にどの時期に起きたのかがわからない。これを観察するために図3に目を転じる。本書では力士が初めて土俵に上がっ

図3：新人力士の出身地の集中度の変化

注：縦軸は出身都道府県人数の変動係数、横軸は入門年。出身都道府県別の力士数の変動係数で、データのばらつきを表す。力士の出身が 特定の地域に偏っているほど、変動係数は大きくなる。

(13) 地域は「都道府県」によって分類する。廃藩置県以前の江戸期の出身地と都道府県の対応表は、日本評論社の本書籍ウェブサイト（https://www.nippyo.co.jp/shop/book/9432.html、以下同）の付表1で公開している。

(14) 図2と後に示す図3も、日本評論社の本書籍ウェブサイトの付表2のデータを利用して描いている。

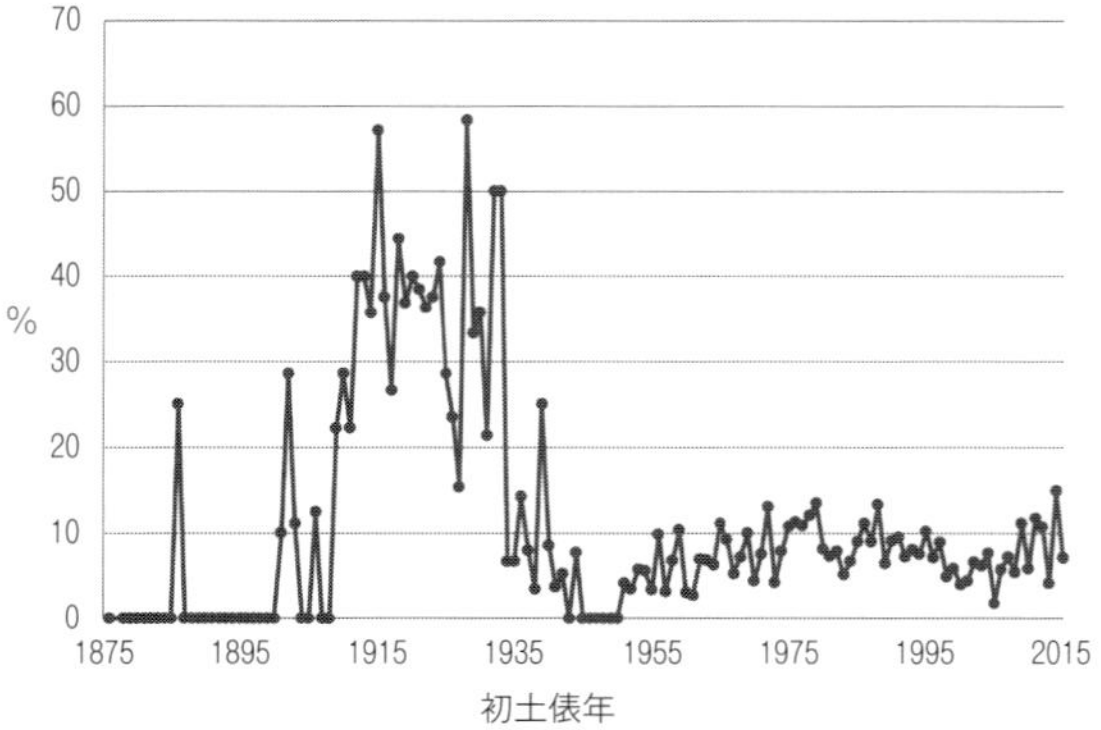

図４：東京出身の新人力士比率

た年を初土俵年とする。初土俵年を同じくする力士が多いほど、新人力士が誕生したと解釈できる。横軸に力士の初土俵年、縦軸には明治期以降の出身地域別の出身力士比率の変動係数をとる。[15]これは力士の出身地の集中度をあらわすと解釈できる。図３では１９１０年代から１９２０年代（明治末期から大正）にかけて大きな値となっている。ここからわかるのは、力士の出身地が急速に特定の地域に集中するようになることである。

図４は東京出身力士比率の推移を示している。１９１０年頃から東京からの入門者の急増がみられ、１９３０年代に至るまで東京出身力士の比率が約半分を占める状況になる。明治期において急速な近代化が進行する時期に大相撲は東京出身力士が中心を占めるローカルな世界になるのだ。ここまでの観察結果をまとめると、大相撲全体の力士数の数は少ないが（図1の調整前のグラフがゼロ付近）、１９１０〜１９３０年にかけて力士数が急速に増える（図1の調整後のグラフの傾きが急勾配になる）。この時期に、東京のローカル性が高まる（図４の東京シェア上昇）。江戸風情を残す東京で、地元民がつくる地域共同体的な世界が形成されてい

くのである。

1・5　江戸っ子から道産子の時代へ

入門者数が急増する第二次世界大戦以降は、明治時代初頭以上に出身地のバラつきが大きくなる（図3）。当然、東京出身力士の比率も極端に低下する（図4）。つまり日本全国から力士が集まるようになる。図2と同じ形式で後の時代との変化を示したのが図5である。Ⅱ期の出身地域比率を横軸、Ⅲ期からⅡ期の比率を引いた値を縦軸にとる。平均的傾向を示す直線は図2と同じく右下がりである。ただし、その傾きはより急勾配になっている。つまり、力士の出身地が多様化し、さまざまな地域の力士が集まるようになる。

地元の江戸っ子たちが主役のローカルな世界が、さまざまな地方の出身者が混在する現代的で都市化された世界へと変貌するのだ。１９５０年代から１９７０年代にかけての高度経済成長期に、中学卒業後に「金の卵」として地方農村部から東京へ集団就職がみられ社会現象になった。[16] 経済成長期に家族経営が多かった

（15）「変動係数」は標準偏差を平均値で割った値と定義される。力士の出身地にバラつきがあると、この値は小さくなり、特定の地域に出身地が集中すると大きな値となる。

（16）黒田（２００５）を参照のこと。

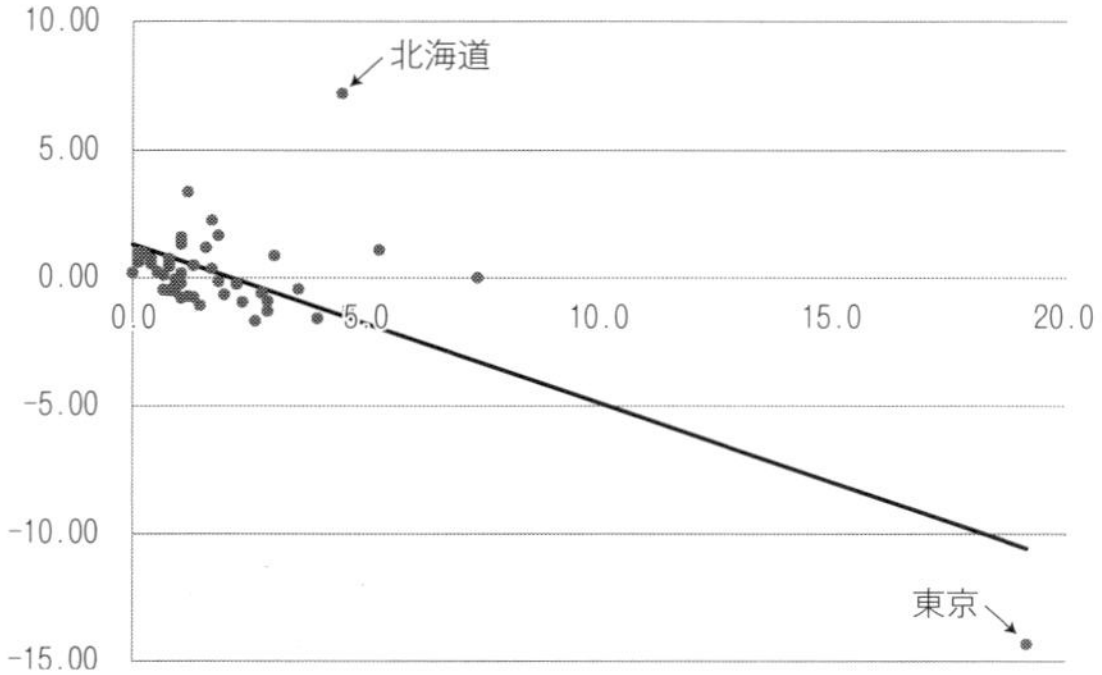

図5：都道府県別の新人力士率；「明治・戦前」から「戦後」にかけての変化

注：横軸は「出身比率1868〜1945」の県別出身割合（%）、縦軸は「出身比率1945〜1963」−「出身比率1868〜1945」（%）。元データは日本評論社ウェブサイトの付表2。

町工場、小売業や飲食業も人手不足となり、単純労働力として中学卒業の少年少女を雇い入れた。[17] 同様の現象が相撲界でも起きていたのである。

図5には2つの外れ値がある。右下の点が示す地域の力士のシェアはII期に20%を占めていたが、そこから15%も減少している。左上の点が示す地域は、II期の5%からさらに7%も増加している。これら外れ値の点が示す地域の情報を表1にまとめた。出身力士のシェアが大幅に低下したのは東京で、大幅に上昇したのは北海道である。

北海道はもともと蝦夷地であり、日本ではない外国だった。江戸期に松前藩が進出する。表1は明治17年時点[18]の日本全体における北海道と東京の人口シェア、ついで各時代の力士シェアを示している。江戸期の「道産子力士」はわずか0・3%、「東京力士」は4・5%である（ここでは明治期以降との比較のために便宜的に、道産子、東京と表現した）。明治17年の、北海道と東京の人口シェアは、それぞれ0・3%と4・5%であり、江戸期の力士シェアと同程度である。その後、道産子力士比率は一貫

県名	明治17年（1884）の人口	（1）江戸（1757～1867）	（2）明治～戦中（1868～1945）	（3）戦後（1945～1963）
北海道	0.6	0.3	4.5	11.7
東京	3.1	4.5	19.2	4.9

表1：明治期から戦後の新人力士出身県比率（%）

注：日本全体の都道府県を含む表は日本評論社のウェブサイトの付表2を参照。明治17年人口は『日本の長期統計系列』（総務省統計局）

して上昇している。特に戦後の増加率の高さは目を引く。高度経済成長期において力士の10％以上が道産子だったのである。すでに検討したように江戸っ子力士率は明治末期から昭和初頭まで驚異的な上昇を見せたが、戦後は大幅に低下する。相撲界は戦前まで地元江戸っ子のローカル性が色濃かったが、戦後はそれと入れ替わるように「海外」だった道産子の台頭が顕著となったのだ。

東京は地理的にも日本の中心にある。東京は相撲労働力の最大の供給地だった。親方も力士も相撲部屋がある東京に集中して居住し、人口に比例して才能がある若者も多く、相撲人材を育成する環境は整っている。本場所が最も多く開催されるのは東京である。身近な存在の江戸っ子力士が活躍するほど、東京の若者は力士になることを夢見て相撲部屋の門をたたく。このようにして東京出身力士の比率が高まり続ける一方、観客も相撲部屋の支援者であるタニマチ[19]も東京人である。好循環が

(17) 2005年に公開された邦画の「ALWAYS三丁目の夕日」は昭和33年の東京の自動車修理工場へ「金の卵」として就職した少女を主人公とする映画である。当時の時代状況を活写する映像作品といえよう。

(18) 日本全国の人口比率と比較するために、最も古い都道府県別人口公式統計も示している。

図６：明治期に比べて、第二次大戦後に出身力士が増えた県
注：白抜き以外は増加した県、中でも1.5％以上増加した県は黒で塗られている。

相撲の本場東京でみられるようになる。ある特定の場所に人材や資金が集中しその地域がさらに発展していくことを、経済学用語では「集積の経済」という。[20]明らかに東京における集積の経済が相撲市場でも働いていたのである。

北海道は聖地「両国」から遠く離れた日本最北端の地域である。本場所は北海道で開催されることはないし、当然相撲部屋も存在しない。広大な大地に人はまばらに居住する。集積の経済の対極にあるような地域である。何故この辺境の地から、東京へ向かい力士になり、相撲界で中心的な地位を占めるようになるのだろうか？　東京から遠く離れた辺境の地から力士はどの程度輩出されているのだろう？

図６は江戸時代と戦後の高度経済成長期の力士出身地シェアの変化を、日本地図上に描いた。黒で塗られた地域は明治期に比べ１・５％以上力士シェアが上昇した地域、灰色は１・５％未満だが力士シェアが上昇した地域。白抜きは力士シェアが変化しなかったり、減少した地域だ。まず目につくのは、黒色の地域が北

海道を含む北海道・東北と、南方にある南九州に集中していることだ。また東京およびその周辺地域は白抜きが多く、力士シェアが減少していることがわかる。つまり、200年にわたる変化を観察すると、東京および近隣県出身の力士シェアが低下し、最も距離的に離れた地域からの力士比率が増加したのだ。明治から昭和初期にかけて起きた相撲の集積の経済と、江戸っ子による江戸っ子のためのローカルな興行世界は、第二次世界大戦後には日本全国から力士が集う多様化された世界へと変貌を遂げたのである。

ここで気が付くことがある。本章ではここまで取り上げてこなかった、昭和の終わりから平成、そして令和の現在の状況である。この時期に顕著になったのは外国出身力士の増加である。

図7は江戸時代の初代横綱の「明石志賀之助」から令和の「照ノ富士」まで出身地別の横綱数をあらわしている。300年以上の期間でわずか73名しか横綱は存在しない。さらに、北海道の8名は突出して多く、ついで本州最北端の青森が6名である。興味深いのはモンゴルが5名存在することである。これは「聖地」

(19)「タニマチ」とは相撲社会の後援者(である個人)に対する呼称であり、相撲社会においては欠くべからざる存在である。外部社会において「タニマチ」は政財界の有力者である。「相撲社会が江戸末期から明治初期にかけて大名という経済的基盤から見放され、さらには欧風化の風潮を受けて社会的にも虐げられていく時代において、相撲そのものを保護しようとした一部の政治家や財界人によってさまざまな形の援助を受けながらプロの興行集団として確立されてきた近代の相撲社会の成立過程と深く結び付いている」(浅川 1997、63ページ)。

(20)日本をはじめとした東アジア諸国では、農村の余剰労働力を吸収し「集積の利益」を生かした製造業「産地」が経済発展を牽引した(園部・大塚 2004)。

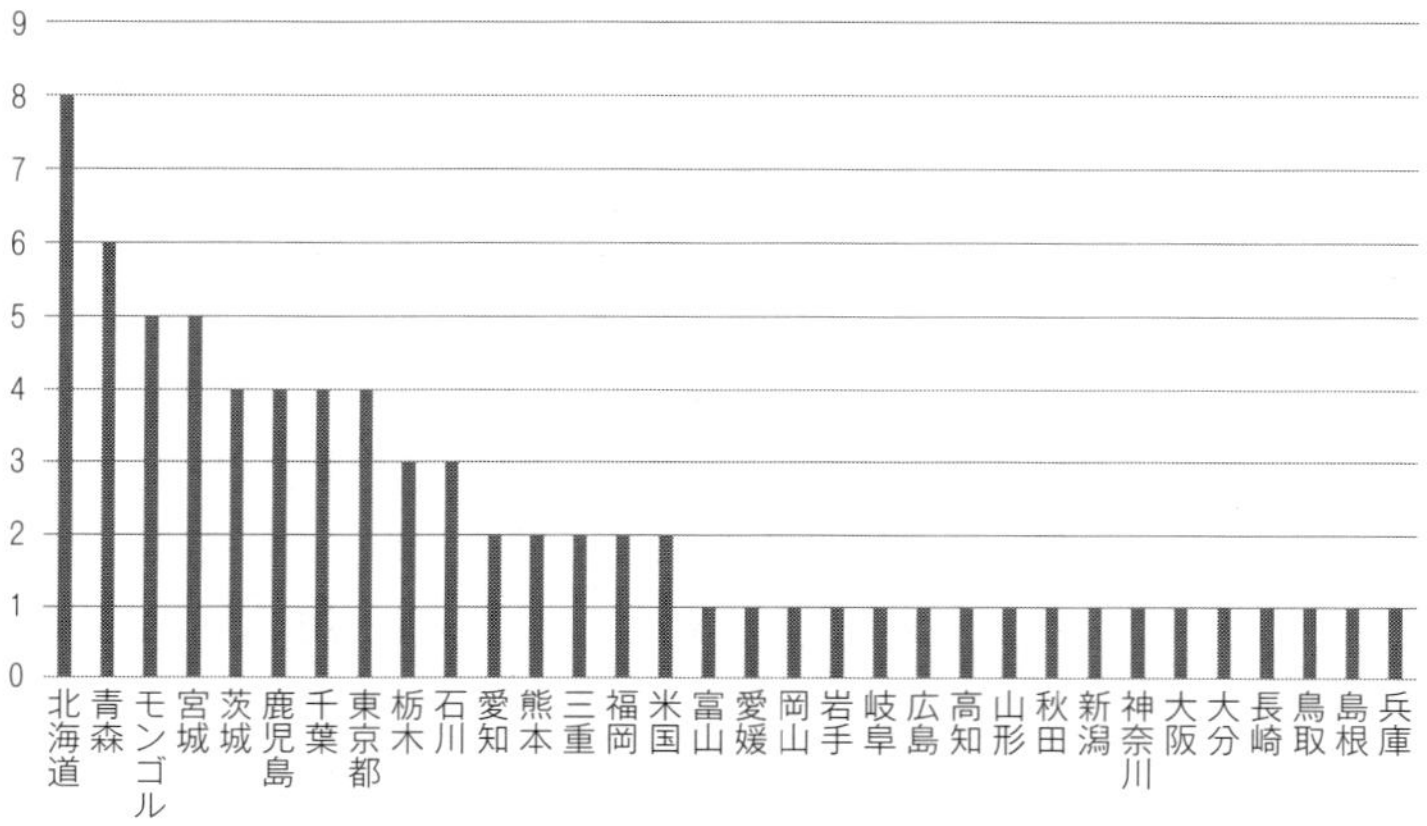

図７：出身地別の歴代横綱数（1749〜2015年）

注：廃藩置県以前の江戸時代の出身地は現代の都道府県に対応させた。ただし、梅ヶ谷藤太郎（二代目）および太刀山峯右エ門の２名は富山県か石川県の識別ができなかった。この場合は0.5とカウントして、富山県、石川県それぞれ１名として計算している。

東京の４名を上回る。横綱が一人も誕生していない府県は17である。横綱輩出地域には大きな偏りがあることがわかる。

横綱の出身地は時代によっても大きく変化する。力士の数が急増した高度経済成長期以降の状況を確認しよう。表２は第二次世界大戦後の38名の横綱を出身地別にまとめている。道産子力士は８名で21％、外国出身力士は７名で18％となる。北海道と外国を合わせると約40％となる。ちなみに東京出身は４名の11％である。図７で示した横綱産地の北海道そしてモンゴルや米国の海外勢は全員戦後に誕生しているのである。力士数が急増し商業的な側面が色濃くなった戦後において、横綱輩出地域に大きな偏りが生じたことがわかる。とりわけ、東京から遠く離れた地域から入門した力士の横綱比率が圧倒的に高い。

出身地	人数	%
全体	38	100
北海道	8	21
海外	7	18
東京	4	11

表２：第二次世界大戦後に横綱に昇進した力士の出身地

注：本州最北端の青森県出身の横綱も多く６名。北海道と青森を合計すると14名で全体の37%を占める（平成期の東京出身の若乃花、貴乃花は東京出身だが、親の代は北海道からの移民）。北海道、青森、海外を合計すると55%と半数を超える。

1・6　グローバル化の拡大プロセス

図８は相撲界のグローバル化を視覚化したものである。本州からみた北海道は津軽海峡を隔てた海外だ。今は日本に組み込まれてはいるが、文化や気候などは本州とは違いがある。長期的な視点から考えれば、相撲は江戸のローカル興行の時代から、津軽海峡を隔てた「海外」北海道からの労働力が活躍するグローバル化の時代に入っていったのである。北海道力士全盛の戦後の昭和は、大鵬、北の湖、千代の富士などが横綱となり鎬を削った。彼らが引退する頃に台頭したのが、曙、武蔵丸のハワイ勢、それについで現在までほぼ横綱を独占する朝青龍、白鵬、照ノ富士らのモンゴル勢である。

経済学的に考えるならば、昭和の時代に国内で起きていた「海外（北海道）」からの労働移動が、平成にはより遠く離れた国外からの労働移動に置き換えられたのである。ただし、国境や国籍を無視して考えれば、賃金が低く貧しい地域から、成功者となることを夢見て大都市東京で「就職」

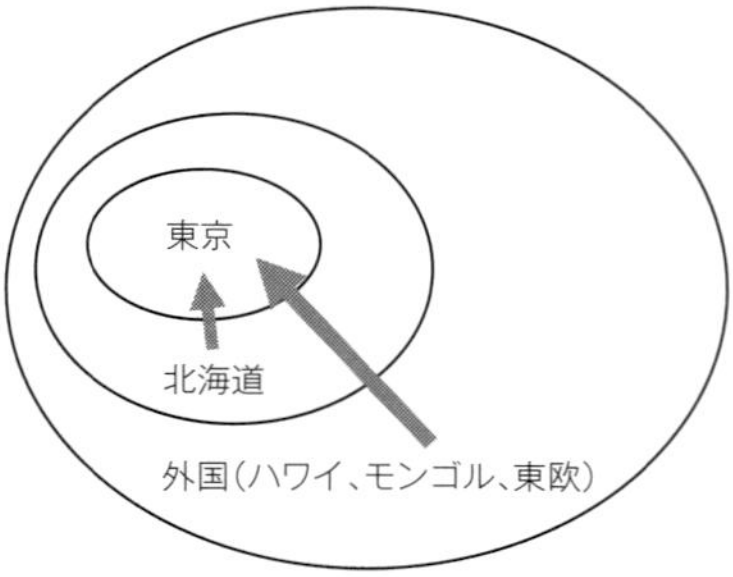

図８：相撲界におけるグローバル化の模式図

するメカニズムは全く同じである。相撲界は江戸時代の趣を濃厚に漂わせる、疑似共同体である。一般社会からは隔絶された世界中で、力士は伝統的な規範に従って行動する。しかし、昭和の時代から日本社会で、グローバル化のトップランナーだったのも相撲界なのだ。

相撲コラム1

両国の磁場

江戸の大半を焼失させた「明暦の大火」が発生したのは1657（明暦3）年。死者の数は、一説によると10万人。当時は隅田川より東が武蔵国で江戸の中心、西が下総国で人気《ひとけ》の少ない場所だった。両岸にかかるのは千住大橋のみ。隅田川の向こう岸に避難できなかったために、大火の犠牲者は増えた。その結果防災のために、武蔵国と下総国の両国を渡す「両国橋」がかけられた。そして下総国側の本所（現在の東京都墨田区）に立地する「回向院」は、四代将軍・徳川家綱の命により、犠牲者を供養するために建立された。

江戸の18世紀から19世紀初頭には勧進相撲は浅草八幡宮、深川八幡宮など本所の隣接地域で行われていた。本所回向院が相撲の開催場所として定着したのは江戸末期である。境内で春秋の二回、勧進相撲が興行されるようになり「回向院相撲」と称されるようになった。寺院の境内とはいえ、敷地や相撲小屋の規模は本堂よりもはる

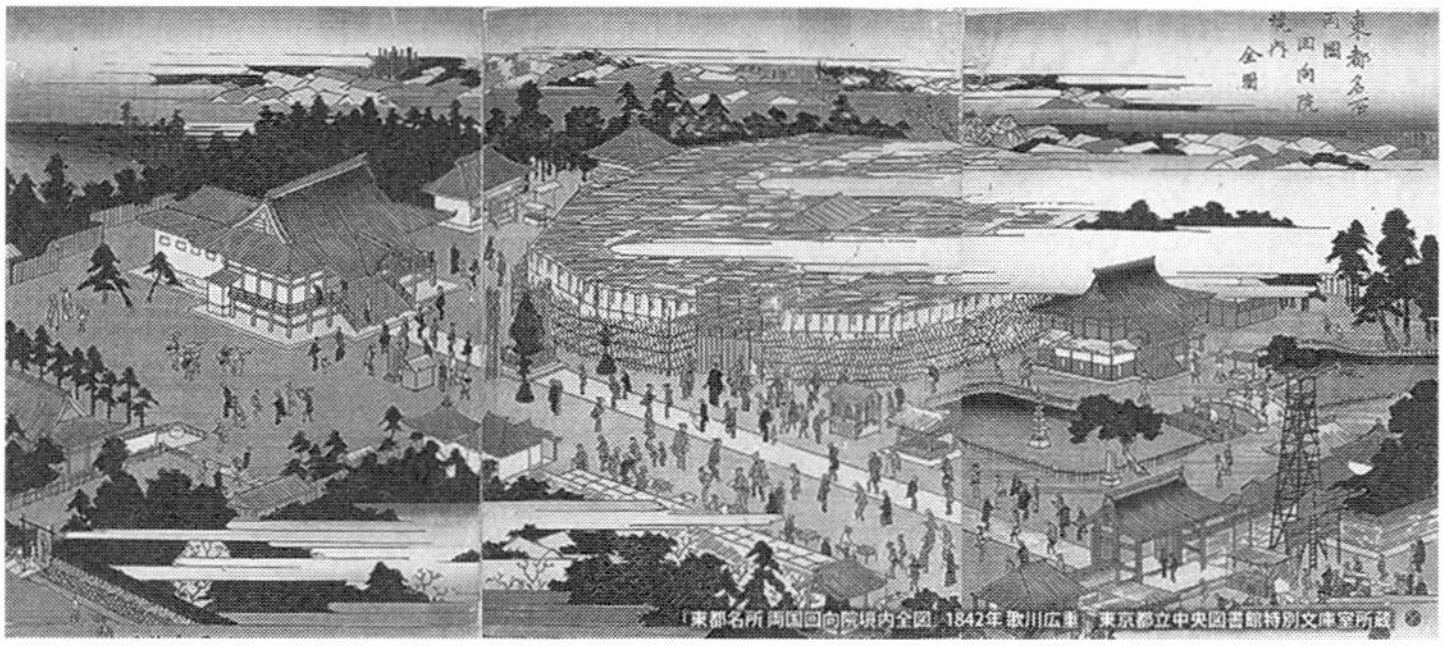

図１：回向院相撲の会場

画像：歌川広重《東都名所 両国回向院境内全図》東京都江戸東京博物館

画像提供：東京都江戸東京博物館 /DNPartcom

注：左の建物が「回向院」の本堂で、右側に巨大な相撲小屋。

かに巨大で、江戸期には相撲が営利目的の色彩を持っていたことがわかる（図1）。

明治維新期に「脱亜入欧」の社会の激変があり、相撲は存続の危機を迎えた。「御一新」の中で相撲界は新たな価値を生み出すことで、存続を目指す。力士たちが「力士消防別手組《べってぐみ》」の設置を政府に申請し、災害対策に役立つことを示そうとした。幕下・三段目で構成された「力士消防別手組」は、いくつかのテストで圧倒的な働きを示し、東京市内の消防活動に従事することとなった。明暦の大火から続く、災害との縁は、明治維新の存亡の危機から相撲を救うことになった。

物理学者の寺田寅彦は「大学時代に回向院の相撲を一、二度みにいった」という。[ii] 寺田の大学時代は１８９９〜１９０３年なので、19世紀から20世紀へ時代が移り変わる頃である。その後、日本銀行本店、東京駅などを手掛けた辰野金吾が設計した国技館が回向院の隣に開館したのは１９０９（明治42）年（写真1）。巨大なサーカス小屋から西洋の近代建築へと、相撲の力士の活躍の場が変化した。これは日本経済の発展にともなう必然である。日露戦争（１９０４〜１９０５）後の急速な近代化を迎えた時代で、相撲も本格的に市場経済に組み込まれる。

写真１：辰野金吾設計の国技館

写真提供：日本相撲協会

本所区（現墨田区）の両国は相撲の聖地であるとともに、明治以降に東京が経験した関東大震災、東京大空襲の二大災厄で最も深刻な影響を受けた地でもある。大正の関東大震災（1923年9月）では「陸軍被服本廠」跡地の「横網町公園」の建設地などの広大な空地に、4万人ともいわれる住民が避難してきた。地震発生から4時間ほど後の16時頃、火災旋風（広範囲の火災により発生する炎を伴う竜巻）に襲われ、敷地内だけで約3万8千人が焼死した。震災での死亡者は、東京市全体で約6万人であり、死亡者のうちの半数以上がここで亡くなっている。国技館も柱などを残し焼失したが、その後、再建される。

震災後の帝都の復興事業により江戸風情は東京から一掃された。それまでの東京のインフラは江戸期との連続性があったが、復興事業により隅田川六大橋（相生橋、永代橋、清洲橋、蔵前橋、駒形橋、言問橋）がかけられ西欧式の近代化が街並みにあらわれる。復興事業完了後の両国・蔵前を含む地図をみよう（地図1）。中央に墨田川が流れる。川の西側が蔵前、浅草など当時の東京の中心部の浅草区、東側に両国（本所区）がある。地図の最下部に回向院と国技館がある。地図の中央部の空白地帯で関東大震災大量の死者が発生した。右上部に震災の関連施設「震災記念館」がある。

回向院の近隣の住民にとって「旧両国国技館終焉の日」は「昭和二十年三月十日（土）東京大空襲の日」である。[iii] 当時就学期の子供は疎開しており、生き証人は東京に残っていたのは就学前の子供である。東京大空襲で最も被害が大きかったのは、人口が密集し木造建築が多かった浅草や本所だった。国技館は再度焼失する。戦後は

地図１：関東段震災後の両国付近

出典：「国際日本文化研究センター　所蔵地図データベース」復興完成記念東京市街地図：東京日日新聞附録　｜　内容年代 1930　｜　図書館資料 ID 001763531

長年、蔵前橋を渡った対岸、地図の左上付近に建設された蔵前国技館で大相撲が行われた。両国からは徒歩圏の近場だが、川の対岸は浅草区（現台東区）である。大相撲は「聖地」を離れたのである。

1985年に回向院から少し離れた場所に現在の両国国技館が開館し、相撲が「聖地」に戻った。両国は関東大震災と東京大空襲の最大の被災地だ。国技館から徒歩五分の場所に横網公園内に「東京復興記念館」と、震災と戦災の犠牲者約16万人を慰霊する「東京都慰霊堂」がある。「明暦の大火」あわせると、犠牲者26万人。両国の江戸風情は災厄を乗り越え維持されてきたのだ。その中心に大相撲がある。

東京都慰霊堂を訪れ、東京復興記念館に展示された疎開児童の資料を調査したことがある。帰途で国技館の傍らを通り過ぎた。江戸の大火の犠牲者供養から始まった回向院相撲。「明暦の大火」、「大正の震災」、「昭和の空襲」の犠牲者が大相撲を引き寄せ、新たな生命を与えたような気がした。本所・両国には強い磁場がある。

注

（i）酒井（1956）を参照のこと。

（ii）寺田（1935）を参照のこと。

（iii）菊地（2014）を参照のこと。

2 村一番の力自慢が、花の都へ向かった理由

2・1　江戸幕府に認められていた大阪相撲、京都相撲

相撲は日本書紀や古事記にも記されており、その歴史は神話の時代までさかのぼる。相撲が制度化されたのは江戸期である。幕府の許可を得て東京以外に大阪、京都に大きな相撲組織が設置された。[1] 現在も存続している湊部屋は、もともとは大阪相撲に属した。梅ケ谷は湊部屋に入門し大阪相撲で大関まで昇進した。維新後の1870（慶應3）年に東京相撲へ移籍し、その後第15代横綱になる。

大阪相撲は当地で大衆文化として親しまれ、生活の一コマとなっていた。福澤諭吉は1835（天保5）年に大阪堂島の蔵屋敷に生まれた。福澤は22歳で大阪を再訪し、自分のお守をしていた奉公人と再会する。奉公人によれば「お前をだいて毎日々々湊《みなと》の部屋（勧進元《かんじんもと》）に相撲の稽古を見に行《いっ》た（中略）私も旧《むかし》を懐《おも》うて胸一杯になって思わず涙をこぼしました[2]」。

大阪で幼少期を過ごし、大阪大学の起源とも言われる蘭学者・緒方洪庵の「適塾」に学んだ。その後、江戸へ移り慶應義塾をつくることになる。梅ヶ谷や福澤諭吉が東京で大成したように、その後、三都相撲は東京に集約され大相撲となり、その名の通り規模を拡大していく。それは、都市経済学が示すように、都市の発展と経済活動の集積化により経済活動が一極に集中していく過程で起きたことだった。[3]

2・2　明治維新のインパクトと相撲部屋の移動

江戸時代においては、各地に相撲団があり「力士は先ず地方の相撲団に入門し、そこで強くなったものだけが三都の大相撲にやってきた」[4]。つまり、地方の農村部で力自慢の男が寺社において力を競い、「村一番」の強者が集まり相撲団を結成する。その中から特に優れた力量を持ったものが三都で相撲を取るような仕組みである。地方には専門の職業力士を抱える相撲部屋があるわけではないので力士の養成は本格化せず、力

(1) 江戸中期において相撲の中心は大阪にあり、力士数は大阪で約200名、江戸で100名、京都で50名だった（生沼 2023、460ページ）。より詳細な情報は、大相撲の歴史バイブルとして知られる酒井（1956）を参照のこと。
(2) 福澤（1899）を参照のこと。
(3) 藤田・ティス（2017）を参照のこと。
(4) 生沼（2023）463ページを参照のこと。

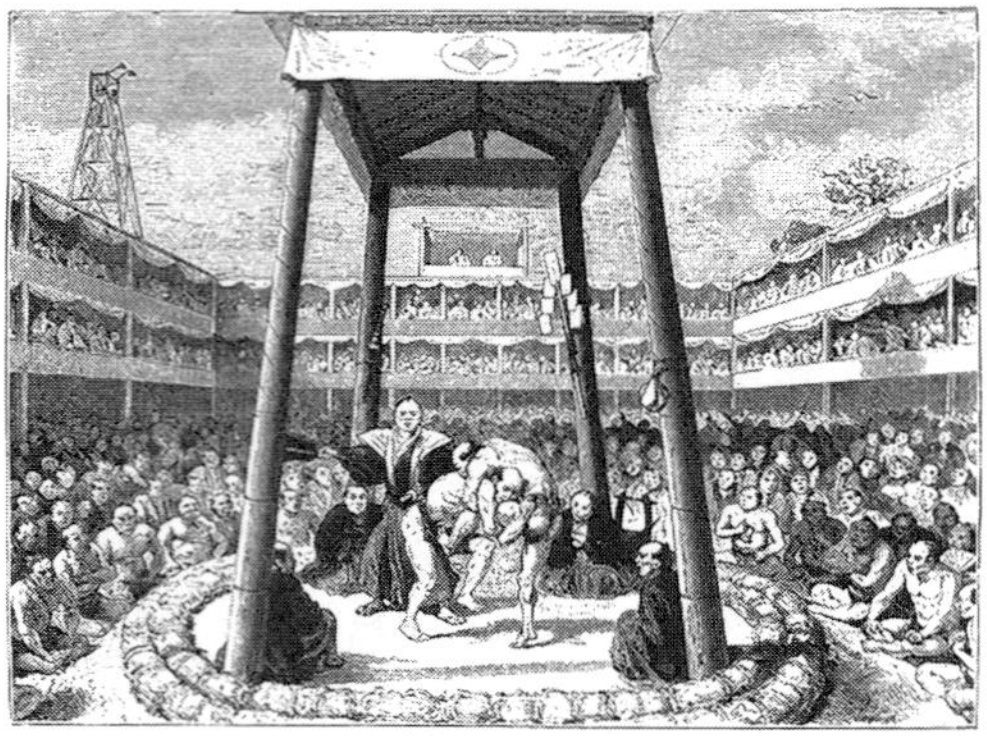

写真１：西欧人が描いた回向院相撲（1883年）
資料：エドワード・グリー（Greey, Edward、1835-1888）（1883）『すばらしい都市東京、すなわちジェウェット一家とその友人オト・ナンボー（南方乙）の冒険』、国際日本文化研究センター収蔵

士の供給量も少ない。また需要面では、江戸時代の都市の規模は小さかった。江戸は最盛期でさえ100～130万人である。[5] 相撲への需要もそれほど多くはない。

西南戦争後の1883年に西欧人が回向院相撲の様子を描いている（写真1）。当時は野外で相撲興行が行われていた。ただし、絵の中の土俵上の屋根の高さは実際よりもはるかに高い。さらに、3階席まである観客席は実際には存在していない。土俵がある広場は遠近法を使い非常に奥行きを持たせている。イタリア北部在住（執筆時）の私からするとベネチアのサンマルコ広場を連想させ、力士はベローナのアレーナ（闘技場）で闘う戦士のようだ。実際の回向院相撲は写真2のように野外に設置された木造作りの簡素な相撲会場である。写真1と2を見比べることで、西欧人たちが当時の日本をいかに西欧目線で観察し、西欧の文脈に置き換えて捉えていたかがわかる。

江戸相撲では相撲興行は寺社で行われていたが、その開催場所が本所回向院に固定化するのは江戸末期である。それまでは回向院の他に浅草八幡宮、深川八幡宮をはじめとして、神田明神、芝神明、市ケ谷八幡宮、茅場町薬師、麹町拾丁目心法寺、西久保八幡宮など開催場所は一定しなかった。[6]

当時の部屋の立地を確認しておこう。[7] 地図1に現在の東京23区に対応させた江戸から明治初頭にかけて存在した相撲部屋の立地割合を示した。江戸期の1822年はまだ開催場所が固定しなかった時期である。視覚的に江戸内の様々な場所に相撲部屋が分散していることがわかる。本所・回向院（現墨田区）はわずかに2部屋である。この頃は浅草や深川での興業も数多く開催されていたこともあって、浅草（現台東区）で5軒、深川（現江東区）で3軒の相撲部屋が立地している。あとは中央区に7軒、本所から離れた千代田区に3軒、文京区に6軒、港区にも5軒である。

70年後の明治期の1896年になると（右図）、圧倒的に本所・回向院周辺に相撲部屋が移転しているのが明らか

写真2：回向院相撲写真（1896年）

資料：タカシマ ステタ（高島 捨太、Takashima, Suteta）（1896）「日本生活の図絵」、国際日本文化研究センター収蔵

（5）鬼頭（1989）参照。なお、大阪や京都は江戸の4分の1程度の人口規模である（斎藤 1984）。

（6）酒井（1956）参照。

（7）生沼（2023）の54~68ページ参照。

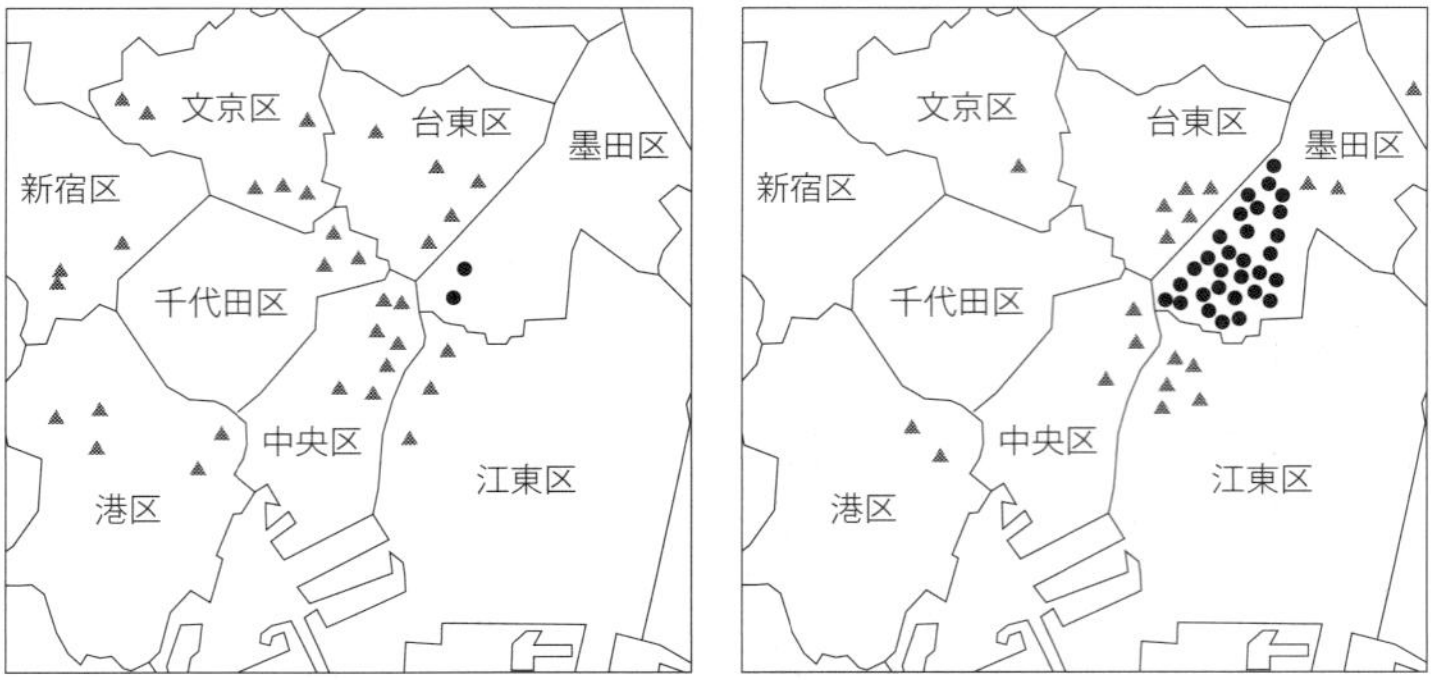

1822（文政5）年　　　1896（明治29）年

地図1：相撲部屋の立地変化

注：図中の●は現在の墨田区で両国国技館付近を示す。▲はそれ以外の区での立地を示す。

である。この間に回向院開催が固定化されており、その周辺に相撲部屋が集まり相撲集積地が形成されたことがわかる。

さらに細かく各地域の相撲部屋立地シェアを確認しておこう。表1に示されるように1822年では本所はわずか6％である。他には、浅草で15％、深川で9％の相撲部屋が立地している。本所およびこれらの地域などを含めばおおよそ50％である。ただし、圧倒的に高いシェアを占める地域はない。

地図1に描かれていない明治維新直前の状況も確認しておこう。回向院に開催が固定化した1847年でも本所は17％である。ただし、徒歩圏内の隣接地域を含めば約80％まで上昇する。相撲開催地が固定化していた、その影響と考えられる。これは、明治維新の直前の段階で興行開催地の近辺に立地していたことを示している。この頃、相撲が興行としての性格を強めている影響であろう。さらに、明治期になると圧倒的に本所に相撲部屋が集積する。浅草、深川を含めれば約96％とほぼすべての部

区名（江戸期の地名）	1822（文政５）年	1847（弘化４）年	1896（明治29）年
墨田（本所）	6.1	17.0	78.4
台東区（浅草）	15.2	21.3	6.8
江東区（深川）	9.1	25.5	6.8
千代田（神田）	9.1	4.3	0.0
文京（湯島）	18.2	8.5	1.4
中央（日本橋）	21.2	17.0	4.1
港（芝）	15.2	2.1	2.7
新宿（四谷）	6.1	4.3	0.0
本所＋隣接地域	51.5	80.9	95.9

表１：江戸内の相撲部屋立地の変遷（%）

注：江戸期の地名は、現代の区内において代表的なものを示している。「本所＋隣接地域」は墨田、台頭、深川、中央の合計値である。

屋が回向院そばに立地している。これは江戸期に比べて、回向院そばに立地するメリットが、加速度的に大きくなったことを意味する。明治維新後の相撲興行の本格的市場経済化によって集積の利益が増大した影響である。

第1章で論じたように明治維新以前は、力士は大名のお抱え力士として武士の身分を与えられていた。[8] 江戸後期になり回向院相撲が定期的に開催されるようになると、次第に興行的な性格が強まる。ただし、大名の経済的な後ろ盾があるので、現代の民間企業のように利益を上げなければ淘汰される厳しい経済環境に置かれているわけではない。公務員的な性格は維持されていたのである。

明治維新後において版籍奉還が行われ、大名が領地を失いかつての経済基盤を失った。[9]「大名からの経済的支援がなくなり、相撲部屋は大名のお抱えを解かれた力士を収容、その経営は芳しくなかっ

（８）酒井（１９５６）を参照のこと。

た」[10]。やむなく親方（相撲部屋の経営者）は「従来の大名への依存体質を改め、本場所興行を中心に自立した相撲社会を建設するために、回向院の近くに集まった[11]」のである。つまり、親方は市場経済を主体として独立採算で利益を追求する必要に迫られたので、集積の利益により経済効率性を高める場所に相撲部屋を移動させたのである。

集積の利益は興行場所までの移動の時間を節約すること以外にさまざまある。明治維新により、相撲の支援者は大名から民間の有力者であるタニマチや企業に移る。潜在的な支援者がアクセスしやすい場所。そこに相撲部屋が立地するならば、経済的な便宜を受ける確率が高まる。相撲好きの有力者は、とりあえず回向院に足しげく通う。贔屓《ひいき》の力士がいれば、様子を見に行きたくなるものである。回向院から簡単に立ち寄れる場所に相撲部屋があれば、自然と足が向いてしまうだろう。そこに部屋を構えて待機すれば、タニマチとのネットワークを作ることが容易になり、経営に大いにプラスになるだろう[12]。さらに、後で議論するように明治になると相撲部屋が果たす職業訓練の役割が大きくなる。出稽古などをして技能を高めるうえで、同じ区域内に立地することのメリットが拡大したのだろう。当時は自動車や電車などが未発達である。つまり移動のための時間コストが大きい。したがって、徒歩圏内の中でもより近場に立地することが重要になる。

2・3　産業構造の変化と「力士」志願者の増加

集積の経済理論によれば、都市化が始まる前の社会は人口が全国に均質に分布する。[13] 農業中心の社会なので、農耕するために十分な広さの農地を確保する必要がある。必然的に地理的に人口が分散する。これが、土地集約的な農業の特質である。産業構造が第二次産業、さらに第三次産業へ移り変わっていくと、状況が変化する。資本集約的な製造業では、土地よりも生産設備である資本が必要となる。さらに、第三次産業が発展し、人的資本（頭脳）の重要性が高まると、知的労働者が豊富であることが求められる。したがって、人的資本都市の高層建築のオフィスで現代人は働く。土地面積当たりの人口密度は、高層化によって大きく

(9) ペリーの黒船が来航した折に、日本側は関係を円滑にするために相撲のエキシビションを披露した。その時の模様を米国側の人物は無意味な見世物と日記に記している（Gordon 2002, p.50）。米国側の相撲への反応は、日本側にも伝わったことだろう。明治維新の欧化政策の下で、相撲は文明開化にそぐわない「蛮風」とされ、存亡の危機にあった。江戸の文化の否定の波に相撲界も飲みこまれようとしていたが、伊藤博文、黒田清隆、板垣退助、後藤象二郎などの支援や、展覧相撲の実現などにより存続が可能になった。

(10) 生沼（2023）62ページ。

(11) 生沼（2023）568ページ。

(12) 浅川（1997）参照。

(13) 藤田・ティス（2017）参照。

なる。経済発展の過程で、産業の中心が第一次産業から、第二次産業、さらに第三次産業へ移り変わる。古典的な経済学で登場する、「ペティ・クラークの法則」とよばれるメカニズムだ。これに伴って、労働力も農村から都市部へと移動していく。[14]

さて、相撲界では何が起きるのだろう。冒頭に述べたように江戸時代には、東京、大阪、京都の都市の中で力士を養成することはなかった。それは、日本が農業中心の社会構造であり、農業の傍らアマチュアの「力自慢」が存在し、各地で相撲団を作った。そして地方農村部のアマチュア相撲団の中で篩《ふるい》にかけられた者が入門するのである。現代のプロ野球で例えるならば、実業団野球で実績を積んだトップレベルの選手だけがプロ野球チームに入団できるようなものである。しかし、このような力士供給ステムが、変容していくのである。

2・4　出稼ぎ少年の野望

農村で人口が増えると、農業には不必要なほどに労働力が増加する。この農村部での余剰労働力は、仕事を求めて都会へ移住することになる。[15] 相撲労働市場に適用して考えると、地方農村部に存在する力自慢で体格の良い若者は、その資質を生かすことで、他の職業につくよりも力士となった方が高い賃金を得られる可能性が高いと予測する。経済学的に表現するならば、相撲界で働くことから得られる期待賃金が、他の職業で働く期待賃金よりも高くなる。より直接的な表現を用いれば、「田舎で農業やっても食っていけないから、メシを食っていくために都会で働く」というわけである。力自慢の若者は相撲界に入門するインセンティブを持つのである。相撲部屋は完成された力士人材を地方から集めるのではなく、経験のない「力自慢」を集めて、親方の指導の下、集団で力量を磨き、「力士」を目指すのである。

江戸には相撲部屋が多く存在した。[16] しかし、東京の相撲部屋が本格的に力士を養成する機能を持つようになったのは明治維新以降である。親方が教師、生徒は入門した若者である。相撲部屋は職業学校的な機能を果たすようになったのである。社会全体に目を向けると明治時代に教育がシステム化されていく。1872(明治5)年に学制が公布され、1875年には男女の小学校就学率は50%に達し、日露戦争の1905年頃には90%を超えていた。[17]

以上の議論を数量的に検証してみよう。図1は江戸期から現在に至るまでの、出生年別の平均初土俵年齢

(14) 速水(2000)を参照のこと。
(15) 農工間2部門を想定した経済モデルは経済発展論の古典である。ノーベル賞を受賞したアーサー・ルイスのモデル、そしてラニス＝フェイ・モデルなどが広く知られる(速水 2000)。
(16) 生沼(2023)54~68ページを参照のこと。
(17) 文部省(1980)を参照のこと。

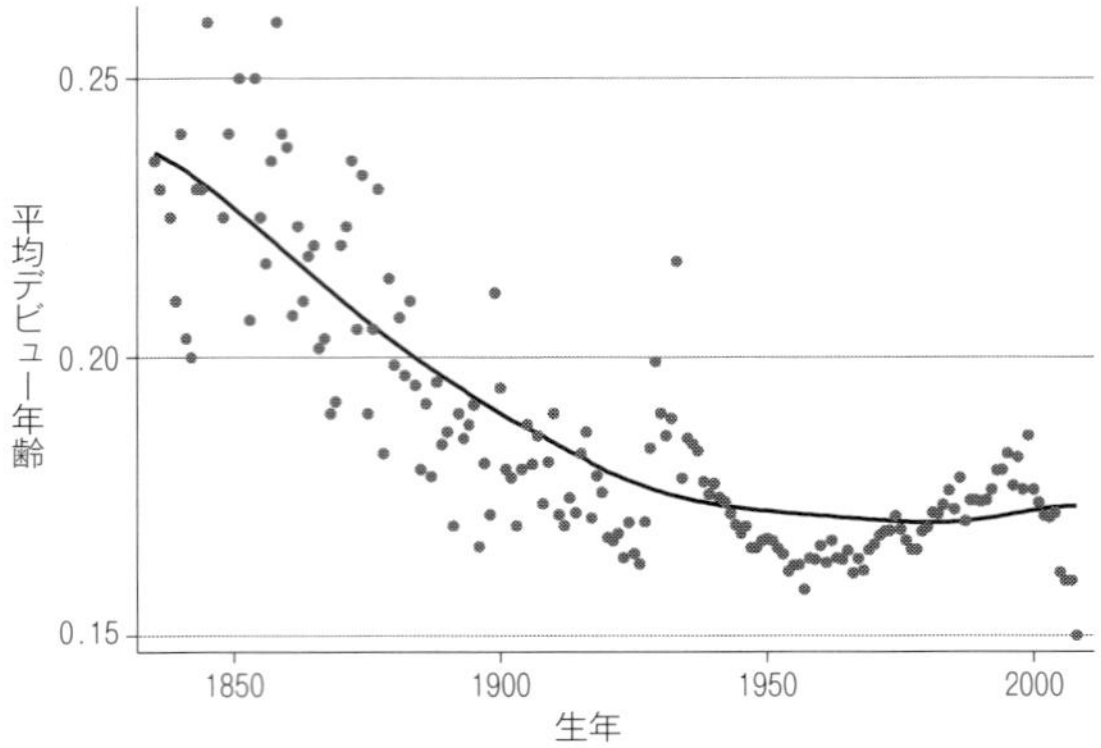

図1：生年別の平均初土俵年

注：江戸期は出生年を記載している力士が少ない。また、生年の情報があっても観測数が1名の年が多かった。図1では2名以上の力士からデータ収集可能になった江戸後期からの数値を用いている。

である。平均初土俵の年齢は、江戸後期は20歳以上で、おおよそ23歳程度でこの値は生沼推計と整合的である。[18] 男性の平均寿命が明治末で44歳であり、現在の79歳の半分程度である。[19] これを考慮すると、初土俵時点で人生の折り返しを迎えていることになる。つまり、下積みの修行を終えて一人前になった大人が初土俵を踏んでいるのだ。これが明治に入ってからは20歳を下回るようになる。さらにその後も低下し続け、第二次世界大戦後になるとほぼ一定となり10代後半が平均初土俵年となる。[20] 力士の初土俵年の変化は、産業構造全体の変化と、それに伴う力士の労働供給システムの変化を反映している。

2・5　相撲部屋のインセンティブ

労働需要側の要因を考えてみよう。相撲部屋の方にも、入門者を増やすインセンティブがある。経済学の基本概念に規模の経済性がある。具体的な例として、一人暮らしをするよりも、同居生活の方が一人当たりの生活コストを小さくできる。部屋代は人数が増えても一定、食糧は大量購入することで値引可能だからだ。相撲部屋にも同じメカニズムが生じる。地方から上京する入門力士にとって最も重要なのが衣食住の確保である。相撲界では、相撲部屋が衣食住を提供する。全員が同居し共同生活を送る。ちゃんこ（食事）は当番を決めて自炊、部屋は共同部屋、備え付けの土俵で早朝から共に猛稽古である。

一方、親方にとっては、力士数が増えれば、その中から「関取」が誕生し、後援会などからより多くの金銭的支援を期待できる。規模の経済性が働くので、親方は力士一人当たりが生活する経費を低下させるために数多くの力士を入門させる動機がある。特に市場化に伴って大相撲は興行の側面が強くなり、営利を追求するために力士の数が増える。ここでも規模の経済性は重要だ。力士を養うコストは取組の数が増えても一定だ。したがって、限界コスト（追加的コスト）をかけずに「相撲財の供給」、つまり取組の数を増やすイン

(18) 生沼（2023）462ページ参照。
(19) 厚生労働省公式サイト「完全生命表」。
(20) 昭和になると16~17歳程度になる。後半の第6章以降で論ずるように高度経済成長期以降は中卒の若者が大量に上京した。相撲界でも中卒の入門が増加したことを示す。元横綱の北の湖のように小学校卒業後に入門し、相撲部屋から中学校に通う者もいた。高度経済成長期が終わってからは、ルールが変わり、入門は少なくとも中学を卒業していることが前提となった。さらに大卒エリート力士も増加した。このような事情から、高度経済成長期以降は平均入門年齢は若干上昇する。

年次	本場所数	地方場所数	開催日数
1946	1	1	13
1947	2	1	21
1948	3	1	22
1949	3	1	43
1950	3	1	45
1951	3	1	45
1952	3	0	45
1953	4	1	60
1954	4	1	60
1955	4	1	60
1956	4	1	60
1957	5	2	75
1958	6	3	90

表２：高度経済成長期における相撲市場の拡大
資料：酒井忠正（1956）をもとに筆者作成

センティブが湧く。特に、相撲界全体の力士数が増加すると、力士の対戦が多様化する。さらに、相撲界全体の取組の数を増加させることができる。ケガ人が出ても、代替する力士が多数存在するならば、興行開催への影響はない。取組の数を増加させることが可能になる。さらに、本場所数、および一場所の開催日数を増加させることが可能である。

表2より、高度経済成長期の急速な相撲市場の拡大を確認しよう。戦後再開された大相撲は１９４６年に本場所は年1回13日間、翌１９４８年から地方巡業が恒例化され、１９５０年から年３回で各15日間、１９５４年から15日制で年４回となった。その後、１９５８年から現在の年６場所で15日制が定着し現在に至る。１９４６年から１９５８年までの間に、本場所数は６倍、開催日数は６倍以上になった。生産要素である力士数の増加によ

って、相撲取組という財の供給が急増したのである。さらに、昔から相撲が盛んだった大阪以外に、名古屋、九州で本場所が定期開催になった。[21] つまり全国へ相撲財を供給することで、全国に相撲の「タニマチ」ネットワークを形成し、経済的支援者の拡大を進めた。

2・6 相撲産業の集積化

第1章では、江戸から現代まで、約300年にわたる長期データを用いて、地方から相撲部屋が集積する東京へ労働力が吸い寄せられるプロセスを確認した。しかし、大まかな傾向をつかむための単純化された分析なので、考察されてない重要な要因いくつもある。その一つは距離の問題で、集積地の発生と関係する。経済発展の初期段階では経済活動は空間的な広がりを持つ。遠く離れた場所からは移動コストが高いために、広範な地域から労働や資本が一箇所に集まらないのだ。明治維新による東京への遷都以前は、関西の経済活動は非常に活発で市場経済が発達しており、経済力で江戸幕府に対抗する勢いだった。[22]

(21) 同じ時期に北海道、東北地方から入門者が激増した。それに対し、本場所の興行は西日本に広がった。北海道、東北出身の力士が、九州場所で声援を受けるのである。明治維新期に官軍となった地域の観客が、賊軍側地域の出身者の力士が闘う姿を観る。明治維新の影響は相撲興行の地方への展開にも影響しているのかもしれない。

経済の活動の拠点が江戸と大阪に存在したのは、移動コストの大きさも関係しているだろう。経済活動の影響は娯楽産業となった相撲組織の立地にも関係する。明治末まで京都相撲、昭和に入るまでは大阪相撲が存在し、東京相撲とは独立に力士を集めていたのだ。京都相撲が存在したのは、もともと京都において天皇のために相撲が開催されていたことに由来する。[23]

昭和に入ると大阪相撲は東京相撲と合併し、大相撲は東京に一極集中する。空間経済学の理論では、集積することの利益が大きいので、そこに人も物も吸い寄せられる。複数あった同規模の都市のうちの一つが規模を拡大し巨大都市になり、他の都市は縮小する。明治以降の東京の中央集権化は政治的な要因ばかりではなく、経済的なメカニズムに従っているといえる。当然、相撲への需要も東京が突出していく。大阪相撲、京都相撲が消滅した背後には経済的なメカニズムが働いていたのだ。

集積の利益の一つは、関連部門の教育機関が集中し産業に特化した労働力を蓄積し、労働市場に供給することである。熟練労働力の蓄積である。江戸期のように人材が全国に分散していると、才能ある若者でも適切な指導を受けることができない。したがって、力士の育成が難しい。明治になると相撲部屋が東京に集積し、プロの親方が指導者として弟子を取る。部屋の中には切磋琢磨する仲間もいる。部屋は力士養成機関であり、全寮制の力士養成学校のような存在も兼ね備えている。実際に、プロである「関取」を除いた幕下以下の相撲取りは正式には「力士養成員」とよばれる。[24] つまり、全寮制の専門学校に在籍する学生のような立場と考えられる。明治維新期に東京が、相撲の集積地になった背景には集積のメカニズムがある。

2・7　東京から離れた地域からは入門者が少ないのか？

第1章では、江戸期の状況に比べて明治〜第二次世界大戦前は力士が増加したことを示した。とりわけ、東京出身力士の増加が顕著である。相撲の集積地東京では、相撲部屋が近辺に存在する。それを見て育つ若者は力士になるためのノウハウや訓練方法などを学びやすい。これは経済学用語で「情報のスピルオーバー効果」といわれるもので、対価を払わずに情報を得る「正の外部性」を享受していることを意味する。明治期は鉄道も発達していないため地方から上京するためのコストが高い。そのために、移動コストゼロで入門できる江戸っ子の入門割合が高くなるのだ。

江戸時代の大相撲は、関東と関西に拠点をもち、それぞれの地域でローカルな興行を打っていた。江戸時

(22) 例えば、日本における取引所の起源で組織的な先物取引所の先駆けだった堂島米市場が存在していた（高槻 2018）。
(23) 朝廷を意識した江戸幕府は将軍主催の名目で「上覧相撲」を開催して最高権力者が朝廷から江戸幕府へ移動したことを誇示した（宮本 1984）。
(24) 生沼（2023）を参照のこと。

代は西日本の若者は距離が近い、大阪相撲、京都相撲へ入門していただろう。しかし、この構図が崩れ東京が唯一の相撲産業の立地場所になる。相撲労働市場は買手の独占市場になり、力士になるための組織の選択肢が一つとなったために、西日本からも必然的に東京の相撲部屋に入門するようになる。

以上のような環境変化を踏まえたとしても、東京からの出身地までの距離は力士によって大きく異なる。第1章の図6は、江戸期と高度経済成長期の力士出身地比率の比較をして、遠く離れた北海道と九州の力士の増加が顕著であることを示した。19世紀半ばの江戸と、20世紀半ばの戦後の間には100年の空白期がある。その間に何が起きたのかについては分析していない。つまり、第1章で定義したII期（明治、大正、戦前）を省略して、I期とIII期を比較している。実際には、II期の約100年の間に大きな変化があったことだろう。

労働力が空間的に移動するときには必ず費用が発生する。その費用が非常に大きければ、東京へ移動することを断念するだろう。長期的な経済発展の中で、移動コストは大幅に低下する。近年の数量経済分析によれば、鉄道など輸送手段の発達は経済発展を促す重要な前提となることがわかっている。[25] 労働の流動化を促し、人々が自分に合った仕事に就くためには、移動コストの低下が見逃せない。力士になるための素質を持った若者でも、東京に移動することができなければ力士になることは不可能である。

このように考えると東京から出身地までの距離は、潜在的な能力がある若者が実際に力士になる確率に影響を与えるであろう。具体的には東京から離れた場所に居住している若者ほど、力士になる確率が低くなる。しかし、移動コストは鉄道網が発達するほど低下していく。したがって距離の影響は、経済発展とともに低下するだろう。

2・8　力士の大移動

前節の議論をデータ分析した結果をここでは紹介する[26]（表3）。ここでは、新人力士全体に占める各都道府県の出身の新人力士比率の伸び率が何によって決まるかを調べている。前半では江戸から昭和戦前期までの伸び率、後半では昭和戦前から高度経済成長期までの伸び率である。いくつかの要因として考えられるのは、①初期時点の当該地域の力士比率、②東京から当該都道府県の県庁所在地までの距離、③「海外」である北海道グループの効果。ちなみに、第1章の図5などでは①の効果だけを取り出しているが、本章ではより正確にさまざまな要因を同時に考慮しているので、分析の精度は高い。

前半は北海道が蝦夷地だった頃も含まれるので、北海道グループの効果は後半の昭和時代の変化について

（25）Sequeira et al.（2020）参照。
（26）回帰分析という統計手法を使った分析に基づく結果である。

要因	前半： 江戸～昭和戦前	後半： 昭和戦前～戦後高度経済成長期
初期時点の力士比率	1％高いと伸び率が0.6％低い	1％高いと伸び率が0.2％低い
東京からの距離	1％遠くなると1.27％低くなる	1％遠くなると0.4％高くなる
北海道グループ		7.22％他の地域よりも伸び率が高い

表３：力士比率の伸び率のまとめ

注：使ったサンプルは、前半では沖縄は含まれないので観測数は46となる。後半は都道府県の数と同じく47の観測数である。

のみ報告する。まず江戸から昭和戦前にかけての長期変化を観察しよう。初期時点の当該県の力士比率が高いと伸び率が低くなる。これは、すでに多くの力士が存在している地域ではなく、より少ない地域からの入門が急速に進んだことを示す。つまり、出身地域の多様化が顕著だったのだ。そして、東京からの距離が遠くなるほど力士の入門が減少する。これは遠距離のコストから上京する移動コストの効果をあらわしており、経済学的な推論と合致する。全体としては東京以外の地域からの出身力士が増加し多様化が進むが、それは関東やその隣接地域からの入門者の増加によるものといえる。これは輸送手段の発達程度が不十分だったことが一因と考えられる。

次に昭和戦前から戦後高度経済成長期にかけての伸び率について検証していく。初期時点の当該県の力士比率が高いと伸び率が低くなることは前半と同様であるが、前半のマイナス効果は０・６％であるのに対して後半は０・２％で、影響の大きさは小さくなっている。前半である程度地域の多様化が進展したので、その後の追加的効果は小さくなったと考えられる。つまり徐々に多様化が丁度良い塩梅に向かっていく途上にあるということである。経済学的には相撲界全体が最適な地域出身比率へ収束していくと考えられる。第1章の図5で観察した傾向が右下がりだったことと対応する。驚くべきことに、東京からの距離が1％遠くなると0・4％入門比率が高くなる。遠い場所からほど力士の入門が多くなるのだ。移動コストの大幅な低下に加え、東京から離れるほど賃金水準が低くなるため東京に出て力士になる動機が高まるのだろう。

北海道出身グループは他地域よりも7・2％上昇率が高い。遠く離れた北海道からの相撲労働の供給が激増したことがわかる。第1章でも概観したように、江戸っ子力士と道産子力士の勢力が昭和の高度経済成長期に逆転したことが示唆される。相撲の集積地東京からの人材供給は先細り、集積の「空洞化」が起きた。集団就職で地方出身者が東京に殺到する頃、江戸情緒と結びつく東京のローカル性は相撲界から消えていったのだ。この頃にベビーブームが起き人口に占める子供の比率が高まった。社会における子供のプレゼンスは上がり、子供の好物が流行語となった。「巨人・大鵬・卵焼」である。大鵬とは1961年に横綱に昇進した北海道出身力士である。北海道力士全盛期がここから始まるのだ。

相撲コラム2

力士はなぜセクシーなのか？

秋から冬へ季節が移ろう頃に、博多の街で丁髷《ちょんまげ》姿の力士を見かけるようになる。街の風景の変化が、九州場所の到来を告げる。相撲部屋が間借りしている宿舎では、屋外に仮設置されたテントがある。そこで臨時の土俵が作られ、早朝稽古が行われる。テントの中を覗くと、土俵の傍らには折り畳み式の椅子が置かれ、一般人も自由に見学できる。フンドシ姿の力士がぶつかり合う。稽古とはいえ、間近で見る迫力は格別である。

相撲以外に博多でフンドシ男をみる機会がある。夏の博多祇園山笠である。日本文化の紹介のために、山笠は相撲ともゆかりの深いハワイで披露されることになった。昭和55年のアロハ・ウィーク・フェスティバルである。事前の協議で米国側から山舁《やまか》き衣装に問題があるとクレームがついた。その理由は、お尻丸出しの締め込み姿がセクシーすぎるから。最終的には「ハワイのカメハメハ大王も褌《ふんどし》姿ではないか」という山笠側の言い分が通った。

力士もフンドシ姿である。力士の魅力はそのセクシーさにあるのだろうか？　東京相撲は明治時代から地方で興行をしていた。高知出身の物理学者の寺田寅彦は熊本の旧制五校に学んだ。その折に、同郷の国見山（最高位大関、初土俵1894〜引退1912）と遭遇する。

「高等学校時代には熊本の白川の河原で東京大相撲を観た。常陸山、梅ケ谷、大砲などもいたような気がする。

同郷の学生たち一同とともに同郷の力士国見山のためにひそかに力こぶをいれて見物したものである。（中略）夜熊本の街を散歩して旅館研屋支店の前を通ったとき、ふと玄関をのぞき込むと、帳場の前に国見山が立っていて何かしら番頭と話をしていた。そのときのこの若くて眉目秀麗な力士の姿態にどこか女らしきなまめかしいところのあるのを発見して驚いたことであった」[ii]

力士のセクシーさはフンドシという直接的かつ即物的な衣装によって高まるわけではない。また、単純に荒々しき男根的な象徴ばかりがセクシーさと結びつくともいえない。このいずれとも性質の異なるセクシーが示される一節が、「若くて眉目秀麗な力士の姿態にどこか女らしきなまめかしいとこ」。

力士の多様性と個性は、力士各自が兼ね備えたセクシーさの幅と奥行きの深さを教えてくれる。

注

（i）長法被《ながはっぴ》と締《し》め込《こ》み（褌）をまとった姿。

（ii）寺田（1935）を参照のこと。

参考資料

博多の魅力「博多の豆知識」

3 力士の「ヤル気」と生涯成績

第二次世界大戦後の昭和時代（1945〜1989年）、日本は高度経済成長を経験し、ジャパン・アズ・ナンバーワンと称されるバブル経済の超好景気に至る。日本経済の黄金期だ。この期間に横綱に昇進した力士は24名である。そのうち、北海道出身は千代乃山、吉葉山、大鵬、北の富士、北の湖、千代の富士、大乃国、北勝海の8名である。さらに、本州の北端の青森県出身は鏡里、若乃花（初代）、栃ノ海、隆の里、若乃花（二代目）、旭富士の5名である。半数以上が北海道か青森県の出身である。[1] 東京出身は東富士、栃錦のわずか2名。外国出身の横綱はゼロである。[2]

明らかに横綱の出身地は北国に偏っている。第1章と第2章で戦後の昭和期の北海道力士の新人力士の急増を明らかにした。母集団が大きければ、当然横綱の数もそれに比例して多くなる。しかし、北海道力士の新人割合は戦後でも11・7％（付表2）だ。横綱全体24名の約一割が道産子力士なら、2・4名となる。本州最北端の青森の新人割合は7・4％なので、1・8人の横綱が見込まれる。実際には、北海道も青森も予測の3倍ほどの横綱を輩出している。北海道および青森出身力士は量的ばかりではなく、質的な高さも群を抜いているのだ。何かのメカニズムが働いているはずだ。私の故郷でもある北海道の人々が直観的に立てる仮説は「北国では日常的に雪の中を歩く。気が付かないうちに足腰が鍛えられるので相撲が強い」。しかし、24名の横綱の中に、北海道以上の豪雪地帯である新潟県出身の力士は含まれない。しがたって、上記の仮説は正しくなさそうだ。[3]

（1）第1章で確認したように、東京から遠く離れた北海道・東北および九州出身の力士の入門者の急増が高度経済成長期に起きた。しかし、九州出身の横綱は鹿児島県の朝潮（三代目）と長崎県の佐田の山の2名である。東京からほぼ等距離の地域の出身でも横綱数に注目すると、北国と南国では大きな差がある。

（2）外国籍だった力士が日本国籍を取得して「日本人」になる例がある。日本生まれで日本国籍の力士との違いをあらわすために、本書では国籍に関わりなく外国出身の力士は「外国出身力士」と表記する。本来は同様の趣旨で、日本生まれで日本国籍の力士は「日本出身力士」と表記すべきである。しかし、本書では彼らを簡便な表現の「日本人力士」と表記する。

（3）生まれもった闘争本能が強いと勝負ごとに強そうだ。テストステロンという体内物質をより多く持っている人ほど闘争本能が高いことが知られている。そして、簡単にテストステロンの多さを観察することができる。人差し指に比べて薬指の方が長いとテストステロンが高いのだ。この事実に基づいて、力士が色紙に押した手形を集め人差し指と薬指の比率を計算し、当該力士の成績との相関を調べた研究がある。統計分析の結果は、予想通り薬指が人差し指よりも長いほど、力士の成績が良いことを示した（Tamiya et al. 2012）。

3・1　地方出身力士の「ヤル気」

地方出身で力士を目指す若者は、入門するときに相撲部屋が立地する東京に移住する。地方から東京の相撲部屋に移り住み、都会の生活をする若者は寂しさや孤独を感じホームシックになったこともあるだろう。しかし、地元に帰っても働き場所がない者、気軽に帰ることができないほど遠くから来た者は、東京から逃げ出すことが難しい。Netflixの「サンクチュアリ」という相撲ドラマでは、不良少年が相撲部屋に入門し幾多の試練を乗り越え真のプロフェッショナルに成長していく。リアルな相撲界の状況を踏まえて、主人公は九州出身、ライバルは北海道出身。とりわけ、ライバル力士の故郷は北海道の田舎で、若者が職探しをすることが困難に思われる。詳細には立ち入らないが、主人公もライバルも帰郷しても居場所がない設定となっている。帰る場所のない若者が東京の相撲部屋に集まり共同生活をしながら、相撲界の生存競争で闘い続ける。その典型例は、北海道出身の昭和の横綱・大鵬である（写真1）。

東京から遠く離れ、貧しい地域に生まれた若者は、容易に地元に帰ることはできない。[4] 彼らは、濃密な人間関係が形成された共同体の期待を背負う。厳しい世界に耐えられずに地元に戻った時、周囲から向けられることになる失望の視線は耐え難いに違いない。都会と違って、仕事を見つけることも難しいだろう。一度相撲の道に入ったのならば、一人前になり好成績を上げ成功者になる以外に、他に道はない。これで成績を上げるためのインセンティブ（誘因）は高まり、結果として好成績に結びつく。あるいは、簡単に故郷へ帰ることができない状況に追い込まれることがわかっているので、成功する可能性がより高い若者が相撲部屋に入門するのかもしれない。遠い地域から入門する場合、才能豊かな若者だけが自然に選別されていることと同じである。同じインセンティブだとしても、都会出身力士よりも才能が豊かならば好成績を残すことになる。

横綱になるのは入門した力士の中のごく一握りである。そのうえ、戦後の一時期だけ取り出してきても、それは相撲の長い歴史の一コマでしかない。力士の強さを示す一般的な法則を見つけるために、全力士について長期のデータを集めて分析を行う。利用するデータは入門した全力士の生涯成績と、出身県の情報である。さらに力士の個人レベルデータと当時の出身地の人口密度、東京と出身地までの距離のデータを接

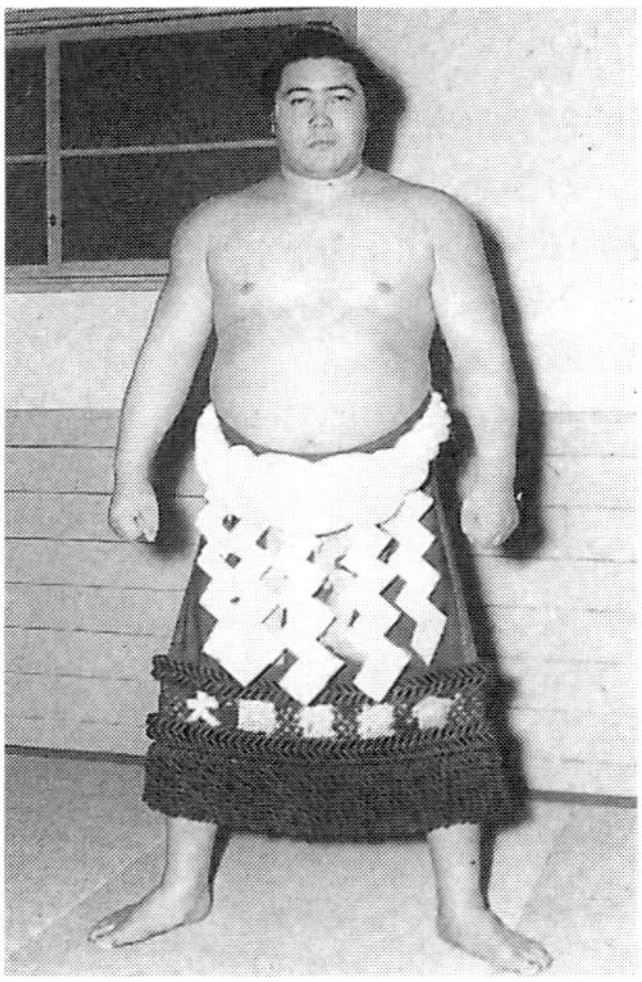

写真１：横綱・大鵬
出典：『大相撲力士名鑑 令和５年版』共同通信社

（4）昭和の大横綱の北ノ湖が「入門したのは当時貧乏部屋といわれた三保ヶ関部屋であった。親方の古革靴、おかみさんの手編みの赤い毛糸の靴下をプレゼントされ、『おれ、あの靴下をくれたおばちゃんの弟子になる』と入門を決めた」。13歳で上京後、東京の両国中学に通いながら初土俵を踏む。（「憎らしいほど強かった」『日本経済新聞』２０１５年11月21日付、43面）。

合し独自データを構築した。

これまでの議論から仮説を立ててみる。

仮説 出身地の経済発展が進んでおらず職探しが難しいほど、力士の現役時代は長く地位も高い。出身地と東京の距離が離れるほど、力士の現役時代は長く地位も高い。

利用するデータの期間は利用する変数が入手可能となる1884年（明治時代）から1回目の東京オリンピックが行われる前年の1963年まで。第1章で観察したように、大相撲および日本経済が急速に変容する時代に焦点を当てる。分析の際には次のような仮定をおいた。初土俵から引退までの期間が長いほど力士は忍耐強く相撲に精進している。相撲は成績がよくなると、相撲界の地位が上昇する。現役時代の最高位が高いほど好成績を残したと解釈する。東京からの距離変数は第2章で用いたデータと同様に、東京から県庁所在地までの距離で国土地理院の公式サイトから得た。人口密度は年次により変化する。国土地理院の公式サイトに公開されている都道府県の面積データと、[5]総務省統計局の公式サイトで公開されている1884年から2009年までをカバーする都道府県人口データから計算した。[6]経済学では人口密度が高いほど、経済活動が活発で経済発展をしていると考える。したがって、職を探すのが容易であると想定できる。

3・2　故郷の特徴と力士パフォーマンス

力士のパフォーマンスを2種類の指標で計測する。これは「初土俵から引退までの年数」、「現役時代最高位」の2種類。初土俵から長い年月相撲を取るには強靭な肉体を作り上げ怪我をしないようにする必要がある。また、継続的な努力と困難を乗り越える精神力が必要である。忍耐がない力士は早々に引退する。また一定の地位に達するためには、年月がかかる。相撲界から得られる便益は現役生活の長さに比例する。番付が低い場合でも衣食住に困ることはないからである。また、相撲の世界は番付が上がるほど収入が上がる。現役が長いことがそのまま番付上昇に結び付かない力士もいる。

直接的に番付を観察するために、現役最高位も数値化して分析する。地位は次のように10段階を想定する。序ノ口、序二段目、三段目、幕下、十両、幕内（前頭）、小結、関脇、大関、横綱。序ノ口が最も地位が低く1、地位が上がるにつれて値が1単位増加し、最高位の横綱だと10となる変数である。いずれの変数も大きな値になるほど、力士の現役時代のパフォーマンスは高いと考える。

東京からの出身地までの距離と、出身地の人口密度と力士パフォーマンスの関係を視覚的に確認してみる。

（5）全国都道府県市区町村別面積調。
（6）2－5　都道府県、男女別人口（明治17年～平成21年）。

本節で示す図は力士の所属部屋ごとの力士の平均値を用いた散布図である。明治の１８８４年から一回目の東京オリンピック開催前年の１９６３年までの間に入門した力士を基にして平均値を計算している。したがって、散布図中の点の数は87で、この期間に存在した相撲部屋数と一致する。

図1(a)および図1(b)はそれぞれ力士の出身地の人口密度と生涯成績の関係をあらわしている。２つの変数

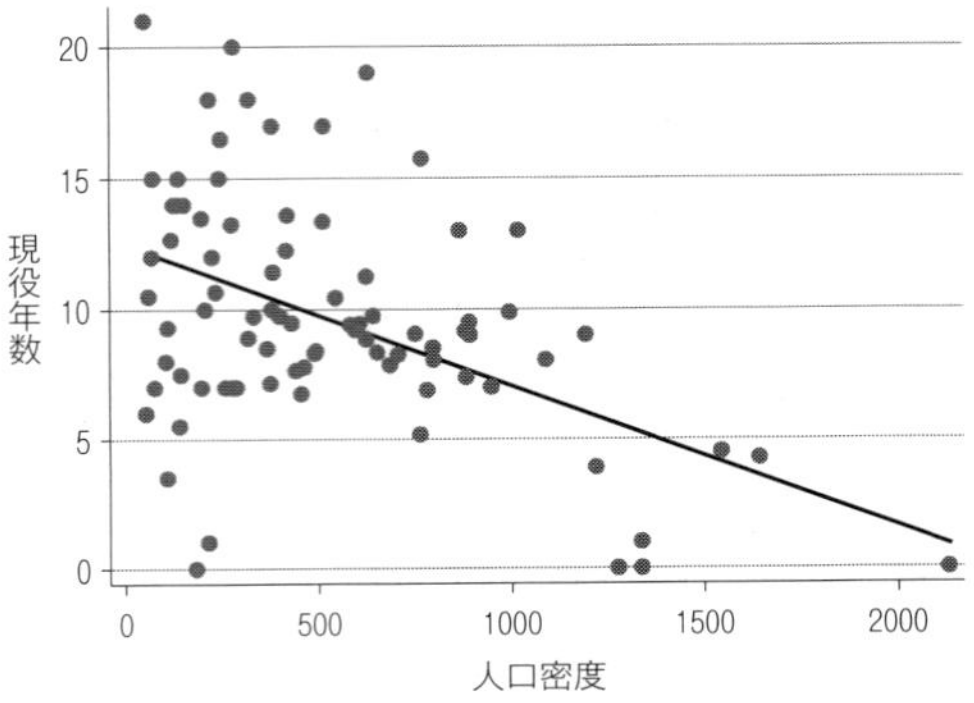

図１(a)：故郷人口密度と現役年数の関係

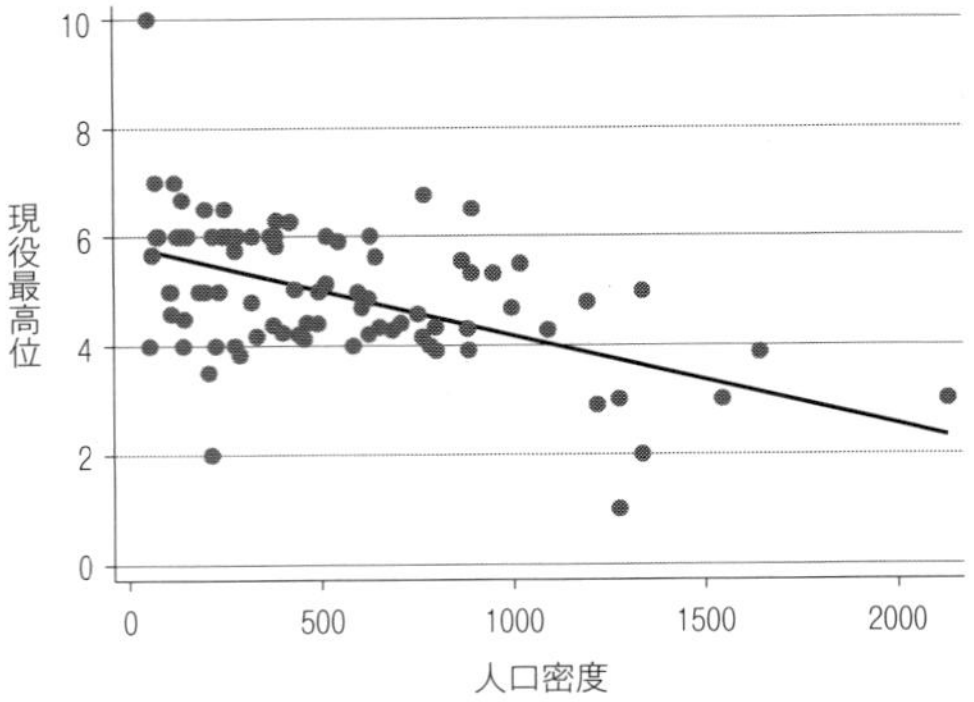

図１(b)：故郷人口密度と現役最高位の関係

の大まかな関係は図中に描いた線によって描かれる。

図1(a)から人口密度が低い地域の出身者が多い部屋ほど所属力士の現役年数が長くなる傾向がみられる。図1(b)についても、人口密度が低い地域の出身者が多い部屋ほど所属力士の現役最高位が高くなることがわかる。ここから、経済的発展度の指標と力士の生涯パフォーマンス指標との間には負の相関があることがわ

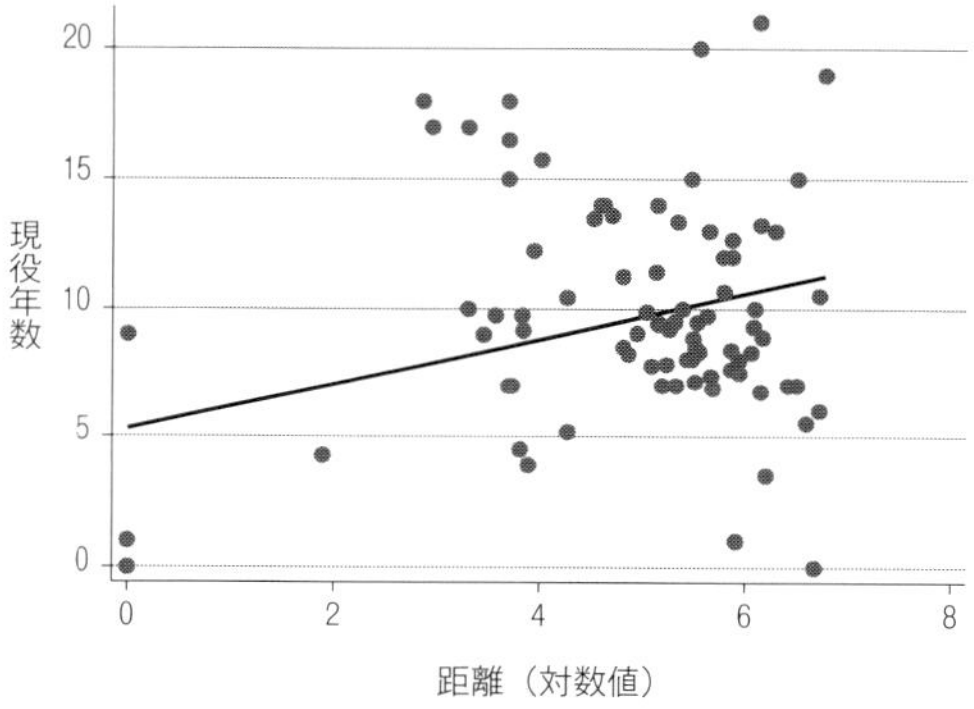

図2(a)：東京からの距離と現役年数の関係

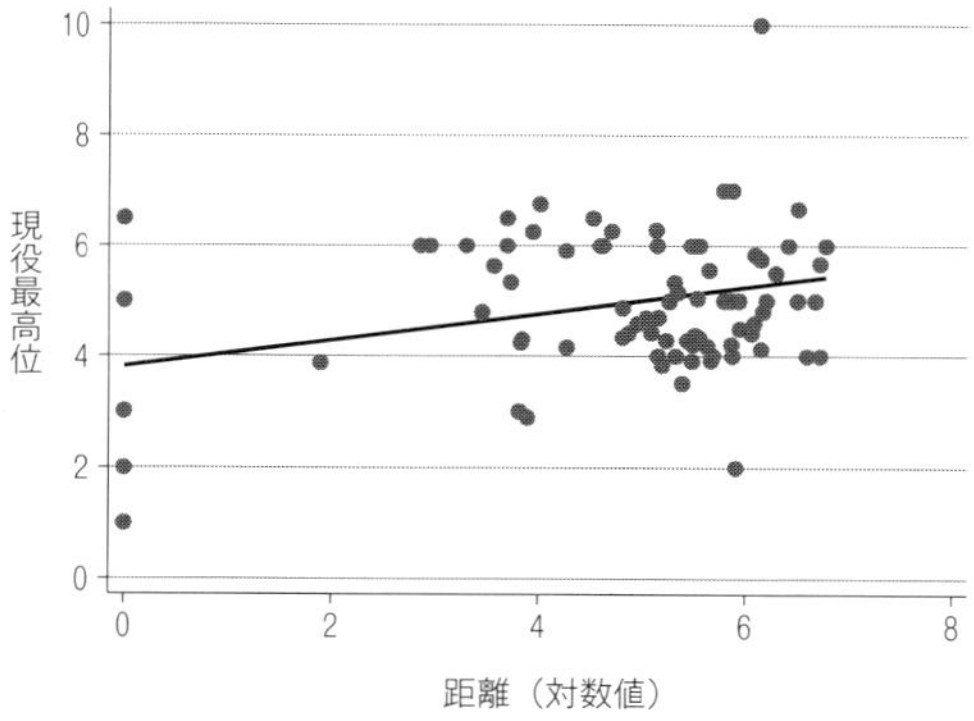

図2(b)：東京からの距離と現役最高位の関係

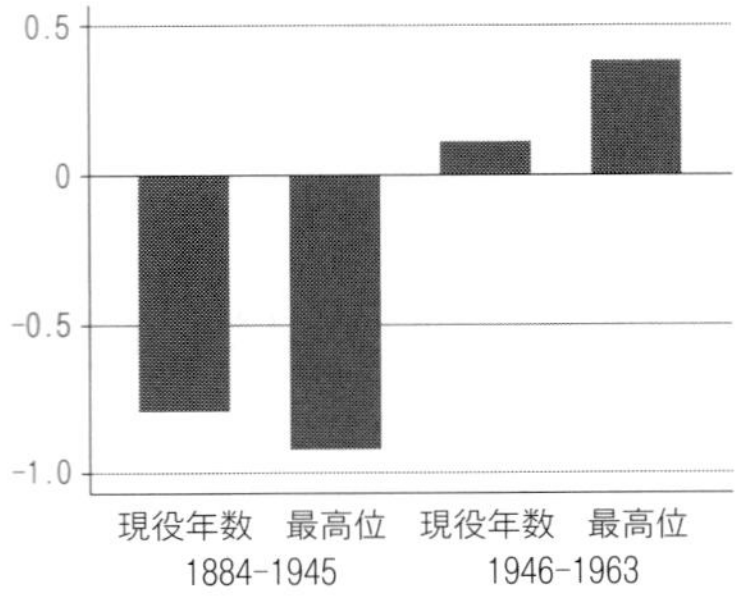

図３：北海道出身力士の生涯成績（他地域出身力士との差）

かる。

図２(a)および図２(b)はそれぞれ力士の東京から力士出身地までの距離と生涯成績の関係をあらわしている。図の視覚的な意味を把握しやすくするために距離は対数化している。図２(a)をみると、東京から離れた地域の出身者が多い部屋ほど所属力士の現役年数が長くなる傾向がある。図２(b)についても、東京から離れた地域の出身者が多い部屋ほど所属力士の現役最高位が高くなることがわかる。ここから、東京から出身地までの距離と力士の生涯パフォーマンス指標との間には正の相関があることがわかる。ここまでの結果は、第３・１節で提示した仮説と整合的である。

次に北海道出身力士の生涯成績に着目して観察していこう。図３では、北海道以外の地域出身力士の平均的な生涯成績を０として基準化して、それとの差を示している。[7] ０より低い場合は他地域出身力士よりも成績が悪く、０を上回るならば他地域よりも成績が良い。明治から昭和の戦前（１８８４〜１９４５年）では、道産子力士は現役年数ばかりでなく最高番付も他の府県出身力士よりも劣っていることがわかる。高度経済成長期以前は、道産子力士の強みは東京からの遠さや、職探しの難しさによって説明される。東京からの距離が他の府県と同じで、経済発展の度合いも他府県と同じならば、道産子力士のパフォーマンスは他府県出身の力士よりも低いことがわかる。第1章で観察した内容と合わせて考えるならば、戦前は北海道出身の力士数は増えているが、その質は他府県よりも低いのである。力士を輩出するようになってから日が浅く、道産子力士が大活躍する以前の時代である。道産子で力士になった後に、地元に戻り子供たちの指導に当たる人物も稀だったことだろう。北海道の面積は広い。広大な大地に人々は疎らに住んでいる。若者は力量を磨くための練習相手を探すことは難しく、指導者に巡り合うことも難しかっただろう。そのために、入門時点における道産子の力量は他地域よりも低かったと解釈できよう。

興味深いのは、戦前の推計結果とは逆に、戦後の高度経済成長期（1946～1963年）では北海道出身力士の成績が他地域よりも高くなっている点である。つまり戦前よりも戦後高度経済成長期に、道産子力士のパフォーマンスは大幅に改善されたのである。これは、第1章でみたように道産子横綱は全員戦後に誕生していることと整合的である。

以上の観察結果のポイントは集積の経済が聖地「東京」ではなく、遠く離れた北海道で起きたことである。第4章で観察するように、東京と地方を結ぶ同郷ネットワークが形成され入門者が増えた。このネットワー

（7）ここでは、回帰分析における分析結果を基にして図3を作成している。東京との距離、人口密度、初土俵年次、部屋ごとの特性などをすべて取り除き、統計的に意味のある結果だけを視覚化している。

クがあるため、相撲部屋がある東京以外の遠隔地で集積経済の利益が発生したと考えられる。

3・3　なぜ道産子力士は一流だったのか？

戦後に北海道力士が圧倒的に高いパフォーマンスを示すようになったメカニズムの一つとして集積経済の効果が考えられる。戦後に多くの力士を輩出するようになったので、引退後に地元に戻り「本場」の相撲を子供たちに教える元力士もいたことだろう。戦前は視覚的に相撲を観戦するためには、会場に足を運ぶ以外に手段がなかった。北海道では本場所は開催されないから、道産子は実際の相撲を見たことがなかった。

第5章で検討するように、高度経済成長期にテレビが普及する。さらに土俵入りの際に会場で力士の四股名と出身地がアナウンスされる。ＮＨＫの公共放送を通じて日本全国のテレビの視聴者は自然と地元出身の力士を応援する。[8] テレビの相撲中継を通じて地元出身力士の存在と活躍を知ることになる。その結果、相撲の次第に相撲熱が高まり潜在的な力士予備軍の若者の育成が進む。

推計結果が示す通り、戦前の北海道内での相撲レベルは低かった。見方を変えると「伸びしろ」が大きいともいえる。子供の頃は食べ盛りに身長が伸びるが、徐々に身長の伸びは鈍化し、一定の身長に達し大人になったら伸びない。このような現象を経済学では限界生産性逓減の法則とよぶ。アウトプットの水準が低いときは伸び率が高いが、水準が高くなるにつれて伸び率は小さくなるのだ。したがって、水準が低かった他府県に比べて道内の相撲のレベルの上昇に対するテレビの効果が大きかったと考えられる。このために、戦後に北海道力士の質は高くなり、他府県を超える水準に達したのである。

これと類似の現象は平成以降モンゴルでも起きる。本書後半で紹介するように、旭鷲山や旭天鵬などモンゴル人初の入門から、朝青龍や白鵬を中心としたモンゴル出身力士の全盛期まで10年近い年月がかかった。最初は相撲の認知度が低かったが、旭鷲山や旭天鵬などモンゴル出身力士の取組がモンゴルでテレビ中継された。これら先発組の最高番付は旭鷲山の小結どまりだった。しかし、旭鷲山や旭天鵬ら幕内力士の取組がテレビ中継されたことで、日本の相撲への熱が高まり、その後のモンゴルからの後続の入門者が続出し、日本相撲界の主役になっていく。[9] テレビ中継に影響を受けて日本の大相撲を目指すようになった世代の中に、白鵬や日馬富士、鶴竜、照ノ富士などのモンゴル人横綱が含まれるのである。

（8）同じ構造は、NHKの高校野球中継にもみられる。試合前に流れる出場校の地元の紹介映像が流れるとき、地元愛を感じることになる。あるいは都市居住者の故郷へのノスタルジーを高めるのだ。戦後地方から都市への人口移動が進んだ。戦後日本における公共放送の意義の一つは、地方出身の都市居住者の孤独を和らげることである（Yamamura 2017，山村 2020）。

（9）飯塚（2022）を参照のこと。

情報が市場に十分いきわたることで市場メカニズムが機能するようになる。日本の戦後のテレビ普及は、相撲についての情報を日本全国へ届けることで相撲の労働市場を拡大させたと考えられる。そして、とりわけその影響が強かったのが「海外」であるために、内地から情報が届かなかった相撲の僻地・北海道だったのである。

相撲コラム3 二代目若乃花のバツイチ体験

2022年に死去した二代目若乃花は美男の横綱だった。先代の若乃花である二子山親方の長女と1980年9月に結婚した。結婚会見ではどことなく居心地が悪そうな表情だった。記者から結婚指輪を見せてほしいとリクエストされると、ほんの一瞬ちらりと見せた。小学生の私には照れているように思えたが、横にいた母が「ちょっと嫌がってるみたいだね」と呟いた。妙に印象に残る言葉だった。

結婚するといろいろ良いことがある。経済学の考え方の一つに、血縁関係を通じて経済ネットワークを作る機能がある。例えば、発展途上国で一夫多妻制が許される場合がある。富裕な男と結婚すると、妻の親兄弟まで含めて経済的な援助を期待できるのだ。男は経済力が許す限り、多くの妻と結婚しようとする。互いに結婚することで、望ましい結果を得られるのだ。富の再分配機能のために、一夫多妻制を認めることは合理的でもある。もちろん女性の教育レベルが上がり、活躍の場が広がっていくと一夫多妻制を維持する合理性はない。

相撲部屋を持つことができる権利は俗に「年寄株」とよばれ、その数は限られている。親方が退職するまでに、「年寄株」を後継者に渡す必要がある。しかし、適性のある後継者を探すことは難しい。大抵は自身の相撲部屋に所属する有力力士に渡すが、あまりに弱い力士しか存在しない場合などは大変だ。後継者を作り部屋を存続させる観点からも、親方は強い力士を養成する動機をもつ。相撲部屋は親方と力士の間に、疑似家族的な関係がある。父親と息子のような関係である。親方に相応しい弟子が出てきたら、本当の親子になってしまえば、後継者をコントロールしやすくなる。娘がいる親方は、有力力士と結婚させ後継者を確定し、将来的も部屋を存続させる動機がある。実際にそのようにして、部屋を引き継ぐケースは稀ではない。経済合理性による結婚・家族形成メカニズムを考えるのも経済学者の仕事である。

さて、二代目若乃花の結婚に話を戻そう。彼は横綱に上り詰めてから、親方の意向に従い結婚を受け入れた。昭和の漫画「サザエさん」に登場するサザエさんの夫マスオさんのような存在になった「はずだった」。しかし、経済合理性だけでは家庭は長続きできないのだ。意に沿わない結婚をした若乃花は間もなく別居した。そして、約1年後の1981年12月には離婚し、1982年に再婚した。

私生活と仕事の境目がない濃密な人間関係の中での離別。師匠である「親方」の娘と別れた後も弟子として横綱として、相撲を取り続けたのだ。部屋内では針の筵に長時間正座するような日常が待っていただろう。そうなることを知りつつ、大きな代償と引き換えに真実の愛と幸福を追求したのである。閉鎖的共同体で生きていくためには、個人の意思を突き通すことは許されない。二代目若乃花は掟を破ったのである。スピード離婚と再婚が示しているのは、若乃花が相撲界に身を置きながら近代的自我を貫いた男だということである。

参考資料：
東京新聞ウェブ版「2代目若乃花死去　69歳元横綱、北の湖らと熱戦」2022年7月19日

4 力士志望者の職探しと天候不順、地縁ネットワーク

第1章では、江戸から現代まで、200年以上にわたる長期データを用いて、地方から相撲部屋が集積する東京へ労働力が吸い寄せられるプロセスを確認した。確かに理想的な市場が機能しているならば、労働者の移動コストさえ低下すれば、雪だるま式に集積地が拡大していく。しかし、相撲という特殊な労働市場を考えると、それほど簡単に集積地拡大メカニズムが働くとは思えない。教科書的な市場経済が発展するにはいくつかの条件が必要だ。その一つは、コストをかけずに十分な情報にアクセス可能なことだ。

医者になるためには、大学の医学部を卒業して医師免許を取得する必要がある。そのためには、医学部に入ることが前提となる。医学部は難関なので、入学試験に合格するための学力をつける必要がある。必要十分な学力をつけるためのノウハウは書籍や学校の先生のアドバイスなどから収集する。情報を得たら、それを実行に移す。要するに道筋は整備されている。

本章で分析するのは、インターネットが存在しない時代である。地方の若者が力士になることを夢見るこ

とは自由だ。しかし具体的に力士になる方法はわからないだろう。そして、力士になるための情報を入手することは困難である。力士になろうと思ったら、相撲部屋に連絡して入門するために必要な方法を聞き出せばよい。しかし、どこに相撲部屋があるのかも不明で、連絡手段もない場合どうするか。

このような状況で重要になるのが同郷ネットワークである。仕事を求めてメキシコから米国へ多くの移民が流れ込む。メキシコ国内で最も米国への移民が多いのはメキシコ中部の貧農地域である。興味深いことに移民の数は毎年変動する。メキシコの貧農地域が天候不良になり農作物の収穫量が減少するときに米国に出稼ぎに行くのである。しかし、貧農地域の教育水準はメキシコの中でも低く、英語を十分に理解することが難しいために自力で職探しをすることは困難である。彼らが職探しをする際に頼るのが同郷人ネットワークである。[1] メキシコの貧農地域から出稼ぎに行く先には顕著な偏りがある。地元から出稼ぎに出た先輩を頼りに米国へ行くのだ。英語ができなくても金銭を持っていなくても、住居や仕事は同郷の先輩から紹介され共同生活が始まる。米国での受け入れ先として同郷組織が存在しており、メンバーが入れ替わりつつ故郷の就職サポートを行っているのだ。

相撲界でも同様のネットワークが存在している可能性がある。身寄りもなく地方から裸一貫で上京する若者は相撲部屋に身を寄せることで、最低限の衣食住は確保できる。メキシコからの移民の同郷組織メカニズムとも相通じるものがある。力士は入門してしばらくは本名を利用するが、番付が上がると大概は四股名《しこな》をつける。故郷に因んだ四股名をもつ力士は数多い。昭和の小兵力士として人気があった鷲羽山《わしゅうやま》は岡山県の児島市出身だ。瀬戸内海に面した児島には景勝地として知られる鷲羽山《わしゅうざん》があり、山頂から見える瀬戸内海のパノラマは絶景である。故郷を代表して土俵に立つ心意気が伝わってくる。

相撲部屋は親方がすべてを取り仕切る。力士を集めるのも親方の仕事である。地方の農村部出身の親方は地元との間にネットワークを作りながら力士をリクルートしている可能性がある。農村側から見ると、農村共同体は強固な人間関係で結ばれている。地元から力士が誕生していれば、その力士の親類縁者にきけば力士になる方法を知ることができるだろう。このような同郷ネットワークは市場経済の不備を補う上で非常に有用と考えられる。例えば、昭和時代の大関・旭國は北海道の上川郡の農家の三男だった。おなじ北海道の上川郡出身の大島親方（元前頭19枚目・若浪）に紹介されて入門した（写真1）。

写真1：大関・旭國
出典：『大相撲力士名鑑 令和5年版』共同通信社

（1）Munshi（2003）を参照のこと。

4・1　相撲界の地縁ネットワーク

ここで、相撲部屋と出身地のネットワークの存在について簡単に検証してみよう。これまで本書で明らかにしてきたように、第二次世界大戦前後で、力士の出身地の傾向は大きく変化する。したがって、出身地がある程度安定した高度経済成長期以降について観察していく。

各部屋の新人力士の出身都道府県の中で最もシェアが高い地域を取り出してみる。期間は1965〜1980年の間に入門した力士と、1981〜2023年に入門した力士でサンプル分けしている。1965〜1980年に存在した部屋数は37、1981年以降は増加し72である。1980年以降は外国出身力士が台頭してきたことを踏まえて、期間を区切っている。1980年以降の期間が長いことと、各部屋からの独立や改廃などが1981年以降頻繁に起きたので1981年以降の部屋数は多い。両期間で2年以上の長さで存在した部屋に絞ると32部屋となる。ネットワークが存在するなら、それぞれの部屋で特定の県からの入門者シェアが安定的に多いだろう。

1965〜1980年の期間で、各部屋の力士の出身県で最も高いシェアの都道府県を特定化する。そして、都道府県の1965〜1980年と1981〜2023年のシェアの関係を散布図にした（付表1に示したデータを使っている）。この図には、一つの部屋が一つの点としてあらわされている。1965〜198

0年の最高シェア地域（都道府県）が1981~2023年でも最高シェアを維持するかどうかは不明である。この間に大幅にシェアを低下させる場合がある。この場合はネットワークが弱まっていると言える。図1を見ると2期間のシェアの間には正の相関が観察される。興味深いことに1965~1980年のシェアが高いほど、正の相関が強く観察される。つまり初期時点で強いネットワークがあるほど、より長期にわたってネットワークが維持されることがわかる。

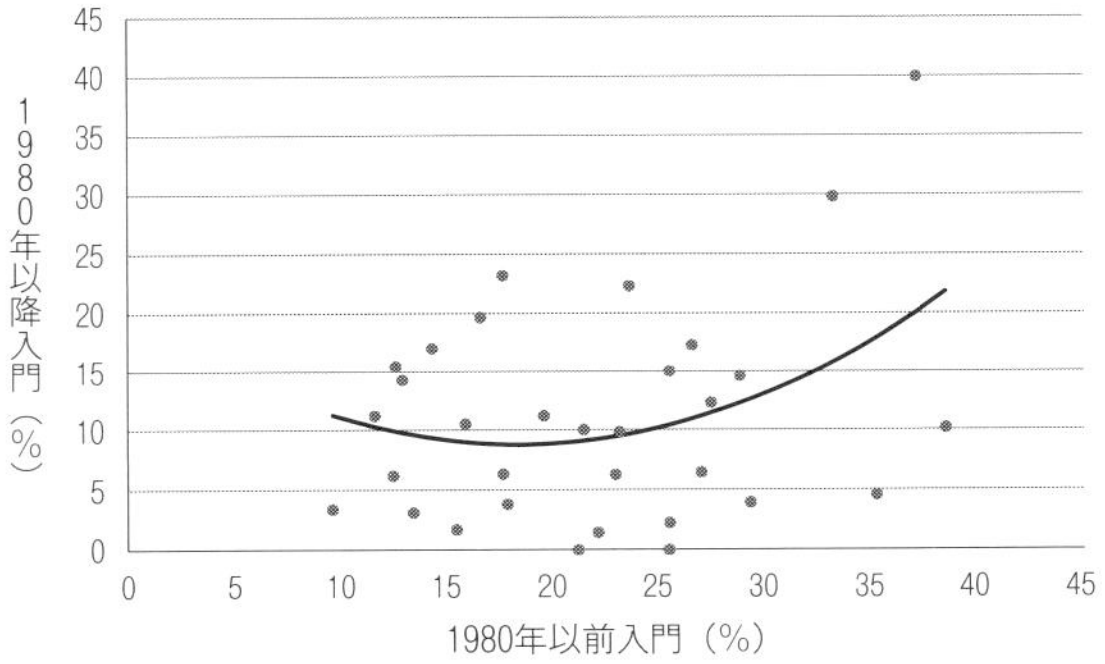

図１：1980年以前の各部屋の最高シェア県の％と、その県の1981年以降のシェアの関係

また、付表1から、1965~1980年の最高シェア県が1981~2023年も最高シェアを記録したのは、32部屋中15部屋である。つまり、約半分の部屋は昭和から令和にかけてやく60年間ネットワークを維持していることがわかる。本書後半で取り上げるように、1980年以降は外国出身力士が増加すると同時に、日本人の大学卒業エリート力士の勢力も拡大した。これが、1980年以前と以降の大きな違いである。また、先代親方の引退や、新しい部屋の創設などによって相撲界にも新陳代謝が起きている。このような環境変化のために、老舗部屋と特定地域との人材供給ネットワー

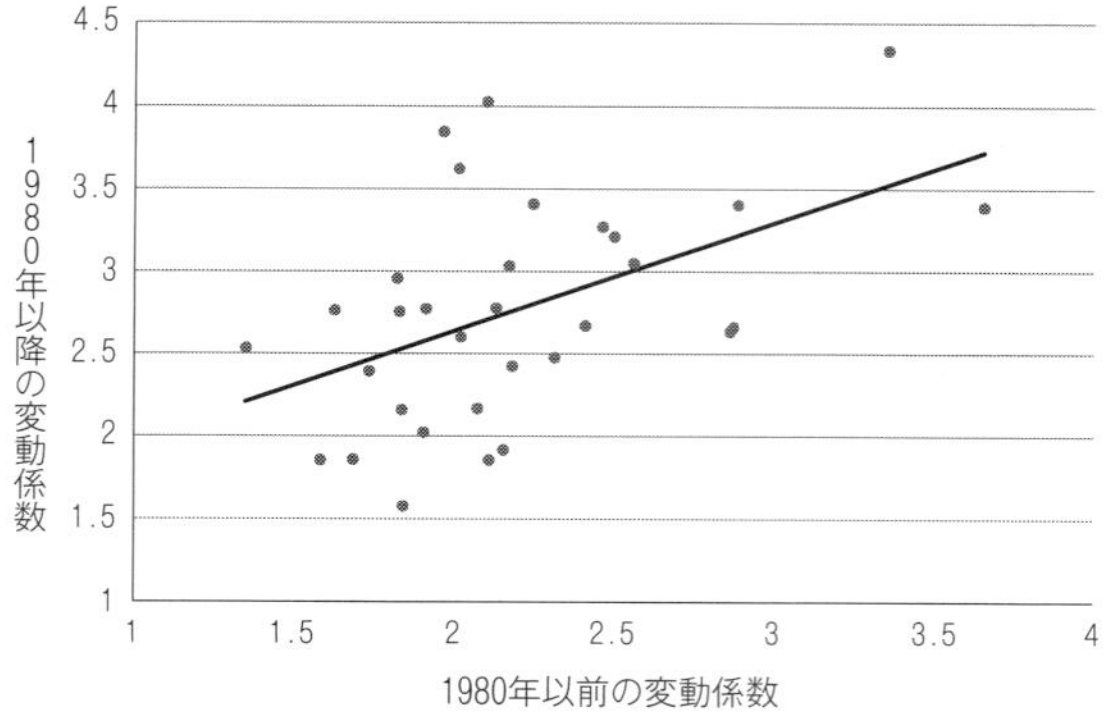

図２：1980年以前の部屋ごとの入門力士の出身地集中度と、その県の1981年以降の出身地集中度の関係

クが弱まっていったように考えられる。

図1の分析では、1980年年以前に最も入門者の多かった地域に着目した。しかし、他の地域からも入門者が存在する。少し極端なケースを考えてみよう。

A部屋：1位50%、2位35%、3位15%

B部屋：1位50%、2位5%（同率2位が7県）、3位3%（同率3位が5県）

いずれの部屋でも1位の割合は同じで、2位と3位を合わせると100%となる。しかし、A部屋は出身地域が3地域に集中しているが、B部屋では13地域に出身地域が分散している。A部屋のほうがB部屋よりも地方と部屋とのネットワークが強固であることがわかる。この点を数量的に確かめてみるために、出身地域の集中度をあらわす変動係数という指標を作る。この値が大きいほど、集中度が高く、ネットワークが強いことを意味する。図1と同じサンプルで時期も同様に設定して、変動係数を算出した。これを基にして描いたのが図2である。2期間のネットワークの強さは、右上がりの傾向があるので正の相関を持っている。つまり、より強いネットワークがある部屋では、1981年以降でもネットワークが強固に維持されていることがわかる。つまり、1位の出身地と2位や3位の出身地が入れ替わったとしても、全体の集中度への影響は限定的であることがわかる。

4・2　高度経済成長期の「金の卵」の相撲界入門動機

現代では農業比率が低下したとはいえ、長期的に経済発展の過程を考えると、高度経済成長期の「金の卵」の集団就職は、貧しい農業の余剰労働力が上京して職に就くメカニズムをあらわしている。この背景に、メキシコから米国への移民メカニズムと同様のものが隠されている可能性がある。

天候不良は人間の意志とは関係のない自然現象である。人間の与り知らぬ自然の力により突然凶作になり、農家の生活が困窮する。実施する人間が存在しない現実世界における、実験的な状況だ。凶作以外の条件はすべて一緒なので経済学的な表現を使えば、これは自然実験である。[2] 例年通り、収穫があれば農業に従事していたはずの若者も、凶作になると出稼ぎに行かなければならない。出稼ぎ先での職業選択の際、子供の頃から農作業の手伝いなどで頑強に育った若者は、自分自身が力士になれば成功する可能性が高いと考えるだろう。ここで仮説を立ててみる。

仮説1　凶作に見舞われた年の翌年には、その地域からの相撲入門者が増加する。しかし、農業以外の就業機会が増えるにつれてこの傾向は見られなくなる。

急に凶作になり、相撲部屋への入門希望者が増えたからといって、実際に相撲部屋に入門する方法を知らなければ入門者は増えない。これは、労働経済学では求人者と求職者のマッチング問題といわれる。通常の市場経済の想定では、スムーズに求人者と求職者が出会うことができてめでたしとなる。しかし、現実社会ではそうはいかない。両者を結びつけるには、単純な市場経済では考慮されない要因が重要になる。例えば大学卒業生で就職に有利なのは体育会の学生であろう。なぜならば、体育会ＯＢのコネがあるので、それを頼れば容易に就職できるのだ。学術的にも、経済学、社会学で古くから職探しのためには知人ネットワークが有効であることが知られている。[3] 相撲界でも多くの力士を輩出している地域ほど、力士になるためのノウハウが地域で共有され、相撲部屋からの勧誘も頻繁に行われるだろう。このような、相撲労働供給ネットワークが強い地域であるほど、凶作時に大相撲入門者が多くなるだろう。ここで、仮説2が思い浮かぶ。

仮説2　凶作時には相撲界との地縁ネットワークが強い地域から、多くの入門者が輩出される。

付表1で観察したように地方と相撲部屋のネットワークは、1980年代以降弱まる。そこで、ネットワークの相対的な重要性が高い期間を分析対象とする。具体的には広範な地域からの入門者が増えた高度経済成長期以降から1980年代半ばまでのデータを用いて、仮説1と2を検証していく。

詳細な分析の前に、この期間の天候不良と農業への影響について概観しておく。本章で取り上げる時期は凶作の被害を受けた地域の数は、年次によって大幅に異なる。そのため、全体としてランダムに凶作が発生していることがわかる。天候不良などは予測不能の現実の出来事である。もし予測できれば、実際の出来事が起きる前から、それを織り込み済みで準備できる。ここでは突如として発生する予測不能の出来事に対して人々がどのように対応するかを検証する。[4]

日本の農村部の中学や高校では、卒業の前年に凶作に直面すると、経済的に困窮するために地元よりも都

（2）天候や災害を自然実験と見なして、その影響を検証する分析が経済学者の中で広く行われてきた（Yamamura 2010, 2014, 2015, 2016）。とりわけ開発経済学の分野では非常にポピュラーな研究である（Munshi 2003）。

（3）Granovetter（1973）は、濃厚で狭い人間関係よりも、広く浅い人間関係があることが職探しに有利であることを示した。この論文は最初に社会学の国際学術誌に掲載された。その後は社会科学の広範な分野で引用され、現在では引用回数は7万1642回に達し社会科学全分野での古典となっている（Google Citation のデータ）

（4）経済学的に表現するならば自然実験の状況である。天候不良の地域間変動が不規則に発生していることのデータはYamamura（2022）に示されている。

	1946～1965年	1966～1985年
凶作グループ	0.9人増加	なし
居住地域と相撲界のネットワーク 相撲界での当該地域出身力士比率が10%上昇した場合	0.6人増加	なし
凶作グループと他グループとのネットワーク効果の差	0.3人だけ凶作グループの効果大きい	なし

表1：相撲部屋への入門動機（1946～1965年のサンプル）

市を目指すようになる。つまり、凶作の翌年の翌年4月の進路に影響する。したがって、凶作か否かによって農村部の若者が力士になるため上京するか、農業に従事するかの意思決定に影響する。この分析では、サンプルを1946～1965年と1966～1985年に分ける。さらに、1946～1965年サンプルについては1868～1945年の相撲界における当該都道府県の力士シェアを、1966～1985年サンプルについては1946～1965年の力士シェアを、過去の当該地域と相撲界とのネットワークの強さと考える。

凶作の影響は、高度経済成長期には観察され、凶作が起きると当該県から相撲部屋への入門者が0・90人増加する。凶作が起きると、翌年その地域から約1名入門者が増えるのだ。しかし、1966年以降のサンプルでは凶作の影響は消えてしまう。当該県出身の力士シェアについては、1946～1965年においてシェアが高いと入門者が増加する。当該地域の力士比率が10％高いと、0・6人入門者が増加する。一方、この効果は1966～1985年では消える。つまり、ネットワーク効果は東京オリンピック（一回目）以降には消えてしまうのだ。以上の結果は仮説1と整合的である。

さらに、ネットワークが強い地域で凶作が起きた場合に、凶作が起きない場合と比べて、どの程度ネットワーク効果を通じた入門者数増加効果が強化されるかを検証してみた。相撲界における当該地域出身力士のシェアが10％高い地域で凶作が起きると、凶作が起きない場合よりも0・6人入門者が増加する。全体としては、力士のシェアが10％高くなり凶作が起きると、翌年の入門者が1・5人増えるのである。つまり、1964年の東京オリンピック以前の相撲界では、自然災害などが起きた時の郷土の就労支援機能が働いていた。

ところが地縁ネットワーク効果は高度経済成長期を超える頃には消えてしまうのである。経済発展とともに地縁ネットワークの効果が消えていく理由としては、さまざまな就業機会が増える、つまり相撲と代替的な職業が増える為に、相撲部屋に入門する必然性が小さくなるのである。結果として凶作時においてもさまざまな就業の選択肢があるので、相撲界へ入門する動機が小さくなったのである。そのために、相撲の地縁ネットワーク効果が機能しなくなったのだろう。

4・3　相撲界における絆の役割

本章で明らかになったメカニズムを視覚化しよう（図3）。右側は農村と相撲部屋に災害発生以前にネッ

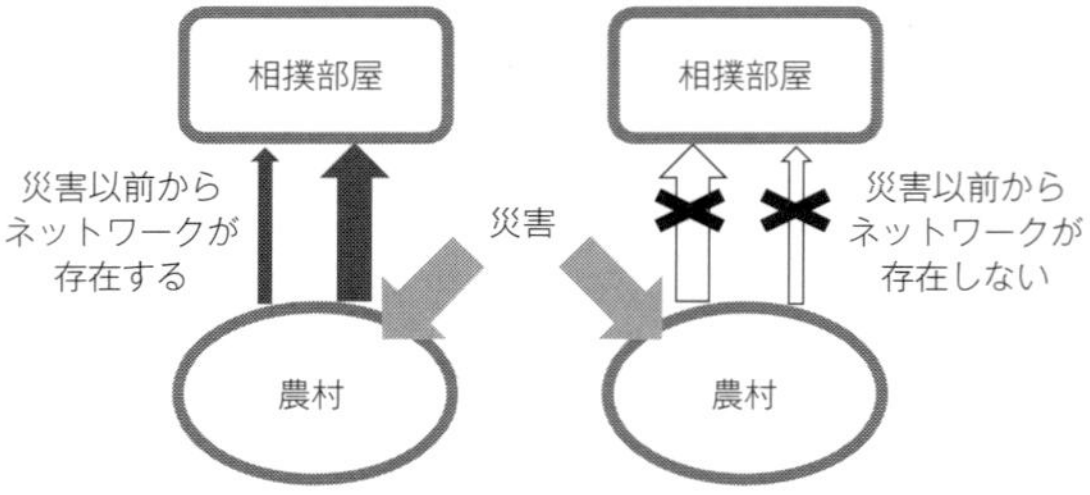

図３：災害発生と労働供給ネットワークの効果

トワークが存在していないケースである。白抜きの矢印は現実には存在していない仮想上の労働供給ネットワークを示している。自然災害による凶作が発生すると潜在的な相撲部屋への労働供給は増える。これは白抜きの太い矢印で示されている。しかし、以前からのネットワークがないために、農村と相撲部屋のマッチングが実現せず、実際には農村から相撲部屋への労働供給の増加は起きない。図の左側は災害以前からネットワークが存在しているケースで、細い矢印が塗りつぶされている。災害が発生するとより太い矢印が相撲部屋に伸びる。これは、災害によってより多くの労働が相撲部屋に供給されることを意味している。

　稽古場および生活空間としての相撲部屋、相撲界における親であり指導者である親方。さらに複数の部屋が一か所に集まることで、自身の部屋だけでなく近くに立地する他の部屋で出稽古してさまざまな力士から技を学び、腕を磨く。これはまさに集積することによって発生する利益である。この利益を求めて全国から東京へ力士が集まることはすでに本書で説明してきた。相撲部屋のような疑似家族的共同体内において信頼関係が醸成され都会での孤独を和らげることだろう。このような絆に結ばれた関係は社会関係資本（social capital）に含まれる。社会関係資本は絆や信頼関係、社会参加などの向社会的な行動や、良好な人間関係などを指す。政治学者のロバート・パットナムやフランシス・フクヤマなどが提唱し、経済学においてもその重要性が認められるようになった。[5] 現在では絆は、紐帯社会関係資本（bonding social capital）に分類される。しかし、紐帯社会関係資本はごく少数の狭い範囲の人間関係において機能するが、部外者は参入できないために効果は限定的である。この問題を解消する社会関係資本の新たな形態に注目が集まるようになった。連結社会関係資本（linking social capital）である。地理的には離れてはいるが、結びつくことで相互の利益につながるようなグループがあるとする。このような外部に開かれたネットワークが連結社会関係資本である。

本章で示した通り、相撲集積地の東京から離れた地域と相撲部屋を結びつけるネットワークの役割が、高度経済成長期に高まる。つまり、同じ社会関係資本でも「紐帯」タイプから「連結」タイプへと重要性の度合いが移り変わっていくのである。本章で示したポイントは、このネットワークが農村部で凶作のような予期し得ない出来事が起きた時に就職口を提供する、災害リスクへの対処の手段となりえることである。

（5）パットナム（2001、2006）、フクヤマ（1996）、速水（2000）などを参照のこと。

相撲コラム4

Netflix「サンクチュアリ」：昭和の相撲界のファンタジー

イタリアでもNetflix配信の相撲ドラマ「サンクチュアリ」視聴者がいる。主人公の九州から出てきた不良少年は、相撲部屋の中の人間関係に苦しみながら成長していく。ライバルの怪物力士は北海道出身で、これもワケアリの過去を持つ。出演者が撮影のために鍛え上げた肉体は本物の力士のようだ（出演者には実際に元力士も混ざっている）。

興味深いのは、主人公・猿桜の前にあらわれる女性である。連れられ行ったナイトクラブで出会った同年代のホステス（七海）が同じ福岡県出身だったのだ。猿桜は北九州市、七海は直方《のおがた》市出身である。同じ県内でも、北九州と直方の地域性は微妙に違うのだ。福岡県民ならば、見逃せないポイントである。直方は元大関の魁皇の出身地で、相撲が盛んだ。直方駅には魁皇の銅像があり、直方市役所には魁皇の巨大な優勝額が飾られているほどだ。

時代設定は令和の現代だ。しかし、注意深く観察すると奇妙なことに気付く。ここで描かれているのは「昭和」の相撲界だ。大学出身のエリート日本人力士も、外国出身力士も登場しない。昭和40年代にはすでに大卒力士の輪島、ハワイ出身の高見山が人気を集めた。したがって、製作者が意図しているか否かは不明だが、一回目の東京オリンピック（昭和39年）以前の相撲界を令和の時代に蘇らせているような錯覚に陥る。

ドラマの主人公の出身地は日本周縁の北海道と九州である。私は北海道出身で福岡県在住歴が20年を超えた。本書を最初に構想したのは、2015年の九州場所中に当時の日本相撲協会理事長だった北の湖親方が急逝したニュースを目にした時だ。その日、200名の学生が出席する担当講義があった。偶然、人口移動のメカニズムの説明の中で、北の湖の話をしていた。強すぎるために不人気だった横綱北の湖。しかし、北海道民にとっては英雄である。福岡在住の大学教授の私は、講義中に時空を飛び越え、北海道の小学生時代に戻っていた。ブラウン管を通してみた北の湖の雄姿が蘇る。北の湖が上京した頃の逸話に触れているうちに、研究アイディアが湧いた。研究室に戻ると、相撲労働市場の人口移動分析のために相撲データを集めていた。

あれから約10年が経過した。

5 弁慶と牛若丸の相撲

力士が入門するために求められるものは何か？　一定以上の身長がなければ、巨体の力士とぶつかり合うには不利なばかりでなく、危険でさえある。なので、一定の体重と身長が求められた。体重は食べることによって基準を超えることが比較的容易である。一方、身長はそう簡単に調整できない。なので、身長が足りずに諦める若者が少なからずいた。どうしても諦められない場合、秘策を考える。例えば、頭にシリコンを入れて基準の１７３㎝に身長を「調整」して、合格した力士がいる。後の人気幕内力士「舞の海」だ。シリコン抜き身長は１６９㎝。現代の日本人の男性平均１７１㎝よりも小さい。

体のサイズは圧倒的に不利だが、舞の海は目にも止まらない機敏な動きで対戦相手を翻弄した。男前かつ童顔で、親しみやすさを体全体から溢れさせていた。舞の海が登場すると場内は盛り上がり、勝っても負けても観客を魅了した。現役時代の最高位は小結だが、相撲界を代表する人気力士となった。頭にシリコンを埋めて合格した「不正」も、相撲への情熱をあらわす美談になった。大卒力士で語彙が豊富で、語り口調も明晰でわかりやすい。引退後は大相撲解説者として活躍している。

相撲界全体からみると、舞の海は例外的な存在である。力士の魅力はさまざまである。同じ力士でも故郷とそれ以外の地域では人気は違うだろう。例えば、福岡県出身の大関・魁皇が九州場所の土俵に上がるとき、福岡国際センターの熱気と声援は最高潮になった[1]。取組前に四股を踏み、塩を土俵にまく。一連の動作に、力士の特徴があらわれる。少量の塩を控えめに撒く力士がいるかと思うと、大量の塩を高々とまき散らす豪快な力士もいる。仕切り前から取組後までほとんど表情を変えない力士もいれば、喜怒哀楽をあらわにする力士もいる。高見盛の取組前の動きは非常にユーモラスで、米国映画のキャラクターのロボコップを連想させた。力士の人気の要因を考えるのは雲をつかむようなものかもしれない。本章では、この難問にデータを使ってアプローチしてみる。

5・1　力士人気の数値化

どんな力士が「人気者」と言えるのだろう？　1試合しかない場合、会場への入場者数やテレビなどの視

（1）プロ野球では先発投手が事前に予告されている場合、試合が行われる球場の地元投手が先発の場合、入場者数が増加する（Yamamura 2011）。

写真１：幕内の土俵入り
写真提供：日本相撲協会

聴率が高ければ、その試合で対戦しているプレイヤーの人気指標と言えるだろう。例えば、ウィンブルドンのテニスの決勝戦などはこのケースに当てはまるだろう。同じ決勝でも、勝ち上がってくる選手は年によって異なる。したがって、異なる年の決勝戦の入場者数や視聴率を比べて、その違いを観察すれば選手の人気の程度がわかる。決勝戦の価値は同じなので、入場者数や視聴率の違いは決勝のカードの魅力をあらわしているのだ。

大相撲の場合「人気」の基準は、非常に曖昧で主観的な印象によって決まっているように思える。本場所では1日で数百人の力士が登場する。私の九州場所の本場所におけるフィールド調査（相撲観戦）によれば、序ノ口など下位の取組では会場は閑散としている。時間が経過し上位力士が登場するようになると観客が目に見えて増加する。相撲のテレビ中継が開始され、幕内力士の「土俵入り」の時刻になるとほぼ満

写真２：取組直前の懸賞旗
写真提供：日本相撲協会

員になる（写真1）。化粧廻《けしょうまわ》しをしての「土俵入り」は力士の取組前の儀式だ。[2] 力士が一人ずつゆっくりと土俵に上がっていき、そして土俵に勢ぞろいする光景は壮観だ。「関取」だけが仲間入りできる。幕下以下の「力士養成員」と「力士」の歴然たる違いである。そして、観客の多くが関取の取組が開始される前に会場に集まり「土俵入り」を楽しむ。ＮＨＫの全国放送も「土俵入り」を放映する。化粧廻しに企業

（2）土俵入りは「幕内」の他に「十両」も行う。「十両土俵入り」の後に十両取組、その後に「幕内土俵入り」があり幕内取組がある。日本相撲協会公式サイトによると、ＮＨＫのテレビ放送は「幕内」土俵入りから放送が開始される。例えば、２０２４年１月場所のタイムスケジュールでは、14：15～「十両土俵入り」、14：35～「十両取組」。そして15：40頃～「幕内土俵入り」。テレビ放送が地上派のみの昭和時代では「幕内土俵入り」からＮＨＫの総合テレビで放送が開始された。テレビ放送が多様化された現在では、ＢＳ放送で13：00から放送開始である。この中では、十両以下の幕下の取組も視聴できる。

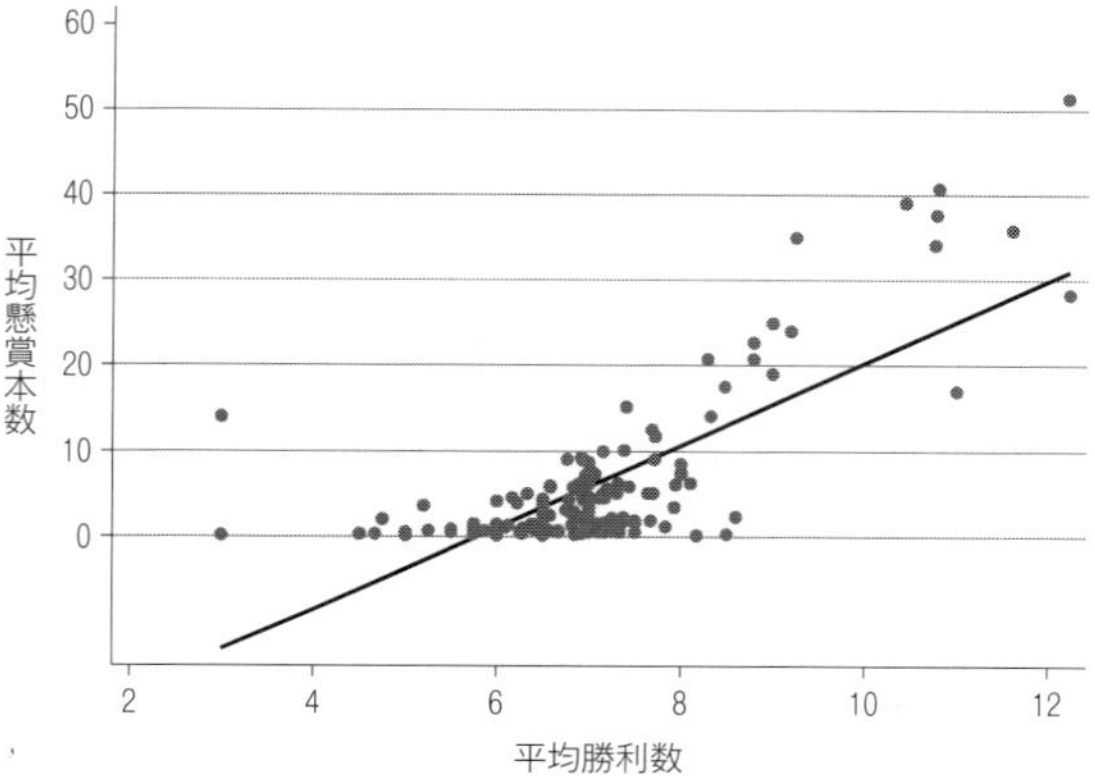

図1：懸賞本数と勝利数の関係

名などが書かれているのは、多くの観客の目に触れることを見込んだ企業宣伝のためだ（コラム6「化粧廻しの楽しみ方」参照）。したがって、幕内後の取組では観客の増加はほとんどない。観客がどの力士を観に来ているかを識別することは難しい。

力士の人気度を数量化するために、一つ良い方法がある。幕内力士の取組直前に土俵にあらわれる懸賞旗だ。その取組へ賞金を出す代わりスポンサーを宣伝するための旗である（写真2）。幕内になると入場者数は一気に増加し、同じ幕内力士同士の取組でも、全く懸賞旗のない取組もあれば、数十本の旗が延々と続くこともある。つまり、取組ごとに懸賞旗の数が大きく変動する。人気力士が登場すれば、より多くの人々が取組に熱視線を送る。そこへ懸賞旗を登場させれば、宣伝効果は高まる。このような経済学的な推論から、懸賞旗が多く登場した取組で闘った力士は人気が高いと解釈できる。

ここで懸賞本数がどの程度人気を反映するか、検証してみよう。勝利数が多い力士ほど人気が高くなるだろう。本節では1958〜1966年のデータを用いる。この期間は東京タワーの登場から一回目の東京オリンピック開催などを含む高度経済成長期に該当する。ここには、各場所の力士ごとの合計懸賞本数と勝利数、身長の情報が含まれている。各場所15番取組があるので、勝利数は0～15の値を取る。図1には、この期間の力士ごとの平均勝利数と、平均懸賞本数の関係を示している。かなり多くの力士は横軸上に位置する。これは、分析期間全体を通じても懸賞本数がゼロの力士が多数存在することを意味する。最も重要なのは、勝利数と懸賞本数にはきれいな正の相関があることである。つまり、勝利数が多いと、懸賞本数も多いのである。懸賞本数が人気の程度をあらわしていると考えられる。

5・2　相撲界にスーパースター効果はあったのか？

高度経済成長期の相撲界は横綱の栃錦と初代若乃花がライバルとして鎬を削った頃である。両横綱の名前から栃若時代とよばれ相撲人気は鰻登りであった。経済学には「スーパースター効果」という概念がある。[3] なぜ、スポーツやエンターテイメントの世界で突出したスーパースターが存在するのか？　なぜ、たった一人が巨万の富を独占するのか？　彼らが医者や弁護士よりも収入が高いのは少しおかしい。なぜならば、消

（3）Rosen（1981）を参照のこと。

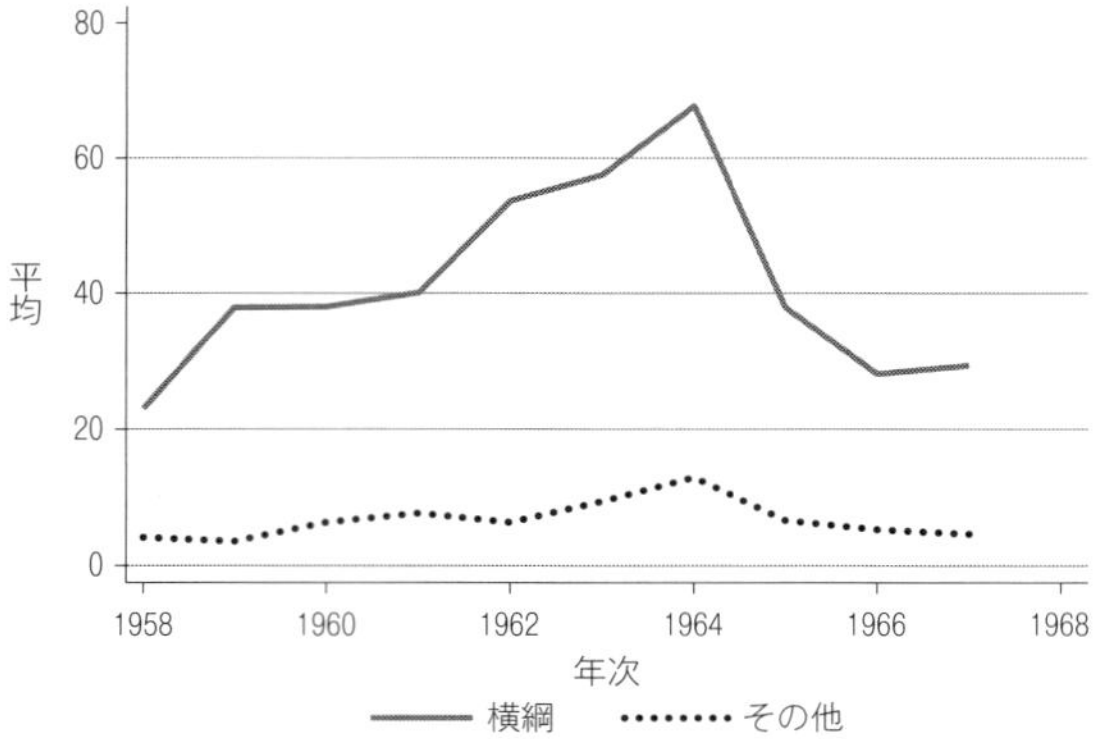

図２：懸賞本数　横綱 vs その他力士

費者（顧客）一人が時間単位で支払う額は医者や弁護士の方が、スポーツ選手が登場するゲームの視聴への支出より高いからだ。

　上記の問いに答えるために、スーパースターを思い浮かべよう。例えば、大谷翔平。二刀流のプレーは誰にもまねができない。したがって、市場には競争相手がいない。大谷翔平は唯一無二の存在である。代替材としてのライバルが存在しないので、労働市場で独占力を持つ。さらに、スポーツやエンターテイメントはテレビやネットのペーパービュー（課金形式の動画配信や動画販売）などを通じて同時に数百万の人々が視聴できる。視聴者一人が支払う額は小さいが、同時に膨大な人が消費できるので合計すると莫大な金額が集まる。弁護士や医者は同時に複数の顧客を相手にすることができないので、一人から得られる対価が高いが合計額はスーパースターには遠く及ばない。このようなメカニズムが働いて、スーパースターが誕生するのだ。これをスーパースター効果という。

　スーパースター効果で鍵になるのは、大人数が同時にエンターテイメント財を消費することを可能にするテレビなどのテクノロジーの役割である。最近の米国の研究で、テレビの登場によってスポーツのトップ選手の年収の最高額は大きく上昇する一方、それ以外の選手の年収が低下し、プロスポーツ選手間の所得格差が拡大したことがわかった。この結果はスーパースター効果によって発生したと考えられる。[4]

スーパースター効果が相撲界にも観察されるならば、この時期に力士間の所得のバラつきは大きくなるはずである。懸賞本数の総数の時系列変化で確認しよう。[5] 図2は横綱とその他の力士の平均懸賞本数の推移を描いたものである。ここから、横綱は他の力士よりも懸賞本数が多いことがわかる。1958年から1964年まではその差が拡大していくのがわかる。つまりテレビの普及によって横綱への懸賞本数は増加し、その他の力士は減少したといえる。しかし1964年以降、横綱懸賞本数は減少するが、その他の力士の懸賞本数はほぼ一定である。したがって横綱とその他の力士の懸賞本数の差は縮小している。全体としては、図2ではスーパースター効果の有無は不明である。

（4）Koenig（2023）を参照のこと。

（5）人気の取組には、事前に懸賞金がかけられる。実際にその懸賞金を手にするのは、勝利した力士である。取組後に勝利力士は、手刀を切りながら分厚く積み重なった祝儀袋を行司から受け取る。データの懸賞本数は勝利力士が受け取ったものをあらわしている。懸賞は実際には取組前に「琴櫻 vs 王鵬戦にかける」というかけ方をされる。しかし、データは取組ごとではなく、力士ごとの本場所15日間の合計懸賞本数である。データは相撲協会から提供を受けている。残念ながら取組ごとの懸賞本数データは残されていなかった。

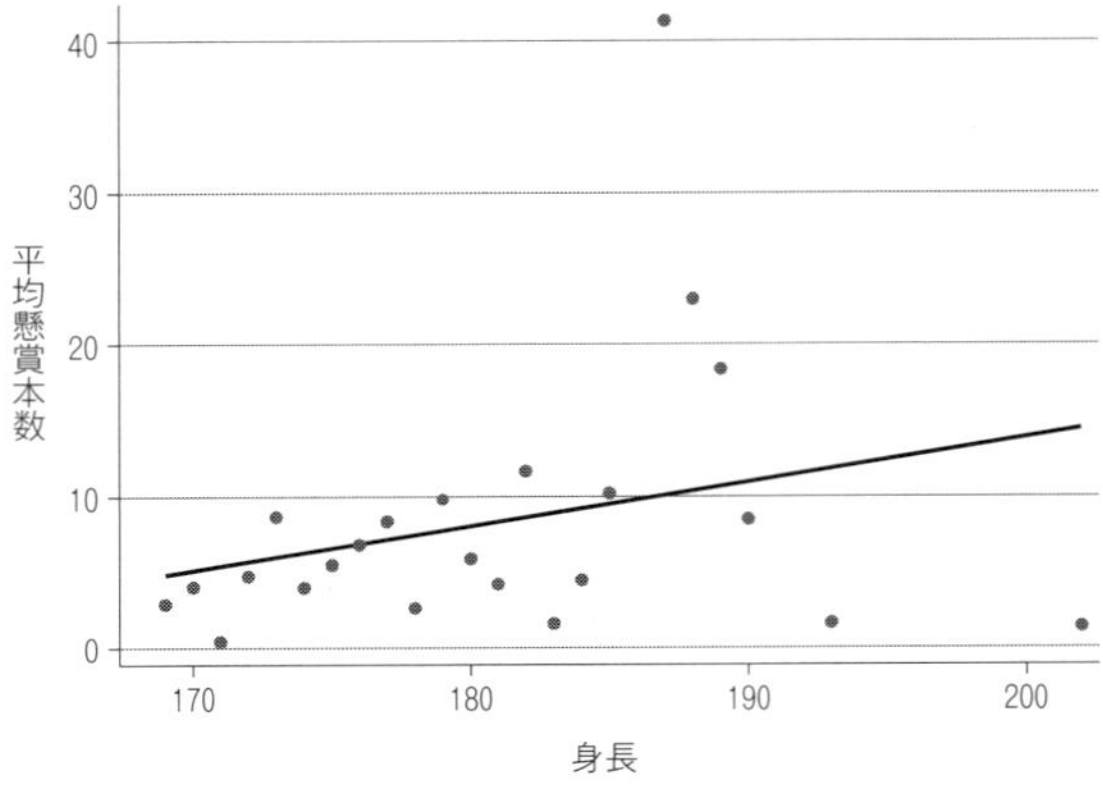

図３：懸賞本数と身長の関係

メジャーリーガーの大谷翔平の年収はＭＬＢで圧倒的な1位の１００・5億円で、2位の山本由伸と10億円以上の差がある。これが、スーパースター効果だ。スーパースター効果があるならば、横綱とその他の力士の懸賞本数の差は、少なくとも10倍程度になるだろう。図2から、全体として力士にはスーパースター効果が観察されないことがわかった。一つの解釈としては、力士はそれぞれの個性を持っているため、横綱等の強豪力士に人気が集中するのではなく、ファンには自分なりの贔屓力士が存在すると考えられる。あとで説明するように、テレビ中継から流れる力士の出身地の紹介を聞くことにより、ファンは故郷が同じ力士に親近感を持ち自然と応援したくなる。私は過去の論文でこれを「ノスタルジー効果」とよび、同郷力士のような存在を「ノスタルジー財（望郷財）」と名付けた。[6] とりわけ、中卒の金の卵が都市生活を送り、孤独を感じた時に、ノスタルジー財である同郷力士の名をテレビから聴いて、寂しさを癒したことだろう。高度経済成長期にはこのような若者が数多く東京などの都会に集まったのである。

5・3　大きな力士は人気者?

昭和時代はハワイ出身力士の高見山は人気者だった。四股名と巨体がマッチしているのも面白い。大関・貴乃花（若貴の父）も非常に人気があり、人気があまりないヒール役の横綱・北の湖に勝った時などは場内の盛り上がりは最高潮に達したものだ。大きな力士も小さな力士も人気がある。[7]

データを使って力士の体格と懸賞本数の関係を観察してみよう。図3では身長別の平均懸賞本数を計算し、身長との関係を示した。高身長になると若干のバラつきは出るが、大まかな傾向としては身長が高いほど懸賞本数が多くなることがわかる。つまり大柄な力士ほど、人気が高くなると考えられる。巨体で力強く見栄えのする力士ほど、人気があることになる。大きな力士は、一般的に抱かれる大相撲の力士のイメージと合

（6）Yamamura（2011）を参照のこと。

（7）昭和の名大関の貴乃花の息子2人が、平成に人気力士となり相撲フィーバーを巻き起こした。長男は若花田（後の横綱・若乃花）、次男は貴花田（後の横綱・貴乃花）であり、両名の四股名を合体させ簡略にしたのが「若貴」である。

致する気がする。ここで次の疑問が湧いてくる。本章冒頭で示した舞の海のような小兵力士は不人気になるのだろうか？

5・4　相撲界の環境変化とテレビの普及

高度経済成長期の時代背景を考えよう。テレビはまだ一般に十分普及せずに、街頭テレビに人だかりができて、相撲、プロレス、野球などを観戦した。大相撲出身のプロレスラー力道山が空手チョップを武器に白人レスラーと闘いを繰り広げる姿に人々が熱狂したのもこの時期である。

ＮＨＫによる大相撲の全国放送は１９５２年から開始された。幕内力士全員が土俵入りして化粧廻しを披露する儀式。取組の合間に土俵を掃く「呼出《よびだし》」の足袋を履いた和装は味わい深い。取組を告げる行事の声の抑揚、懸賞旗が土俵を一周する様子、取組前の四股と塩まき、勝ち名乗りを受け懸賞金を行司から受け取る際の手刀を切る動作。力士の体格の違いも一目瞭然だ。

大相撲のラジオ放送が開始されたのは昭和になって間もない１９２８年である。

白黒テレビが普及する前は、人々は聴覚的に相撲を楽しんでいた。音声を頼りに想像の世界の中で相撲の魅力を感じていたわけである。テレビ中継によって、具体的でリアルな視覚映像が人々に届けられた。高度経済成長期に相撲の楽しみ方自体が大きく変容したのである。つまり、肉体の躍動を視覚的に捉えながら、大相撲を楽しむようになっていったのである。また、取組ごとの懸賞旗の本数の違いや、懸賞旗のデザインや、そこに示される企業名や商品も印象に残る。例えば、お茶漬け関連商品を販売する某企業の懸賞旗は、江戸風情もあり、相撲との相性は抜群である。NHKでは番組の合間にスポンサーのコマーシャルが入らないので、視聴者は相撲世界に浸ることができる。しかし、懸賞金を支出して懸賞旗を土俵に上げることで企業は非常に大きな宣伝の機会を得ているのだ。民放ならば、コマーシャルの間に視聴者はトイレに立つだろう。NHKの場合は懸賞そのものが相撲の一部に組み込まれているために、相撲ファンの気をそらすことがないので、宣伝効果が非常に高くなる。つまり、懸賞は企業にとって非常に費用対効果の高い宣伝手段なのである。[8]

図4に高度経済成長期の白黒テレビの普及率と総懸賞本数の推移を示した。1958年はわずか10％の家庭しか所有していなかったのが、急速に一般に普及し東京オリンピックの1964年までには90％まで高まった。総懸賞本数の推移を観察すると、白黒テレビの普及と同様に1964年まで増加する。ただし、19

（8）化粧廻しの提供も懸賞旗と同様の宣伝効果がある（コラム6「化粧廻しの楽しみ方」を参照）。現在、正月に二日間にわたり全国中継される「箱根駅伝」は、入学希望者を集めるための格好の宣伝となる（Yamamura 2019）。

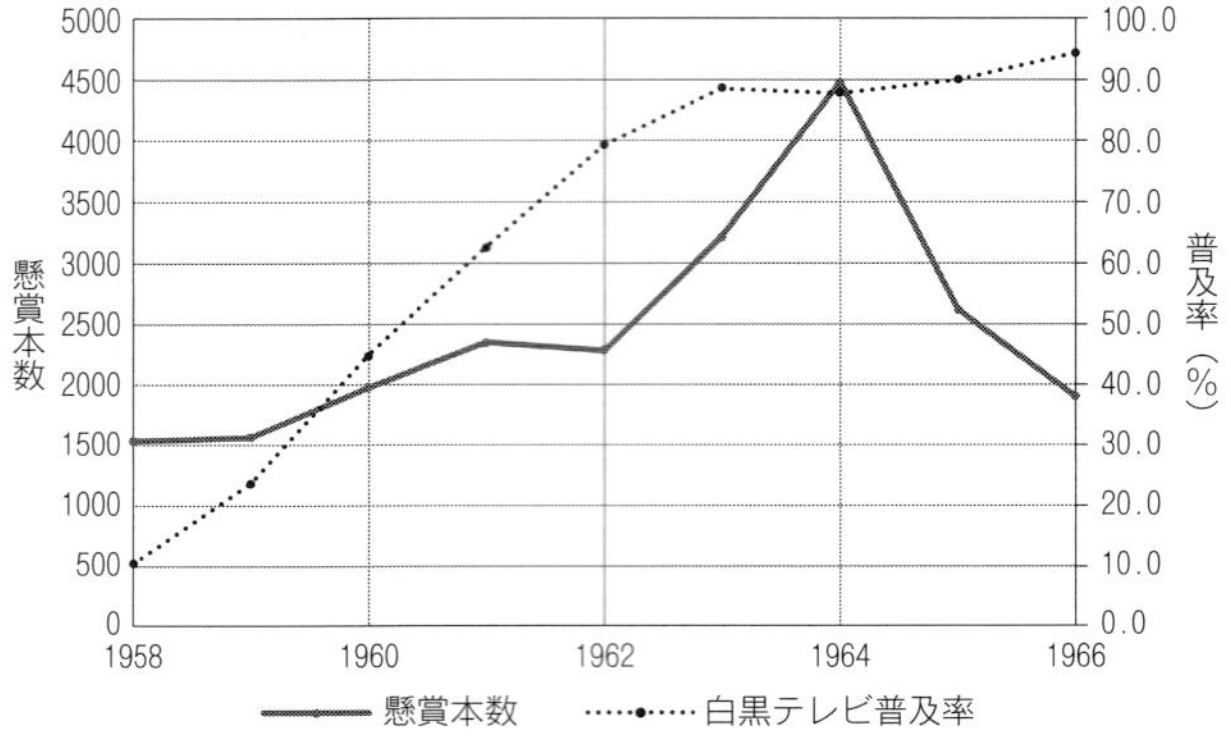

図４：総懸賞本数とテレビ普及率の推移
資料：消費動向調査

64年の東京オリンピック開催の年にピークを迎えた後に懸賞本数は減少する。経済学ではオリンピック開催の経済効果についての実証分析をする研究が存在する。短期的に経済へ良い影響をもたらすが、長期的な効果はマイナスになる。例えば、オリンピック開催のための建築や都市開発への投資が進み景気は上昇するが、その後は過剰投資のため景気後退局面に入る。その結果、自治体の借金が残るのである。[9] 懸賞金は企業が宣伝のために支出する。景気が良いときはこの支出は拡大するが、景気が悪くなるとその余裕がなくなる。オリンピック景気の影響が大相撲の懸賞本数の推移にも見て取れるのは興味深い。

いずれにせよ、この時期に相撲取組が視覚映像として社会に広まった。その影響を考えてみよう。まず、音声を通して想像していた力士の姿が具体的に見えるようになった。さらに、取組の際の体格差などがどの程度あり、それが取組の際にどのような影響を及ぼすかが「見える化」された。18世紀の江戸期を代表する力士の「雷電」の身長は197cmとされる。現代の力士の中で高身長と言えば、ハワイ出身の横綱「曙」が204cmである。生活環境が大きく変わった現代人の中に入っても雷電はかなり高身長で、海外の出身の巨漢力士と同等の体格だったのだ。記録が残っている中で歴史上最高身長と思われるのが江戸期の「生月《いっき》」の229cm。他にも身長200cmを超える力士は大抵が江戸期の力士だ。はっきり言って、私はウソだと思っている。当時の力士の中で群を抜いて大きかったことは確かだろうが、あり得ないサイズだ。視覚情報が少ない当時は、人々の想像を刺激するために、あり得ない数値を公表して、相撲人気を高めようとしたのかもしれない。

5・5　テレビ普及が力士の人気度に及ぼす影響

いずれにせよテレビの登場によって、リアルな力士の姿を全国津々浦々の人々が目にすることができるようになった。これが力士の人気にどのような影響を与えたかを検証してみよう。力士の身長を、上位25％とそれ以下の身長グループに分けて、次のような指標を計算した。[10]

（9）Miyoshi and Sasaki（2016）を参照のこと。

$$\text{高身長力士の相対的勝利数指標} = \frac{\text{高身長力士の平均勝利数}}{\text{その他力士の平均勝利数}}$$

$$\text{高身長力士の相対的懸賞本数指標} = \frac{\text{高身長力士の平均懸賞本数}}{\text{他の力士の平均懸賞本数}}$$

これらの指標が1を超えると、高身長力士が他の力士よりも高いパフォーマンスであることを意味する。勝利数、懸賞本数などでパフォーマンスは指標化している。さらに、これらの指標を基にして、次の相対的人気指標を計算する。この指標が1を上回ると勝利数以上に人気が高いことをあらわす。

$$\text{高身長力士の相対的人気指標} = \frac{\text{高身長力士の相対的懸賞本数指標}}{\text{高身長力士の相対的勝利数指標}}$$

これらの指標を高身長および低身長力士で計算して推移を示したのが図5である。高身長力士は1959年を除いて1を上回っており、ほぼ全期間を通じて上昇傾向にあり最終的にほぼ2になる。一方、低身長力士は、1を下回っていたが次第に上昇し最終的にほぼ1に達する。全体としては高身長力士の人気の高まりが顕著で、勝利以上に人気が高いことがわかる。テレビ普及前は不人気だった低身長力士についても、人気

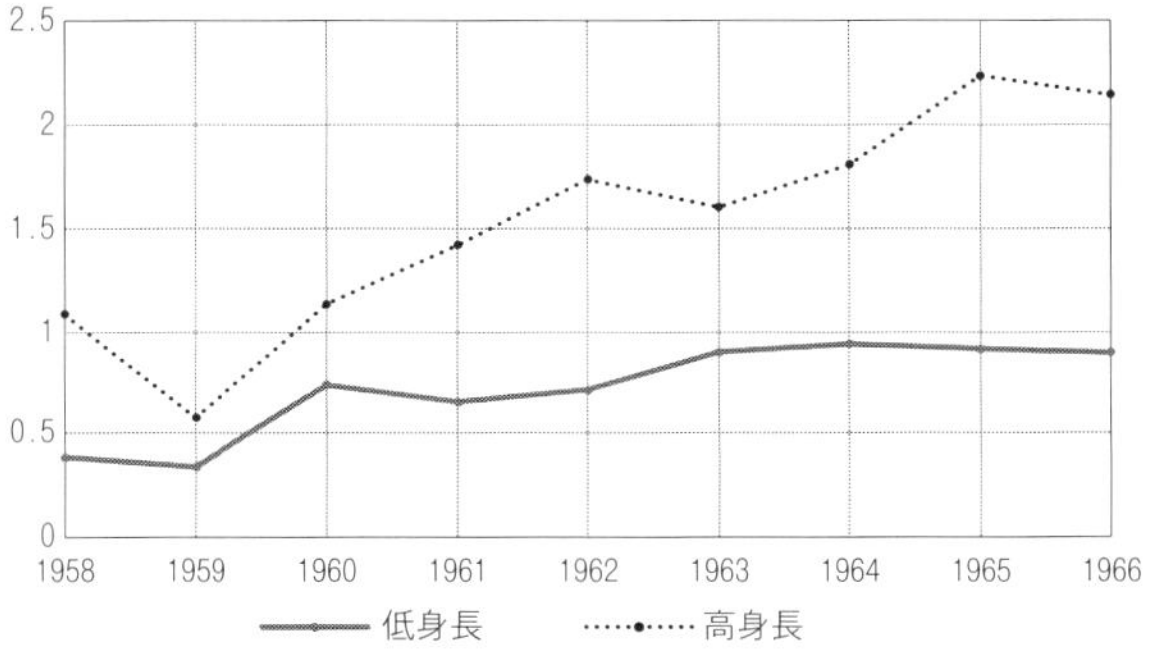

図５：相対的人気指標の推移：　高身長 vs 低身長

が高まっていき実力に見合った評価を得るようになる。小兵力士の魅力がテレビを通じて認知されていったと考えられる。テレビに大写しされる巨漢力士の力強さに人々は魅了された。一方、巨漢力士と対戦する小兵力士の魅力に関心が向くようになったのだろう。つまり、弁慶と牛若丸の対決の構図がテレビを通じて視覚化され、人々は並みはずれて大きい力士と、並外れて小さな力士の対決に喜びを見出すようになったのだろう。

5・6　力士の多様性の意義

本章では高度成長とともに相撲人気が鰻登りの時代を分析した。平成に入っても相撲は娯楽の王様で、若貴人気の最盛期に２００名以上

(10) 他の身長グループとは上位25～１００％のグループである。つまり、平均的な身長力士と低い身長力士を含むグループである。

の入門者が殺到した。しかし、海外出身力士の台頭が顕著になるのと反比例して、急速に入門者が減り21世紀以降は殆どの年で100名を下回っている（第1章の図1参照）。新たな人材を確保することが、相撲を持続可能にするために求められている。1932年から明文化された身長と体重の審査基準は、相撲の入門者数を増加させるために段階的に緩められていった。167cmで67kg以上（中学卒業見込みは165cm、65kg）の体格まで基準が緩和された。そして2023年9月28日、ついに日本相撲協会の理事会は体格基準を大幅に緩和した。これまでは若者が入門を希望し、それを受け入れる相撲部屋があっても、志願者が体格基準を満たさない場合は入門できなかった。規制撤廃により、同様の状況で入門可能になる。経済学的にみれば、相撲労働市場の機能が高まり、資源配分の効率化が達成されることになる。力士は相撲取組という「財」を生み出すための生産要素。つまり力士の労働市場は生産要素市場である。

では、財市場で何が起きるか考えてみよう。小兵力士の小気味の良い個性的な相撲は大相撲を活性化させる魅力がある。都市化の経済理論の仮定によれば、財の消費量だけではなく、種類の多様化により人々の満足度（効用）は高まる。パスタを例にとろう。スパゲッティ、マカロニなどの他にフェットチーネ、タリアッテレ、タリオリーニ、カッペリ、カッペリ・ダンジェロ、ビッゴーリ等々が存在する。さらに味付け、具材、茹で加減などで無限の広がりがでる。さまざまな楽しみ方ができれば楽しく、豊かな気分になる。都会ではさまざまな選択肢が用意されている。その魅力にひかれて、人々は都会に集まってくるのだ。

明治期の物理学者の寺田寅彦の随筆は相撲界における多様性の意義を記している。

「常陸山、梅ケ谷、大砲、朝潮、逆鉾とこの五力士のそれぞれの濃厚な独自な個性の対立がいかにも当時の大相撲を多彩なものにしていたことだけは間違いなく事実であった。それぞれの特色のある音色をもった楽器の交響楽を思わせるものがあった。皮膚の色までがこの五人それぞれはっきりした特色を持っていたような気がするのである[11]」

巨漢同士の力比べは相撲の醍醐味である。しかし、それだけでは飽きてしまう。本章で明らかにしたように牛若丸と弁慶の取組は人々の心をつかむ。さまざまな体格、風貌、性格、技能の力士が存在すれば相撲取組の多様性が広がる。さまざまなタイプの力士が存在していれば、自分の好みに合った贔屓力士と出会う確率が高まる。つまり、新たな相撲ファンを掘り起こすことができるだろう。入門の体格基準撤廃は力士の量的供給の増加のみならず、財市場における「相撲取組」財の多様化を生み出し、「相撲取組」への需要を増加させるのである。

(11) 寺田(1935)を参照のこと。

相撲コラム5

「柔よく剛を制す」…大相撲と旧約聖書

西洋人と相撲。フランス元大統領、ジャック・シラクは相撲愛好家として名高かった。西洋人にとっての相撲の魅力は何か？ 実は旧約聖書に関係するのだ。イタリアの労働経済学者のジョルジョ・ブルネッロに本章のアイディアを紹介していると、興奮気味に言葉を発した。

「『ダビデとゴリアテ』の話だ！」

後に英雄となる勇敢な少年が知恵を使って巨人を打ち倒す物語だ。少年の名はダビデ。フィレンツェにあるミケランジェロによるダビデ像のモデルだ。

プロボクシングの世界ヘビー級チャンプのジョージ・フォアマンは背筋が凍り付くような殺気と、突出した体格とパワーを誇っていた。これに挑んだのが年老いたモハメッド・アリで、「蝶のように舞い、蜂のように刺す」と自賛したスピードは見る影もない。アフリカの大都市キンシャサで開催される対決で、戦前の予想では、圧倒的にフォアマン有利。試合自体も予想通り、アリが人間サンドバックと化す。しかし、中盤を過ぎる頃にフォアマンが打ち疲れ、最終的に一瞬のスキをついてアリがノックアウト勝ちを収める。これが、「キンシャサの奇跡」と称される闘いである。

その後、狂暴だったフォアマンは、柔和で笑顔が魅力的な牧師になった。

ＮＨＫスペシャル「奪還――ジョージ・フォアマン45歳の挑戦」というドキュメンタリーがある。１９９５年に放送されており、ノンフィクション作家の沢木耕太郎が構成・脚本を担当し、米国へ乗り込み礼拝直後の牧師フォアマンにインタビューをしている。この中で、フォアマンに向けられた質問は、

「聖書で最も好きな箇所は？」

フォアマンは笑顔で答える。

「『ダビデとゴリアテ』」。

日本には「柔よく剛を制す」という言葉がある。西洋人にも同じ感覚があるのだ。その場面にロマンを感じるのだ。

第二部　グローバル化の本格化

本書の前半では、戦前から戦後の高度経済成長期にかけての相撲界の変容を取り上げた。本書の後半では、主に1970年代以降の分析を行い、相撲のグローバル化について取り上げる。海外出身の力士は外国人労働力と考えることができる。経済学の分野には、多種多様な公的データを利用した研究もあるが、データの制約もあり、受け入れ国側（日本）内部における分析にとどまっている。[1] 外国人労働力の増減は海外の政治経済の変化の影響が大きい。しかし、これまで海外での政治経済状況と日本国内の外国人労働力を結びつけ、長期的に分析した本格的な研究は存在しない。発展途上国ではグローバル化は短期的な経済状況ばかりでなく、伝統社会の変容をもたらした。[2] 日本でも伝統社会の相撲界はグローバル化の影響を受けた。本書の後半では、世界的な現象であるグローバル化の進展から停滞が、日本の相撲界でも観察されることを示す。

外国出身力士の台頭、とりわけモンゴル出身力士による10年以上にわたる横綱独占状況の背景には、2場所連続優勝を基準としたことがある。形骸化されていた基準だったが、優勝経験なく横綱に昇進、その後廃業に至った双羽黒事件により、2場所連続優勝を厳格な基準として運用するようになった。双羽黒昇進が問題だったなら、それまで通り直近場所での優勝と過去3場所での総勝数を基準にする選択肢もあった。しかし、再度同様の問題が起きたとしても昇進基準を厳格化していれば、社会からの批判の矛先は日本相撲協会や横綱審議委員会には向かわない。社会からの批判が高まれば、相撲需要は低下する。これを避けるために昇進基準が厳格化された。

1988年末に起きた双羽黒事件と1989年以降の昇進基準の厳格化による影響は、副作用を伴っていた。基準の厳格化の直後に最盛期を迎えた外国出身力士小錦は、1991年11月場所に優勝（13勝）、1992年1月場所は優勝なし（12勝）、1992年3月場所に優勝（13勝）の好成績。過去3場所中2場所優勝しており、それ以前ならば横綱昇進基準を満たしていたが、2場所連続の基準は満たさないために昇進ができなかった。偶然この力士が外国人だったために差別的な扱いを受けた印象を与える。基準厳格化の後に、1990年に2場所連続優勝して最初に横綱になったのは旭富士。それについで横綱昇進を果たしたのが外国出身力士の曙である。そう考えると、小錦問題は外国人差別というよりも、双羽黒事件の余波を受けた結果と言えよう。

以上の相撲界の変化は、実は1990年前後におきた旧社会主義体制の崩壊が引き金になった。日本からは遠く離れた国々で起きた一連の政治経済的激変が、10年の時を隔てて日本の相撲界の急速なグローバル化を引き起こした。その後の外国出身力士数の厳格な制限により、徐々に海外出身力士のパフォーマンスは低下している。ゆるやかな反グローバル化への揺り戻しで、相撲界は新たな局面を迎えている。

（1）中村他（2009）を参照のこと。
（2）Munshi and Rosenzweig（2006）を参照のこと。

6 傍流親方が構築する国際労働ネットワーク

掟《おきてやぶり》破と「創造的破壊」

6・1　戦後の相撲とベースボールの意外な接点

戦後日本で無類の野球好きの力士がいた。米国のベースボールの虜になり、1949年サンフランシスコ・シールズと読売ジャイアンツの試合を生観戦した。後楽園球場での試合開催前には、フランク・オドール選手と対面し握手までしている。この力士は横綱に昇進して間もない前田山である（写真1）。日本の国技「大相撲」の頂点に上り詰めた力士が、米国の国技ベースボールの選手と交流する。閉鎖的だった日本が海外に開かれた社会へと移り変わる象徴的な出来事であろう。戦争が終わり、明るい社会へ移り変わろうとしていた日本のほほえましい話題である。

しかし、この時の様子が新聞で報道されると大問題となる。前田山は大阪で開催されていた本場所中に休場届を出して、東京の後楽園球場へ出向いたのだった。本業を疎かにして、米国の野球選手と交流し、野球観戦を楽しんでいたことになる。日本中から非難の声が上がる中、慌てて大阪に帰り千秋楽の出場を申し出たが、却下されたうえに引退勧告を出された。反省したものの後の祭りで、現役を引退に追い込まれた。「シールズ事件」とよばれる大スキャンダルである。戦後相撲界の伝説的な出来事である。

この事件は、その後、相撲界へ思わぬ影響をもたらす。前田山は横綱になるほど実力を認められる一方で、もともと粗暴な振る舞いが問題視されていた。昭和の時代に存在した無頼派的人物の典型だった。品格を重んじる角界にとって、爆弾を抱えていたような状況だったが、実際にそれが大爆発してしまった。横綱在位6場所での引退で、同様にスキャンダルで引退した双羽黒の横綱在位8場所よりも短い。前田山の戦後の横綱在位最短記録は今も破られていない。相撲史に残る珍記録を作ってしまった前田山は、その後「高砂部屋」の親方として類まれなる才能を発揮する。

写真1：横綱・前田山
出典：『大相撲力士名鑑 令和5年版』共同通信社

横綱の立場も忘れ本場所をサボって、米国の野球選手と交流するほどの人物だ。並みの発想の持ち主ではない。海外の新しいものへの好奇心の赴くまま、独自の行動をする。引退2年後の1951年には力士を引き連れてアメリカを巡業し海外へ相撲の魅力を紹介した。1964年にはハワイのアメリカンフットボール選手だったジェシー・クハウルアを入門させた。後の高見山である。ジェシーは外国出身力士初の関取となり、引退後は外国人初の親方「東関」として、海外から力士をスカウトし育成した。前田山がまいた種は花開き、大相撲を国際色豊かにした。問題児「前田山」はいつしか「相撲協会国際部長」と称されるようになった。[1] 現在に至る相撲の「グローバル化」は前田山による個人的な大事業だったのか？　この点を、本章ではデータを用いて検証していく。

6・2　親方の特性と海外労働ネットワークの形成

前田山のような存在は経済学的に非常に重要な分析対象である。経済学の巨人ヨーゼフ・シュンペーター流の表現を使えば前田山は「企業家」であり、産業そして経済の発展には欠かせない存在なのだ。一見無謀に見える既存の秩序の破壊者である企業家が巻き起こすイノベーションによって新たな産業が生まれ、産業の勢力図が塗り替えられ、経済成長が促される。このプロセスのことを、シュンペーターは「創造的破壊」と命名した。[2]

シュンペーターによれば「企業家」はきっかけを作る役割だ。その後重要になるのが、企業家の追随者による模倣である。これがなければ、企業家のイノベーションは産業全体へ広がっていくことはない。

相撲の歴史は長く、江戸期から存在する老舗の名門部屋は令和の現在も存在する。正確には老舗部屋から独立したスピンオフ部屋があり、一門と称されるグループが形成される。例えば、出羽海一門、二所ノ関一門などが代表格として挙げられる。相撲界の勢力は一門がどれだけ上位力士を擁しているかによって明らかになる。基本的には勢力のある一門に属する部屋は、相撲界においてより強固な基盤を持つことになる。本書の前半で明らかにしたように、同郷ネットワークを通して、力士をスカウトするのだ。一方、力士志望者は極力良い環境で修業を行い、力士として頭角をあらわそうとする。したがって、名門部屋に多くの志望者が集まるが、その中でも将来有望と思われる才能ある若者を選別して入門させる。名門部屋は国内の相撲労働市場において、ある種の独占力を発揮して力士を集めることが可能だ。この帰結として、名門部屋に所属している力士が、相撲番付の上位を占めるようになる。そして、横綱、大関、関脇など上位に君臨した力士が、親方になる。このような正のスパイラルが長年繰り返されるのである。経済学的に考えても非常に理にかなった現象である。

このような相撲界の状況が長年続くと、徐々に組織が硬直化し、相撲界全体が停滞するようになる。相撲

(1) 今田（1995）を参照のこと。
(2) シュンペーター（1942）を参照のこと。

界のみならず、伝統社会でしばしば観察される現象である。高度経済成長期に相撲界が発展した理由は、地元東京の外から若者を集めるイノベーションが起きたからである。本書前半でこの現象を国内の「グローバル化」とよんだ。しかし、名門部屋が中心となってネットワークを構築し人材を集めるようになると成長が鈍化し、停滞期が訪れる。

以上の相撲界の構図の主役は名門部屋であり、その覇権争いである。親方も現役時代は相撲界のスターで、日本中に名の知れた有名人である。相撲部屋の数は親方の引退や、スピンオフ部屋の誕生などがあり毎年変動する。[3] つまり名門部屋が存在する一方、新陳代謝があり、新興部屋の参入があるのだ。また、名門部屋がある一方、弱小部屋もある。すべての親方が現役時代にスター力士だったわけでもない。現役時代に横綱や三役（大関、関脇、小結）の経験がない親方も多数存在する。弱小部屋には人材が不足しており、強い力士がいない。また、現役時代に問題を起こしてしまうと、親方になれたとしても相撲界での基盤が弱まる。村八分的に国内の労働供給ネットワークからも締め出されてしまうだろう。一方、相撲の知名度が低い海外では、スター力士か否かなど誰も関心を払わない。スター親方も無名親方も人材集めに優劣がつかず、同じスタートラインにつくことができる。国内で十分才能のある力士を集めることができるスター親方は、わざわざコストをかけて海外から人材を集める動機がない。一方、国内の相撲労働市場から入門力士を集めることが困難な無名親方は、相撲が普及していない海外に人脈を築き入門力士を集めるヤル気が高まる。[4] 前田山のやり方を真似てみるのである。

「外国人初」の関取となった高見山が非アジア系力士で初入幕したのが１９６８年である。それ以降の相撲界全体の外国出身力士率の推移は図1に描かれている。力士数に置き換えると１９７０年代はまだ10名以下だが、１９８０年代の中盤以降爆発的に増加する。日本全体の人口に占める外国人人口比率と比較しても、相撲界で急激に外国出身者の割合が増えていることがわかる。ハワイ出身の小錦や曙などが活躍した時期から、外国出身力士の急増

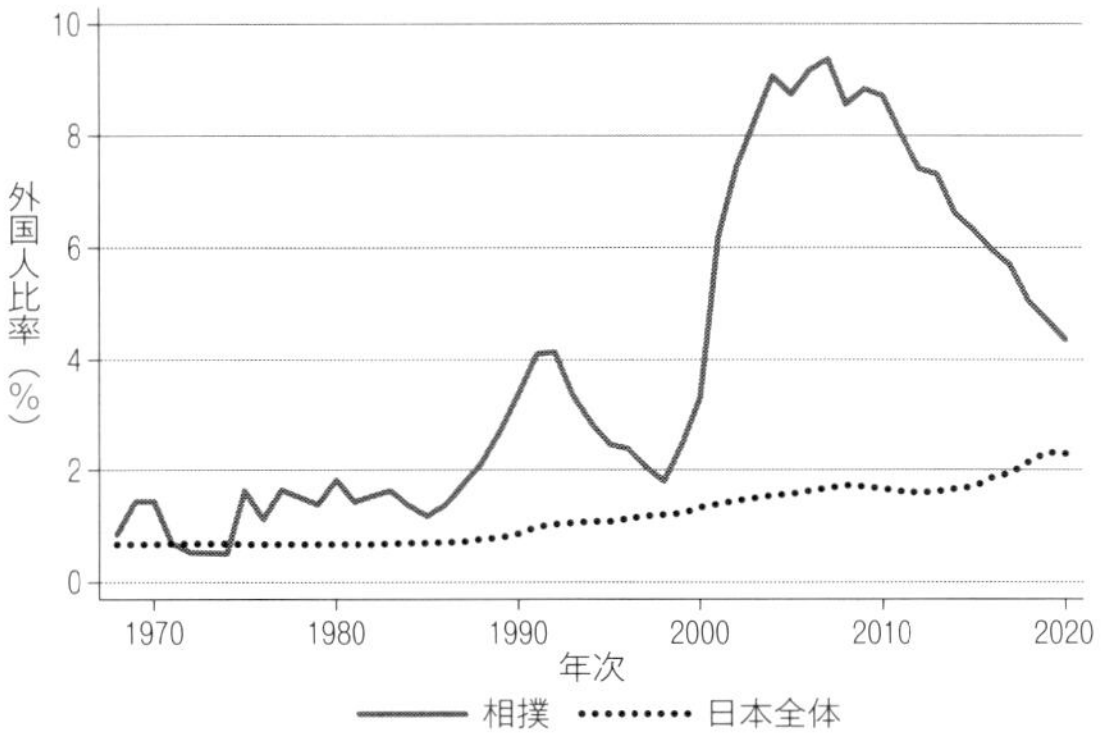

図１：外国人比率の推移　日本全体 vs 相撲界（%）

資料：外国人比率を計算するために、外国人人口と日本全体の人口のデータを使った。いずれも、総務省時計局のオンラインサイト。

（３）生沼（２０２３）の32ページを参照のこと。

（４）野球において外国人選手の割合は非常に高い。メジャーリーグで、最初に外国人選手を雇用した球団の特徴を分析した研究がある。強いチームほど外国人を雇用したことが明らかになった（Goff et al. 2002）。これを支持しない結果も提起され、論争に発展している（Hanssen and Meehan 2009, Goff and Tollison 2010）。日本のプロ野球でも同様の分析が行われ、外国人を代用したことを示した研究も刊行され、戦力不足を補うために弱小球団ほど本場の米国から外国人選手を積極的に雇用したことがわかった（Kawaura and La Croix 2016）。

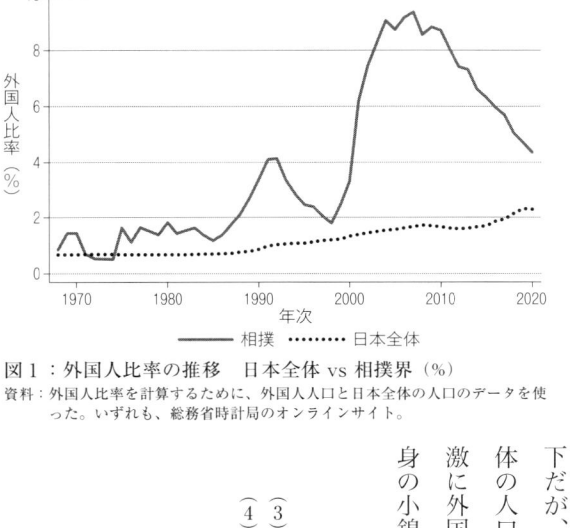

が始まったのだ。この数年前の1984年から高見山は東関親方として故郷のハワイから有望な若者を相撲界に招き入れていた。その一人が、外国出身力士として初めて横綱に上り詰めた曙である。2000年以降はモンゴル出身力士を中心として外国出身力士が激増した。国籍別の分析は第7章以降で詳細に行う。ここで確認したいのは、大相撲における外国出身力士の存在感が大いに高まったことは、数量的に明らかであることだ。

前田山は高砂親方として、外国出身力士のスカウトに熱心だったが、1971年に57歳で死去している。つまり、前田山は外国出身力士供給のためのネットワークの基礎を整備したが、その後の実際の外国出身力士の量的な拡大は「企業家」前田山の模倣者たる傍流親方たちが担ったと考えられる。

ここまでの話をまとめてみると、次のような仮説を立てられる。

仮説　**現役時代の活躍度合いが低い親方は、海外に活路を求め外国との間に人材ネットワークを形成する。**

この仮説を検証するために、部屋ごとのデータを集める。これにより、外国出身力士数が少ない部屋や多い部屋を検証することができる。期間は高見山が親方になる1984年から2015年までを対象とする。どのような力士を入門させるかを決定するのは部屋の親方である。したがってデータには、親方の特徴（現役時代の最高番付）と入門力士が誕生した国の情報が含まれる。分析の際には次のような仮定をおく。現役時代の番付が高いほど国内の相撲界での入門者集めの基盤は盤石である。

まず、親方の現役時代の最高位がそれぞれ横綱、大関、関脇、小結だった部屋と、それより低い番付の部屋を比べる。基準グループを最高位が平幕以下だった親方の部屋とする。基準グループと上位番付親方の部屋の外国人数を比較する。

さらに日本人力士は大別してエリートと叩き上げに分けることができる。通常の力士である叩き上げの初土俵は番付最下位の序ノ口の取組からである。「まだまだ序ノ口」というフレーズはこのような相撲界の決まり事から派生している一方、アマチュア時代にトップアマとして輝かしい戦績を残した者がエリートとしてキャリアをスタートさせる。かなり高い実力なので、序ノ口、序二段、三段目を飛び越して、いきなり幕下から登場する。[5] たたき上げの力士が経験する相撲部屋での下積みを経験せずに、トップ力士への階段を駆け上がることが期待される。大卒力士はほぼエリート力士と考えてよい。大卒は母校の相撲部とのコネクションも強い。有名大学の体育会出身者は一般企業へ就職するときにも有利である。似たようなメカニズムが相撲界に働いている。これも労働供給ネットワークの一種である。大卒親方はエリート力士を母校から供給

（5）昭和の横綱の輪島は典型的なエリート力士で、ライバルの北の湖は典型的な叩き上げ力士だった。このような背景を踏まえ鎬を削るライバルの取組を観戦するのも大相撲の醍醐味である。

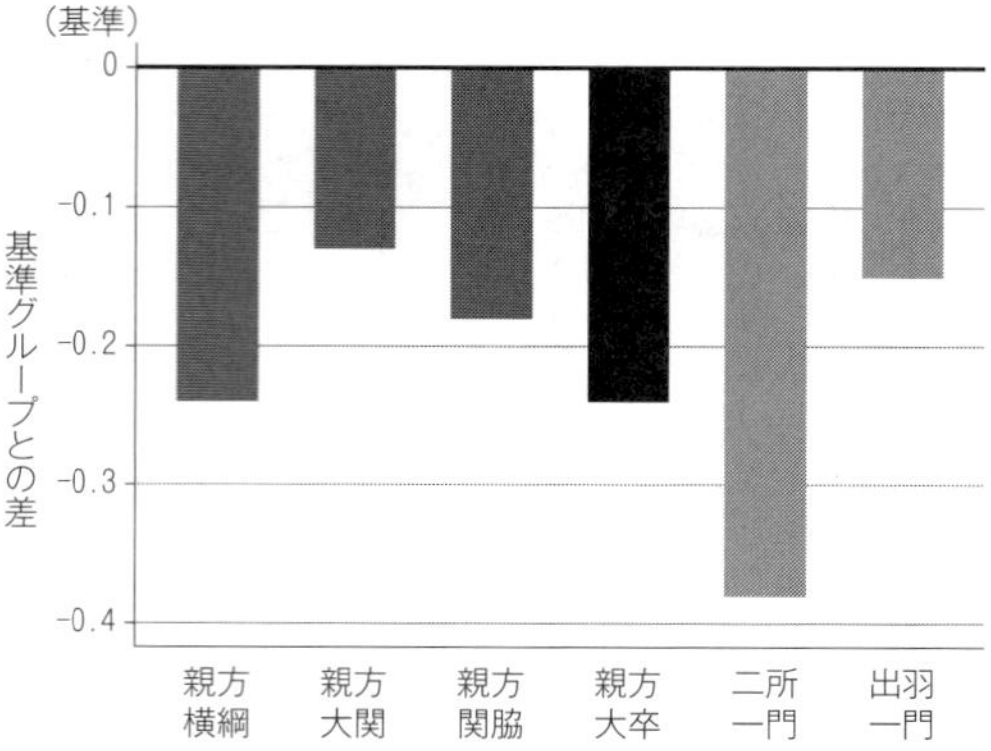

図２：基準グループとの外国出身数の差（1984~2015年）

されるので、得体の知れない外国出身力士を入門させる動機がない。つまり学閥ネットワークが存在する。

この予測を検証するために、大卒以外の親方を基準として、大卒親方の部屋の外国出身力士数をみていこう。本章で説明したように出羽海一門、二所ノ関一門に属するのは名門部屋と考えてよい。国内に同郷ネットワーク等の盤石の基盤があるので、有望な人材が自動的に供給される。したがって、外国から新人を調達する必要はない。出羽一門の部屋、二所一門の部屋の外国出身力士数を、それ以外の部屋を基準に検証してみる。

図2はデータを使って、上記の比較結果を示した。[6] 基準となるのは「その他」部屋の外国出身力士の比率である。これを縦軸の0として、各グループの外国出身比率がどの程度違うかを示す。基準グループより外国出身力士が少ないならば、マイナスの値をとる。

図2から、すべてのグループが、基準グループよりも外国出身力士数が少ないことがわかる。横綱親方の部屋の値はマイナス0・21である。これは、最高位が平幕以下の親方に比べて外国人出身数が0・21人少な

いことを意味する。つまり、横綱親方の部屋では「最高位が平幕以下の親方の部屋」よりほぼ5年間で1人だけ、外国出身入門者数が少ない。これよりも、基準部屋と大関親方や関脇親方の差は小さい。つまり、横綱親方よりも外国人入門者の数が若干多いことを意味する。

大卒親方の部屋はマイナス0・29である。つまり、大卒親方の部屋では、その他の部屋よりも0・29人外国出身力士数が少ない。横綱親方と基準グループの差よりも、大きな差である。これは、大卒エリートの供給網が非常に安定的であることを示唆する。

二所一門グループと基準グループとの差はマイナス0・38で、親方の個人特性よりも大きな差を生じさせている。伝統部屋は国内から十分な質と量の入門者を集めることができることを意味する。図では示していないが、外国人親方の部屋は日本人親方の部屋よりも1・19人外国出身力士数が多い。毎年、日本人親方の部屋よりも1名以上多く外国出身力士を入門させているのだ。高見山のように外国出身の親方は故郷との間にネットワークを作り、後輩の外国出身力士をスカウトするだろう。つまり海外との間に労働供給ネットワークがあるので日本人親方の部屋よりも外国人親方の部屋の方が外国出身力士の入門が増える。グローバル

(6) 図2に示されるのは、単純なグループ間の比較ではなく、回帰分析の分析結果を視覚化したものである。本章ではいずれもグループ間で統計的に有意差がある結果だけ紹介している。

化した故郷ネットワークの頑強性と影響の大きさを示す結果である。

6・3　創造的破壊が作る絆

第4章で論じたように、相撲界では故郷との絆が大きな役割を果たす。第二次世界大戦前までは、江戸っ子力士が聖地東京の相撲部屋へ入門し濃密な人間関係が形成され、それが相撲界での生き抜く基盤となった。高度経済成長期には日本の農村地域の力士をスカウトして上京させる、連結タイプの社会関係資本を形成することにより力士への労働供給が急拡大し、相撲界全体の成長につながった。この時期に一足先に、海外に目を向けたのが前田山だった。言語も、文化も全く異なる海外との間に築いたネットワークは架橋タイプの社会関係資本と言える。同質的だが離れた集団を結びつける連結タイプとは違い、架橋タイプは共通の基盤がない集団同士を結びつけ、化学反応を起こしイノベーションを生み出すのだ。[7]

図3では、主流親方が国内から主要な若者を地方や大学から有望な調達していることを示している。本書で登場したエリート力士は大卒である。一方、叩き上げ力士から横綱になり、さらに相撲界の掟に従っている親方は主流となる。太実線によって描かれた楕円の中に形成されている国内ネットワークは強固で、楕円の中に新参者は受け入れない。楕円は伝統的閉鎖社会としての相撲界の同郷ネットワーク、学閥ネットワー

クの範囲を示す。楕円の外の傍流親方は、相撲界と縁がなかった海外に活路を見出し、架橋的なネットワークを構築する。これが相撲界における創造的破壊である。先行者がいないので手掛かりを見つけることができれば先行者の利益を享受できる。つまり、海外からハワイのアメリカンフットボール選手や、モンゴルの伝統相撲の選手、東欧や旧ソ連諸国のアマチュアレスリング選手から有望な若者をスカウトし人材を調達し、エリート親方に立ち向かうのである。

相撲界の外との交流が仇となって横綱のまま引退した前田山。この破天荒な「企業家」は、架橋タイプのネットワークを作るうえで、相撲界で唯一無二の存在だったと言えよう。[8] 前田山が整備した道筋をたどるのは、追随者である。相撲界での基盤が脆弱な傍流親方は、前田山を模倣し競合親方が少ない地域に架橋タイプの社会関係資本を作ることで活路を見出したのである。

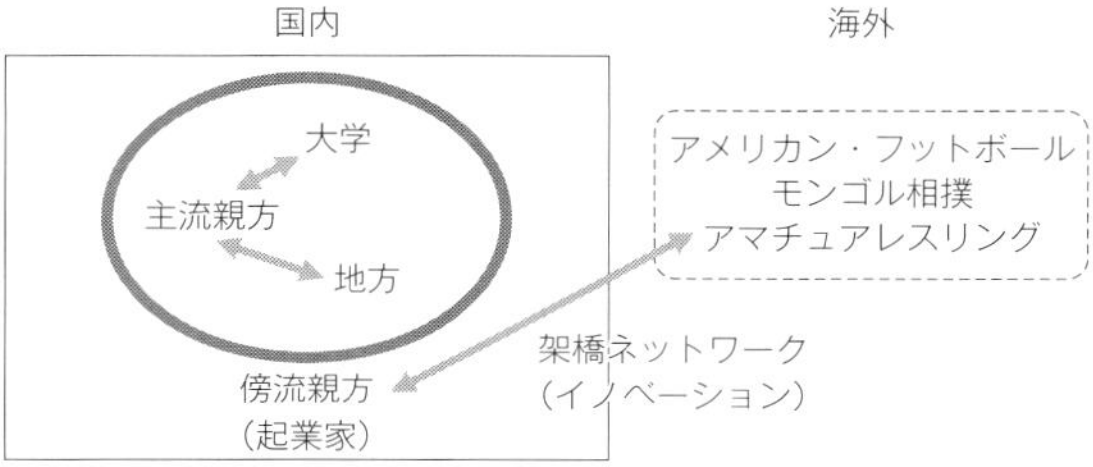

図３：主流親方と傍流親方のネットワーク

（7）前田山の最後の本場所は1949年10月場所だった。初日の力道山戦が前田山の現役最後の勝利となった。後に関脇・力道山は相撲界を飛び出し「日本プロレス」を設立し経営者となる一方で、現役レスラーとして日本にプロレスブームを巻き起こす。前田山と同じく「企業家」として新たなビジネスを立ち上げたのである。

6・4　「企業家」としての前田山と朝青龍

前田山のもとの四股名は「佐田岬」という。ある時、右腕を負傷し細菌感染により重篤な症状となり、右腕切断の可能性も出るほどだった。運よく慶應義塾大学教授の前田和三郎による複数回にわたる手術で奇跡的に回復した。この恩を忘れず、四股名を「前田山」へ変更した。恩人の大学教授の名を四股名に刻みつけた例はほかになかろう。[9] 乱暴者として知られる反面、学術界の重鎮とも深くかかわり合う。米国の野球選手とも親交を結ぼうとする。全く別世界の住人と自由自在に交流する姿は魅力的だ。問題を起こす反面、前田山は対人的な能力は非常に優れていたのだろう。コミュニケーション能力は海外での人脈作りにも大いに生かされたに違いない。

シールズ事件から約60年後。前田山が率いた高砂部屋に所属する曾孫弟子の横綱「朝青龍」が、巡業の休場届を提出し母国モンゴルでサッカーに興じた。その後も相撲界の風習に馴染まなかった朝青龍は、道半ばで引退に追い込まれた。歴史は繰り返されたのである。しかし、これは偶然ではない。相撲界のしきたりを逸脱しながら、新たな「グローバル化」のイノベーションを巻き起こした「企業家」前田山。その直系の弟子筋の海外出身力士が朝青龍なのだ。土俵で朝青龍が見せる殺気に満ちた眼差し。土俵を降りた時の、人好きのする目尻を下げた笑顔。引退後には東日本大震災の被災地の避難所を訪問した。一人ひとりに声をかけ、子供を励ました。焼きそばを振る舞った。「頑張れ！ 南三陸町」とプリントしたTシャツも配布した。朝青龍に抱擁されたファンの中には涙ぐむ人もいた。

正しく師匠筋の「企業家精神」を受け継いだ朝青龍は現在、モンゴルで実業家として大成功を収めているという。

（8）前田山は力道山がプロレスに転向したあとも親交があった。1963年に力道山は暴漢に刺殺される。刺殺事件の当日は前田山がロサンゼルス巡業への協力を要請するために力道山に面会したとされる。長期的で濃密な人間関係に基盤をもつ共同体は、掟を破った者を村八分にする。共同体から期待できる長期的な利益を失うことを避ける為に、共同体メンバーは規範を遵守する（速水 2000）。相撲界は「共同体」の典型と考えられる。しかし、前田山は相撲界を追放された力道山との間にも架橋的ネットワークを形成していたのだ。ここに、前田山による共同体の掟の創造的破壊が見て取れる。ただし、前田山が力道山と交流するのは海外とのネットワークを強化する目的があったからである。つまり前田山には非常に合理的な計算も働いていた。相撲界が前田山を村八分にしなかったのは、前田山が相撲界を発展させる代替できない「企業家」だったからである。相撲界という共同体は、時代の変化に柔軟に対応する合理性を有していたこと言えよう。

（9）今田（1995）を参照のこと。

相撲コラム6

化粧廻しの楽しみ方

幕内力士の土俵入りは壮観である。煌びやかな化粧廻しには、各力士の特徴があらわれる。『大相撲力士名鑑』（共同通信社）には明治から令和まで化粧廻し姿の幕内力士の姿が掲載されており、視覚的に時代の特徴を反映している。平成に入ってから目立つのは、「大学」のデザイン文字である。出身大学ごとに少しずつ違う。最近の力士を例にとると、シンプルに旧字の「大學」が示され、化粧廻しの下部に大学名が入っているケースは、「中央大」の矢後（写真1）、「日大」大翔丸、明瀬山など。大学を識別する工夫があるケースとして、旧字で「農大」や「体大」と記されることもある。それぞれ、「東農大」の正代、「日体大」の垣添の化粧廻しである。『名

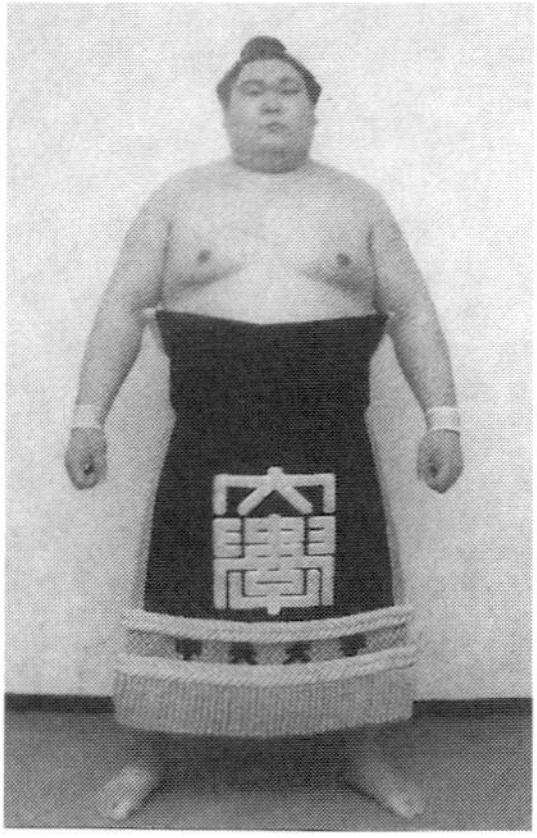

写真１：矢後
出典：『大相撲力士名鑑 令和５年版』共同通信社

鑑』をみる限り、大学名の化粧廻しを付けた最初の関取は、昭和8年に関取になった「早大」の笠置山《かさぎやま》（写真2）である。プロフィールには「早大専門部政治経済科出のインテリ力士。（中略）羽黒山、前田山らには勝っている。現役時代から相撲評論、随筆、小説を書き」[i]とある。

化粧廻しの機能として重要なのは、企業やタニマチ経済人などを宣伝する広告効果である。支援者は力士を経済的

写真２：関脇・笠置山

出典：『大相撲力士名鑑 令和５年版』共同通信社

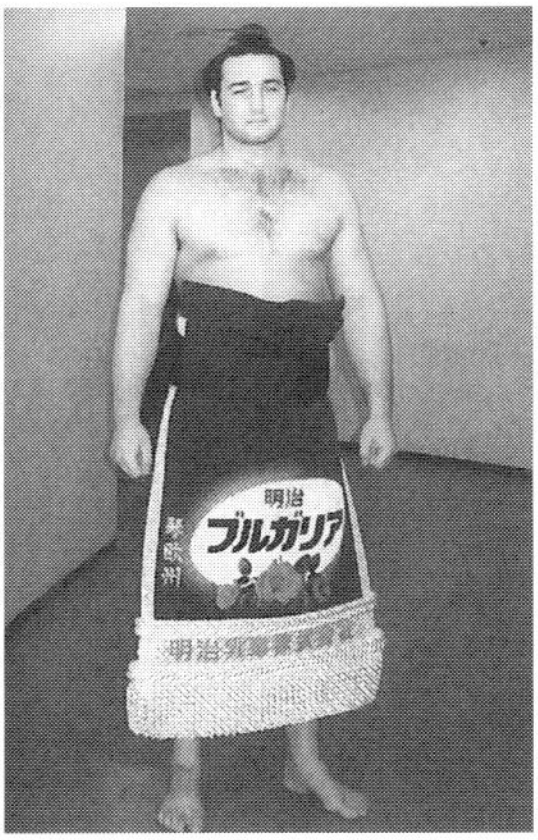

写真３：大関・琴欧洲

出典：『大相撲力士名鑑 令和５年版』共同通信社

に支えながら、化粧廻しを贈呈する。力士には必ず本場所の土俵入りの時に化粧廻しをつけることを約束させる。力士は江戸時代のように大名のお抱えとなり、武士に相当する身分が与えられる訳ではない。相撲が存続するには、企業や有力者のさまざまな政治経済的な支援が必要だ。ささやかな見返りが土俵入りでの化粧廻しのお披露目である。大関・高安の化粧廻しにはチャーリー・チャップリンの肖像画が描かれ、下部にクリニックの名が記されている。普段お世話になっている医院の宣伝なのだろう。ただし、なぜチャップリンが描かれているかは不明である。企業の宣伝として直接的でユニークなのはブルガリア出身の大関・琴欧州がつけた「ブルガリアヨーグルト」の化粧廻しだ（写真3）。商品のパッケージのデザインを模しており、レトロな企業名も相まっても人々に強い印象を与える。

さて、企業広告の化粧廻しが最初に登場したのはいつ頃

写真4：紫雲竜
出典：『大相撲力士名鑑 令和5年版』共同通信社

だろう？　明治40年に初入幕した紫雲竜《しうんりゅう》の化粧廻しには目立つように「カブトビール」とカタカナで記されている（写真4）。明治後半で維新の混乱が遠い過去のものとなり、日露戦争を経て本格的な近代化に突入した頃だ。「カブトビール」は1898年（明治31年）から1933年（昭和8年）まで存在し、1900年にはパリ万博で金賞を受賞している。

明治期の化粧廻しのデザインは、娯楽が少ない中急速に市場経済に組み込まれた相撲興行での「広告」の費用対効果は十分高かったことを示している。

注

（i）京須・水野（2022）、86ページ

参考資料

半田赤煉瓦倶楽部「赤レンガ・カブトビール　物語」

7 体が資本とは言うけれど

グローバル化の帰結と怪我の増加

第6章でみたように掟破りの「企業家」前田山は、ハワイを中心として外国からの力士の労働供給の扉を開いた。それは、単に同質的な労働供給量の増加だったのか、それとも労働の質の変化ももたらしたのか？労働市場において重要なのは労働の質である。一般的には教育や経験を通じて能力を高めることで、同じ労働量でも生み出される生産財の量が増える。経済学用語を使えば、「人的資本」が蓄積されることで労働生産性が上昇する。

「人的資本」が示す内容や性質は産業によって大きく変化する。相撲界では力士にとってインプットはちゃんこや稽古を通じて作られる肉体で、アウトプットは勝利数である。大相撲は巨体力士が至近距離から正面衝突し相手を土俵の外へ押し出すことが基本であり、最もシンプルかつ最も美しい闘い方である。状況に応じて相手のまわしをつかんだ投げ技もある。他の格闘技のレスリング、ボクシング、柔道などでは、体重別にクラスが細分化され、それぞれの階級で同程度の体重の選手が試合をする。階級別にチャンピオンが決まる。そのために、自分の能力を最大限に発揮可能な階級になるように体重を調整する。同じ体重でも、骨格が大きい方が有利なので、多くの選手は試合前に減量する。このような競技と違い、大相撲には体重区分がない。体格差がある力士同士でも同じ条件で闘うのだ。小さな力士はどうしても「力負け」してしまう。少しでもハンディを克服するために、小さな体の力士は適正以上に体重を増やすインセンティブが湧く。したがって、大相撲の労働市場において、巨体でパワーのある力士ほど有利である。そう考えると「人的資本」は体の大きさによって計測可能となる。[1]

7・1　双葉山と大鵬、どちらが大きい？

相撲史上で最強の横綱は誰か？　この問いに、多くの識者は「双葉山」の名を挙げる。第二次世界大戦前に、1936〜1939年にかけて、69連勝の大相撲記録を樹立した。18世紀の江戸時代に作られた「谷風」の63連勝を157年ぶりに更新したのである。その後も双葉山の連勝記録は80年以上を経過した現在も破られていない。横綱時代の双葉山の写真を見よう（写真1）。中央で仁王立ちするのが双葉山。圧倒的な存在感である。右側の羽黒山も横綱であり、筋肉質の鋼の肉体美が強く印象に残る。[2]　身長と骨格に応じて相撲を取るために適正化されたバランスの良い肉体だ。高度経済成長期の力士数の急成長が始まる前の相撲界の最高峰の姿である。

双葉山の時代から四半世紀ほど経過した、力士急増中の1960年代に新たなスーパースターが誕生した。「巨人、大鵬、卵焼き」の言葉で知られる大鵬は国民的な人気者だった。実力も史上最高クラスで、幕内優勝は通算32回。白鵬に抜かれるまで、優勝回数は歴代一位だった。大鵬は相撲に特化した無駄のない肉体である（第3章の写真1参照）。重心を落とし腰が入った立ち姿を維持するためには全身の筋肉による支えが必要だ。当然のごとく、非常に足腰が鍛え上げられていることがわかる。

大鵬が入門した頃は、一般人の中に入っても痩せ型に分類されるほどの貧弱な肉体だった。肉体の強靭さや完成度では、他の入門者と同等かそれ以下だったことだろう。高度経済成長期

写真１：相撲界史上最強の横綱「双葉山」（左から太刀持ちの名寄岩、双葉山、羽黒山）

写真提供：日本相撲協会

（1）より正確に言えば伝統的な鍛錬によって、相撲に必要な体格を作ることが重要である（中島 2003、63～66ページ）。つまり、同じ体重でも人的資本に差が出る。しかし、体格を測定し数値化することが困難であることから、本書では客観可能な数値を用いる。

（2）写真1の左側が名寄岩という道産子力士で最高位は大関である。写真に写る3人は「立浪三羽烏」と称され一時代を築いた。

写真２：小錦の取組
写真提供：日本相撲協会

において力士数が急増した１９５６年の入門である。当時は入門時点で力士間の力量差は非常に小さいことをうかがわせる。プロテインもスポーツトレーニングジムも存在しない時代である。大鵬は伝統的な相撲稽古によって、相撲に特化した理想の肉体を作り上げたのだ。入門後の努力によって、横綱に上り詰めた。以降の章で論じるように、２０００年以降の入門時点ですでに「アスリート集団」とその他の「雑草集団」という二極化が起きる。[3]平成以降、横綱・大鵬のような成功の道筋を歩いた力士は皆無である。

１９６８年、高見山はアジア人以外で初めて大相撲の幕内力士となった。高見山の最高位は三役の関脇だったが、大関以上に上り詰めることはできなかった。高見山は東関親方となり、故郷ハワイから弟子を入門させ、その育成に努めた。高見山の初入幕から、25年後の１９９３年に弟子の曙が外国出身者初の横綱になった。一世を風靡した大鵬・柏戸の両横綱の時代からさらに20年を経過した１９８０〜１９９０年代はハワイ力士全盛期である。写真2は最もハワイ力士の特徴をあらわす小錦の写真である。圧倒的な巨体だが、均整がとれているとは言い難い。それまでの力士との大きな違いは、巨体を利したパワフ

	身長	体重	BMI
双葉山	179	122	38
羽黒山	179	130	41
名寄山	173	128	43
大鵬	187	148	42
柏戸	188	143	40
小錦	184	281	83

表１：世代別力士の体格比較

ルな突き押し相撲である。正直なところ技の切れ味や冴えは乏しい。あまりにも体重があるために、それを支える足腰に負担がかかる。そのために、負ける時はあっけなく脆さを露呈する。

これまで写真を利用して視覚的に力士の肉体の特徴を観察してきた。異なる時代の力士の体格を比較するために、客観的な数値を確認しよう（表1）。同じ体重でも身長が違えば、意味合いが異なる。体重１００kgで身長１５０cmなら完全に肥満だが、身長２００cmなら適正体重だろう。ＢＭＩ（Body Mass Index）は身長の違いを調整した後の肥満程度を計測する。ＢＭＩが大きいほど肥満度は高くなる。ＢＭＩが25を超えると肥満とされる。肥満度も段階的に決められている。最大は肥満度４で40以上とされ、超肥満体となる。ただし、一般人とアスリートではＢＭＩの意味合いが大きく異なる。一般人に比べアスリートは体重に占める筋肉の比率が段違いに高い。筋肉量が体重に反映されＢＭＩが高くなると、肥満ではなくアスリート型とされる。正確には筋肉量の計

（3）本書では、アスリートとは専門的にスポーツ競技を行い、肉体、技量などが突出して一般入門者よりも高い人を指す。

測器によって、アスリート型か肥満型かを識別する必要がある。しかし、力士について入手可能な筋肉量のデータが残されていない。したがってここでは、ＢＭＩが高くても肥満ではなくアスリート型と考えて、解釈していく。大鵬の写真からわかるように、実際には入門後に体重は増加していくが、ここでは、幕内での全盛期における数値を示す。

戦前力士の平均身長は１８０㎝を若干下回り、戦後はこれより約10㎝高い。子供の頃の栄養事情や生活習慣などが身長差に出ているのだろう。ただし、例外はあるものの、いずれの時代もＢＭＩは40前後でほぼ同レベルである。例外は小錦で、ＢＭＩが80を超え、他力士の2倍となる。数値的にも、小錦は突出した巨体の持ち主だったことがわかる。

7・2　巨体力士の参入効果

外国出身力士は相撲界に入門した時点で、すでに上位の力士と同等の体格を備えている。彼らはアメリカンフットボールやバスケットボールのトレーニングを積んでおり、優れた選手である。[4] つまり、外国出身力士たちは体格が極端に大きくても肥満ではなかったのである。その結果、競争圧力が高まり、国内の力士に体格を増やす大きなインセンティブを与えた。一方、体重が増えると怪我が増え、力士のパフォーマンスが低下する。これが体重の弊害である。力士は、これらのプラスとマイナスをトレードオフする最適な体格を得るためにトレーニングすると考えられている。しかし、２０００年の平均体脂肪率は38・４％であり、アスリートとして理想的な体脂肪率をはるかに超えている。[5]「筋力を考慮した日本人力士の体重の上限は１８０kgとされている。つまり、力士の体重が１８０kgを超えることは、運動という観点からは適切ではない」[6]。しかし、高見山の出現以降、１８０kgを超える力士が18人も出てきた。外国出身力士の流入によって、日本人力士は最適体重を見誤るようになった。

大相撲に関するこれまでの研究は、閉鎖的な相撲界で共有されてきた規範やルールに焦点を当ててきた。[7]しかし、大相撲界はグローバル化の影響下にあり、外国出身力士の流入の影響を受けている。外国出身力士の増加が国内力士の人的資本蓄積に与える影響を調査することは、労働市場における移民の影響を探るうえで価値がある。個人の身体的特徴（あるいはスポーツ活動）と労働市場における成果については、これまで多くの研究がなされてきた。[8]しかし、これらの研究は国際的な労働移動を考慮していない。

（４）中島（２００３、第４章）を参照のこと。
（５）理想的な体脂肪率は、サッカー選手で10％、アメリカンフットボール選手で13％である。中島（２００３）の59ページを参照のこと。
（６）中島（２００３）の60ページを参照のこと。
（７）West（2004）を参照のこと。

相撲界は一般に、よそ者に対して閉鎖的であったため、第二次世界大戦後まで外部からの影響を受けなかったという特徴がある。つまり、日本人力士は社会規範を共有し、それに従って行動してきたと考えられる。他方、国際的な労働力の移動の決定的な影響は、他のプロスポーツでは観察されている。[9] 当然ながら、グローバル化が力士の行動に影響を与えるかどうかという疑問が生じる。大相撲の労働市場を分析することは、異質な労働力の流入が、社会規範に支配された閉鎖的な伝統的労働市場にどのような影響を与えるかを検証するための自然実験とみなすことができる。

そこで本章では、大相撲の労働市場が激変した第二次世界大戦後（１９４５〜２０１３年）の力士の本場所記録を用いて、肥満度（ＢＭＩ）が力士の勝率や休場率とどのように関連しているかを考察する。また、外国出身力士の登場前後でそれらがどう変化したのかを分析する。

７・３　日本人力士と外国出身力士の比較

本章では、勝率と休場率を用いて力士の成績を把握する。体格の良い力士は有利であるため、体格向上は力士の成績を向上させると予想される。ＢＭＩが高ければ高いほど、力士にとってプラスになる可能性がある一方で、怪我をする確率も高くなり、パフォーマンスが低下する。したがって体格が力士のパフォーマンスと正の相関があるかどうかはデータを用いて分析する必要がある。

すべての力士は下位番付からスタートし、上の番付に上がっていく。その過程で、体格向上のためのトレーニングによって体重やBMIが増加すると考えられる。しかし残念なことに、ほとんどの力士、特に外国出身力士が台頭する以前の力士については、下位番付の身長と体重を知ることができない。そのため、長期的な体格の変化を正確に調べることは難しい。そこで本章では、入幕後は体重や身長が変化しないと仮定する。各力士が最高の成績を収めたときの身長と体重を使用し、幕内にいる間は各力士の身長と体重は一定であると考える。しかし、実際の体重やBMIは、同じ力士であっても場所によって異なることがある。

データは各場所における力士ごとの年齢、勝ち数、負け数、欠場数を含む。負傷して土俵に上がれない力士は休場することができる。これらのデータから、各場所ごとに勝率（勝数÷15）および休場率（休場数÷15）が算出される。各力士の個人的特徴に関する情報には、出生地、国籍、身長、体重が含まれる。身長と体重からBMIが算出される。

本章では479名の力士の本場所記録を作成した。データが限られているため、1945年から2013

（8）例えば、Lechner（2009）, Rooth（2011）を参照のこと。
（9）例えば、Schmidt and Berri（2005）, Berlinschi et al.（2013）を参照のこと。

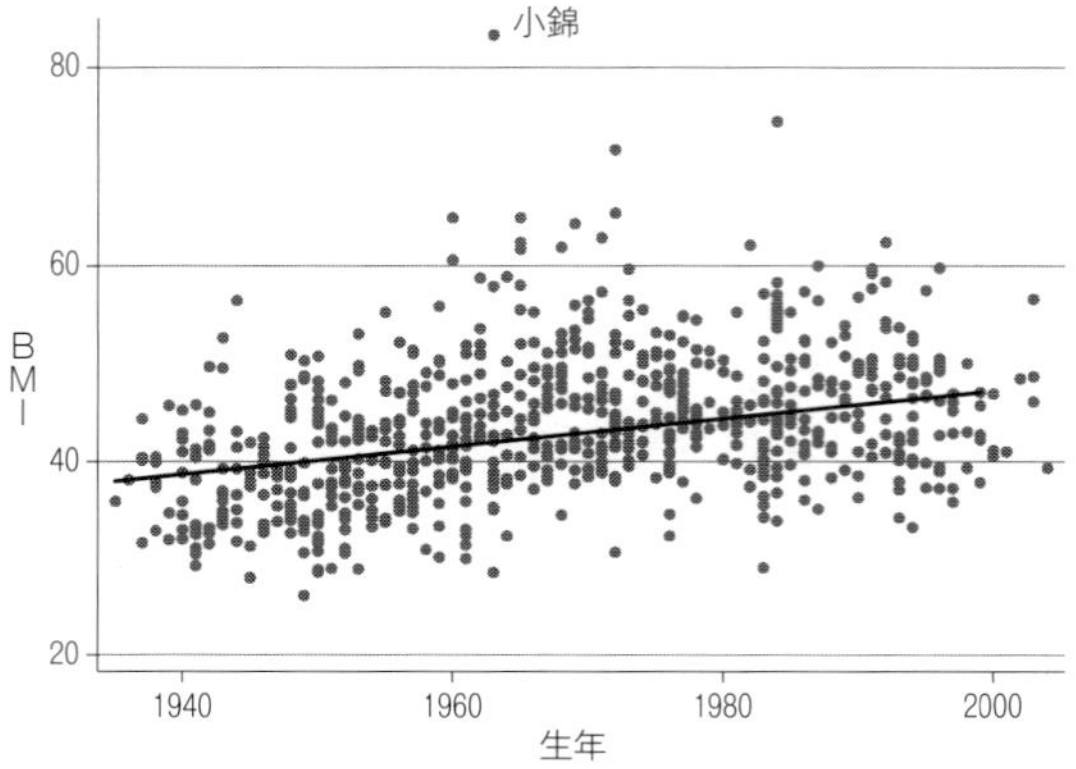

図1：生年とBMIの関係（十両と幕内）

年の間に関取に昇進した力士のみを対象とした。１９６８年に初の外国出身力士が誕生したことがターニングポイントと考えられる。したがって、データは、「前期（外国出身力士誕生前）」と「後期（外国出身力士誕生後）」に分類される。

図1は、ＢＭＩと生まれ年の関係を示したものである。ハワイ出身の小錦はＢＭＩが80を超えており、明らかに体格が大きい。図1をざっと見ると、ＢＭＩは出生年と正の相関がある。しかし、平均ＢＭＩは力士だけでなく日本人全体でも上昇している。[10] 力士の大型化が外国出身力士の流入によるものであることは明らかではない。以下では、外国出身力士の流入が日本人力士の体重やＢＭＩを増加させたかどうかを詳細に検証していく。

表2は、2つの期間（すなわち、１９４５〜１９６７年と１９６８〜２０１３年）の力士記録のさまざまな側面の平均値を比較したものである。後期は前期より体重が約25kg重く、身長は約5cm高い。また、後期のＢＭＩは前期より5・7ポイント高い。そして、休場率は0・4％高い。

表3は、国内の日本人力士と外国出身力士の平均値を比較したものである。外国出身力士の勝率は国内力

変数	高度経済成長期（1945–1967）	グローバル化時代（1968–2013）
勝率（%）	48.3	47.3
休場（%）	3.6	4.0
BMI	37.9	43.6
体重（kg）	121	146
身長（cm）	178	183
年齢	28.0	27.8
観測数	3,934	9,127

表２：高度経済成長期とグローバル化時代の比較　平均の差の検定：日本人力士サンプル

注：高見山が関取になった1968年以降をグローバル期とした。これ以前を高度経済成長期とした。

変数	日本人	外国出身
勝率（%）	47.6	53.6
休場（%）	3.9	4.5
BMI	41.8	48.6
体重（kg）	138	175
身長（cm）	181	189
年齢	27.8	26.1
観測数	13,061	1,113

表３：日本人と海外出身力士の比較　平均の差の検定：グローバル化時代のサンプル

士より6%ほど高い。外国出身力士の平均体重は37kg多く、平均身長は8㎝高い。外国出身力士の平均ＢＭＩは6・8ポイント高かった。これらの結果は、外国出身力士のＢＭＩが高いほど勝率が高くなることを示唆しており、休場率の上昇に寄与している可能性がある。したがって、外国出身力士の量的な増加だけでなく、質的な優位性も国内力士の行動に影響を与えていると考えられる。

7・4　力士の体格変化の検証

ＢＭＩと体重が勝率と休場率に及ぼす影響を検証する前に、外国出身力士の流入が日本人力士のＢＭＩと体重を増加させるか否か検証しよう。日本人は戦後、一般的に体格が向上した。外

（10）Yamamura（2012a）を参照のこと。

国出身力士の有無にかかわらず、力士の体格も大きくなっていくだろう。詳細は省略するが、本章の推計ではこのような一般的な日本人の体格向上の影響を統計的に取り除いている。[11] つまり、グローバル化による外国出身力士増加の影響だけを抽出した結果となっている。

相撲の世界では、公式戦の休場は「負け」として扱われる。したがって、休場は力士の地位と収入を下げることになる。この場合、力士は怪我を避けるために、取組で全力を出し切れなくなる可能性がある。つまり、取組に全精力を傾ける動機が低下するのだ。そこで、「公傷制度」が採用された。この制度では、本場所の取組で負傷し、次の場所で不戦敗となった力士は休場扱いにならない。そのため、体重オーバーが原因と思われるケガをしても、力士の階級や収入が下がることはなくなった。また、外国出身力士と互角に闘うためには、ＢＭＩと体重を増やすことが重要である。したがって、このシステムは日本人力士の体重やＢＭＩを増加させると推察される。さらに体重やＢＭＩの増加が、本当に勝率を上げるのか？　そして、怪我を誘発するのかも検証していく。

まずＢＭＩの推計結果をみていこう（図2）。外国出身力士の体格は生まれつき日本人と違う可能性がある。外国出身力士が日本人力士に与えた間接的な影響を考えるために、ここでは日本人力士のサンプル（観測数は3829）だけ使う。先に述べたように、1968年に初の外国出身力士が誕生したことがターニングポイントと考えられるので、1968～2013年をグローバル期、それ以前の1945～1967年を基準

	勝率に及ぼす影響	休場率に及ぼす影響
BMI	なし	3.3%上昇（BMI 1 ポイント増加）
公傷制度	なし	公傷制度だと38%上昇

表4：BMIと公傷制度の影響

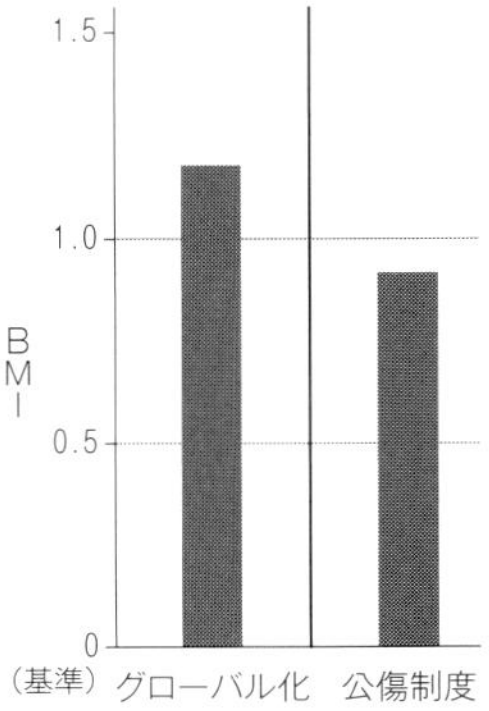

図2：グローバル化や公傷制度がBMIに及ぼす影響

期と考えＢＭＩを比べる。また、公傷制度が存在した期間（1972〜2003年）と、それ以外の基準期間のＢＭＩを比べる。図の中央の垂線は、対応する基準期間がそれぞれ違うことをあらわしている。まず、グローバル期間は基準期間に比べて力士のＢＭＩが1・2ポイント高い。公傷制度期間は基準期間より0・9ポイントＢＭＩが大きい。いずれも、予想通りである。また、グローバル化の影響は公傷制度の影響よりも大きいことがわかる。

次にＢＭＩや公傷制度が勝率や休場率に及ぼす影響の推計結果を紹介する（表4）[12]。

(11) 回帰分析の手法を用いた結果である（Yamamura 2014）。本章で紹介する結果は、次のような効果をすべて取り除いている。成績の良い力士ほど、ＢＭＩや体重が高い傾向があるという前提に立てば、ＢＭＩや体重が高い力士ほど、番付が高いという効果。加えて、経験を積めば稽古を通じて力士の体格は向上するという効果。

(12) ここでは回帰分析の推計結果からポイントになる部分を抽出している。

ＢＭＩは勝率に影響しないが、１ポイントＢＭＩが大きくなると３・３％休場率が高くなる。つまり、体が大きくなっても勝率は上がらないが、怪我が増えて休場する確率が高まるのだ。図２の結果と合わせて考えるならば、グローバル化時代の外国出身力士に対抗するために体を大きくするが、勝率は変わらず怪我だけが増えたということになる。稽古で鍛え上げた双葉山のような鋼の肉体ではなく、スポーツジムでの筋力トレーニングとプロテインの摂取で水増しした体重を身につけた結果である。ハワイ出身力士の登場は、日本人力士に適正体重を見失わせたわけだ。予想通り公傷制度が導入されると、休場率が38％上昇する。ポイントはＢＭＩの効果（体格の影響）を取り除いているので、同じＢＭＩだったとしても休場が増加していることだ。おそらくは同様の怪我の程度でも公傷制度があると休場すると考えられる。

以上の結果から予想に反して、体格は勝率には関係せず、休場率に決定的な影響を与えたことがわかる。結果を総合すると、外国出身力士の流入が国内の日本人力士の肥満化を招き、体格が成績に及ぼすプラスの影響を排除していることが示唆される。欧米人と比較すると、日本人は一般的に背が低く、体格的には不利である。しかし、技術や敏捷性という点では比較優位にある。したがって、日本人力士が外国出身力士に対抗するためには、体格を大きくすることよりも、テクニックを向上させたり、敏捷性を高めたりするためのトレーニングを行うべきである。

しかし、日本人力士はそのような戦略をとっていない。つまり、異なるタイプの人的資本を持つ移民の受け入れは、国内力士には適さない人的資本の蓄積を促進したのである。しかし、経済学における移民の影響に関する議論はさまざまであり、結論は出ていない。高スキルの移民が革新的な活動を増加させ、国内経済に有益なスピルオーバー（波及効果）をもたらしたという証拠を示した研究もある。[13] また、移民がネイティブ労働者の賃金水準を上昇させたとする研究もある。[14] しかし、経済学における移民がもたらす影響は、自国労働者と移民労働者のスキル特性に依存する可能性がある。[15] 大相撲の労働市場では、技能の低い外国出身力士が国内力士の技能を向上させるとは考えにくい。むしろ、外国出身力士の優れた体格が、国内力士の体重増加という「革新的活動」を誘発し、スピルオーバーを生み出す。しかし、このような波及は、国内力士の成績には不利である。大相撲の場合、外国出身力士は国内労働者の代替とみなされ、大相撲の労働市場は競争的になる。また、外国出身力士の受け入れは、「革新的な活動」と「負の波及効果」によって、国内力士のパフォーマンスを低下させたといえよう。

（13）例えば、Vidal（1998）, Stark and Wang（2002）を参照のこと。
（14）Ottaviano and Peri（2012）を参照のこと。
（15）例えば、Peri and Sparber 2009, Borjas et al.（2008）を参照のこと。

相撲コラム7

大相撲の魂と食生活

イタリアで日本のニュースを探っていると、次のタイトルが目に飛び込んできた。「お酒を飲めない人は出世できない」はウソだった…東大教授らが明らかにした『アルコールと年収』の驚きの関係[i]

「酒が飲める人は、飲めない人よりも稼ぎがいい」という社会通念が幻想にすぎないことをデータ分析で明らかにしてしまった研究[ii]が紹介されている。インタビューを受けているのは東京大学教授の川口大司だ。かつて、経済学者が集まった神戸のワインバーで川口と同席した記憶が蘇る。今思えば数量分析の裏付けを取るべく、酒飲み研究者の実態を探っていたのだ（と思う）。アントニオ猪木が亡くなった日の夜で、しみじみと元関脇「力道山」の弟子に献杯をした。宴会に参加した一人は、体質に酒が合わないので健康のために飲酒をやめたという。それに対して「少しぐらい寿命が縮まっても大したことないと思います。私は飲みますよ」と宣言し、アントニオを偲びつつ飲み続けた漢《おとこ》もいた。ちなみに私の横の席で川口も飲んでいたように思うのだが、それは気のせいかもしれない。

その場にいたのは、ほとんど日本の経済学界のスター研究者だ。当然、さまざまな要素を考慮して最適で望ましい飲酒行動をとる。酒を飲むコストと喜びを比較して、最適解を出している。しかし、飲酒への態度は多種多様だ。宴会で酒を飲むことと研究業績が無関係だとしても、飲酒から得られる満足度が十分大きいと感じるならば酒を飲む。身もふたもない話だ。これがマジメ風に見える大学教授の実態である（と主観的に思う）。

ところで、力士は肉体、技能を鍛え上げる必要がある。そのためには大量の飲食は必要不可欠だ。早朝稽古の後に「ちゃんこ（食事）」をとり、昼寝をする。食べた後に寝ると、体が大きくなるからだ。支援者であるタニマチに連れられて、飲酒をするのも仕事のうちである。経済的な協力を惜しまないタニマチとの良好な関係を維持するためのシャドーワークともいえよう。以上の食生活は、医学的には大いに問題があるだろう。実際に糖尿病を患う力士は数多く、上位力士になる頃には肉体を維持する努力と糖尿病対策の食事制限という相反する努力が求められる。食べなければ筋肉が落ちて取組での激しいぶつかり合いに堪えることができない。食べすぎると糖尿病のために体調が悪化し、十分なけいこができないし、相撲を取る体力が湧かない。どちらにしても、苦しみながらタニマチをはじめ相撲ファンの期待にこたえなければならい。

モンゴル出身力士の台頭以前の状況はさらに厳しかった。本論で分析したように、巨体のハワイ力士に対抗するため日本人力士も体を大きくすることを重視した。その結果、怪我が増えた。相撲界の規範では、痛みを訴えることは許されない。痛みにこらえて、人知れずそれを乗り越えるところに美学があるのだ。満身創痍で土俵に向かう姿が痛々しい。

力士の平均寿命は異常に短い。横綱の平均寿命を例にとると約62歳だ。日本人男性の平均寿命が約79歳だ。相撲道を極める代償として、一般人よりも20歳も寿命を縮めているのだ。一般人とは求められているものが大きく違う。命をかけ、寿命を縮めながら闘うのが力士だ。現代社会の常識や一般人の価値観からかけ離れた世界に生きる男。その闘いに、人は魂を揺さぶられるのだろう。

注

（ⅰ）葉石（２０２３）

（ⅱ）Kawaguchi et al.（2023）を参照のこと。

参考資料

照ノ富士春雄（２０２１）『奈落の底から見上げた明日』日本写真企画

葉石かおり（２０２３）「お酒を飲めない人は出世できない」はウソだった…東大教授らが明らかにした『アルコールと年収』の驚きの関係――日本、台湾、韓国の有職者男性３５００人を徹底調査」プレジデントオンライン

8 社会主義崩壊と相撲界の「グローバル化」

8・1　外国出身力士の存在感

第二部のここまでの章で、外国からの労働供給の引き金となった「企業家」前田山の活躍と、1980〜1990年代にかけて相撲界を席巻した巨漢ハワイ出身力士の流入の影響について紹介した。曙が外国出身初の横綱に昇進するまでは、外国出身力士といえばハワイ出身という印象が強い。しかし、令和の現在において振り返ってみると、ハワイ出身力士の姿は見かけなくって久しいことに気付く。一方で横綱、大関など上位力士と言えばモンゴルや東欧出身力士が頭に浮かぶ。昭和から平成にかけて、外国出身力士の特徴が大きく変化したのである。なぜこのようなことが起きたのだろう？　自然と湧きあがる問いにアプローチするには、新たな視点から相撲界を俯瞰する必要がある。ここまでは、大相撲を日本国内の事象として考えてきた。本章では相撲労働市場を国際的な政治経済環境の変化と連動させて考察していく。

日本全体人口に占めるの外国人比率と、力士の中に占める外国人比率を比較してみよう（第6章図1参照）。

写真１：高見山と入門時の小錦
写真提供：AFP＝時事

１９７０年代はいずれも１％程度でほぼ同レベルの外国出身力士比率である。日本全体については、その後微増していくが２０２０年で２％に達する程度である。これよりも速いペースで相撲界の外国人比率は１９９０年代に２％を超えている。21世紀に入ってからは驚異的な増加で２０１０年には８％に達する。この急増に歯止めをかける為に、外国出身力士制限が厳格化され外国人比率は５％まで低下する。

高見山が外国出身で初めて親方になると、ハワイから有望新人をスカウトした。将来の大関小錦である（写真1）。いずれにせよ、閉鎖的な伝統社会だった相撲界は、日本の中で外国人労働力が占める割合が非常に高い状況になった。第6章では傍流親方の部屋を中心に外国人の入門者が増加したことを示した。しかし、時の経過とともに、大多数の部屋が少数ながらも外国から力士を入門させるようになっていった。

8・2　外国出身力士の内訳と特徴

図1は出身国別の外国力士数の推移を占めている。力士の出身国を、米国、旧社会主義国、モンゴルに分ける。[1] 厳密にはモンゴルも旧社会主義国であるが、ここでの旧社会主義国とは東欧や旧ソ連などの国々を指す。非常に興味深いのは、1980年代までは米国出身力士によって独占されおり、モンゴルも旧社会主義国出身力士もゼロである点だ。垂線によって示された1992年はモンゴルから6人の入門があった。そのため、モンゴル出身力士数をあらわす線がこの年から描かれる。2000年に旧社会主義国から力士が入門し、それをあらわす破線が描かれる。両グループとも21世紀に入る頃に米国出身力士数を上回った後は爆発的に増加する。とりわけ、モンゴル出身力士の増加は驚異的である。

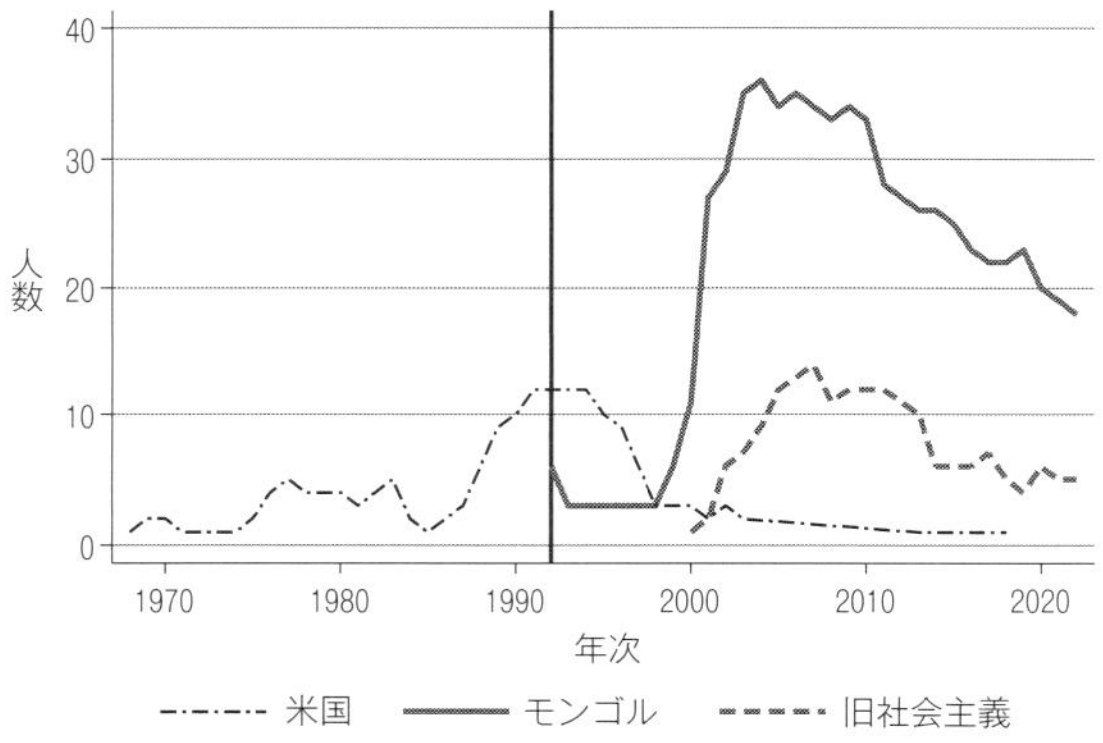

図1：出身国別の力士数

資料：注）1992年に垂線を入れたが、これはモンゴルから6人が入門した時点を指す。

（1）3つの分類に該当しない出身国もあるが、それは極わずかである。図の意図を明確化するために、その他の国出身力士数は省略する。

写真２：小結・旭鷲山
出典：『大相撲力士名鑑 令和５年版』
共同通信社

写真３：関脇・旭天鵬
出典：『大相撲力士名鑑 令和５年版』
共同通信社

第6章図1で見た２０００年以降の外国人比率の急上昇はモンゴルと旧社会主義国出身力士の増加によって説明できる。

21世紀に入って米国力士がほぼゼロになるメカニズムは次のように考えられる。米国力士の大半はハワイ出身である。本土よりも日本との距離が近く、日系社会とのネットワークがあるためである。ハワイの一人当たり所得は１９６８年以降一貫して上昇傾向がある。[2] 力士を数多く輩出していた時期に比べて、21世紀以降では１９８０年代の約２倍程度は所得水準が高くなっている。日本の相撲部屋で厳しい修行を行う必要がないほど経済的に恵まれた為に、入門者はゼロになったと考えられる。

１９９２年の初場所で平幕の貴花田（後の横綱貴乃花）が優勝し「若貴人気」に火が付いた。平成の日本人最後の名横綱が頭角を現した2か月後、6人のモンゴル出身の若者が大島部屋に入門する。初めてのモンゴル出身力士である。この中には、旭鷲山、旭天鵬など後に幕内に昇進する力士も含まれていた（写真2・3）。

旭天鵬は後に親方になるために日本国籍を取得し「大島勝」となった。その大島の自伝[3]には、経済学的なメカニズムと整合的な興味深い逸話が記されている。当時横綱だった白鵬によれば、「私の父（モンゴル相撲の大横綱のジグジッテ・ムンフバト）は、入門するためにモンゴルを離れる直前の旭天鵬関に会っています。ともにモンゴルに（ママ）渡った5人も一緒でした（中略）旭天鵬関は自分にとって偉大な「先人」です（中略）旭天鵬関が道を切り開いてくれたからこそ、私もこうして日本に来て相撲を取って横綱になることが出来ました」[4]。また、旭天鵬自身の弟も相撲界に入り「不動山」の四股名で2000年に初土俵に上がっている。この弟が生活に馴染めずに苦しんでいると「兄は、自分の時のように仲間がいないのがいけないのだろうと、イトコ（大天霄《だいてんしょう》）を高島部屋に入門させてくれました」[5]。モンゴルの各地から別々に相撲界に入門するのではなく、角界入りする若者はモンゴル国内にいる時から地縁や血縁などによって結びつきがあるのだ。

（2）日本評論社ウェブサイトの第8章の付図1。
（3）大島（2015）。
（4）大島（2015）の154～155ページを参照のこと。
（5）大島（2015）の105ページを参照のこと。

さらに「朝青龍は自分たちが入門して以来7年ぶりに入ってきた初めての後輩だから、食事に連れて行った」[6]。後輩が日本に到着した後に、先輩は何かと手助けをするのである。メキシコと米国の間の労働供給ネットワークと類似したメカニズムが相撲界にも存在したのだ[7]。本書の前半で分析した国内の地縁ネットワークは、外国と日本の間にも存在し外国からの相撲労働供給を促進したと考えられる。

ここまでは外国出身力士の量的な変化を観察してきた。この量的な拡大が起きた後に、質的な変化は起きたのだろうか？力士のパフォーマンスの質は番付によって捉えることができる。

質的な変化を検証するために、図2では出身グループごとの番付内の占有率を棒グラフにして示した。期間は高見山が関取になった前半1968～1999年とモンゴル出身力士の台頭が顕著になった後半2000年以降の2グループに分ける。大相撲の番付は6段階に分けることができる。最上位は幕内、ついで十両、幕下、三段目、序二段、序ノ口となる。ここでは幕内、十両、そして幕下以下の3グループに分けて、それぞれの割合を示す。

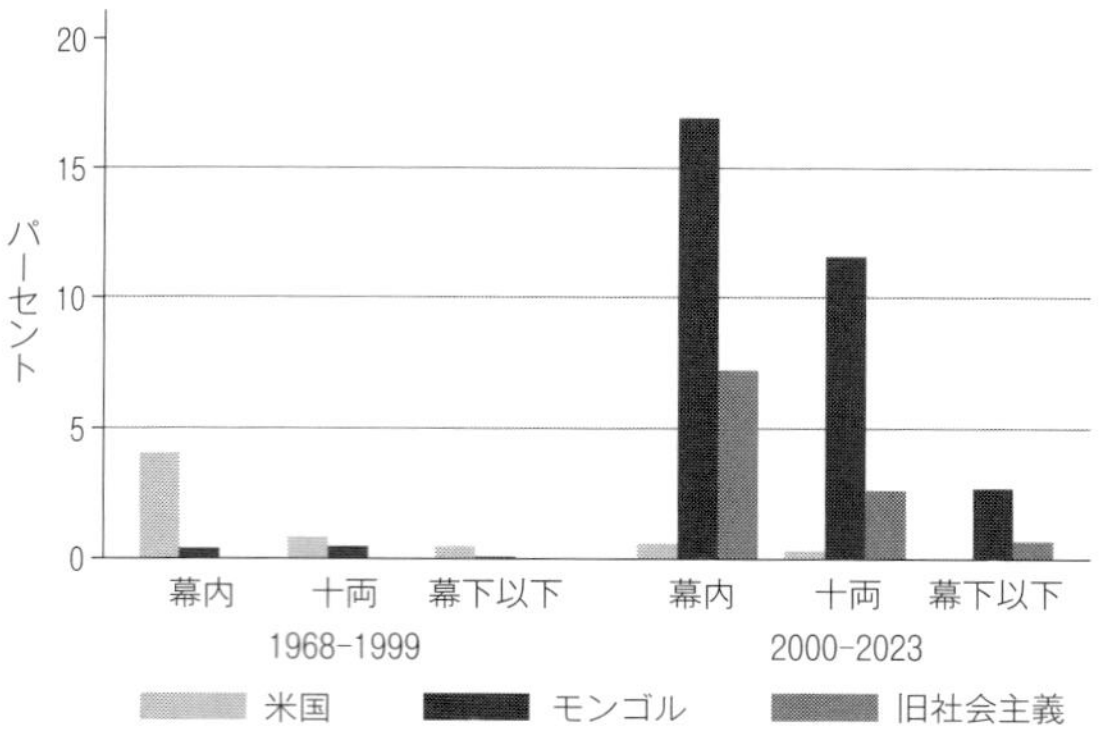

図2：出身国別の力士番付比率

２０００年以降は状況が一変する。米国力士が消えて、モンゴルと旧社会主義国出身力士の占有率が飛躍的に上昇する。いずれの場合も、上位になるほど占有率が高い。

前半での幕内の４％が米国出身力士だが、他に外国出身力士が１％以上の割合となるカテゴリーはない。番付の最上位の米国力士以外は、外国出身力士は殆ど存在していないのである。米国力士は巨漢が多く肉体的に有利である。技術がなくても下位の力士には簡単に勝利できる。昇進が非常に速いので、下位番付の期間が短い。そのために、米国力士は上位になるほど比率が高まるのである。

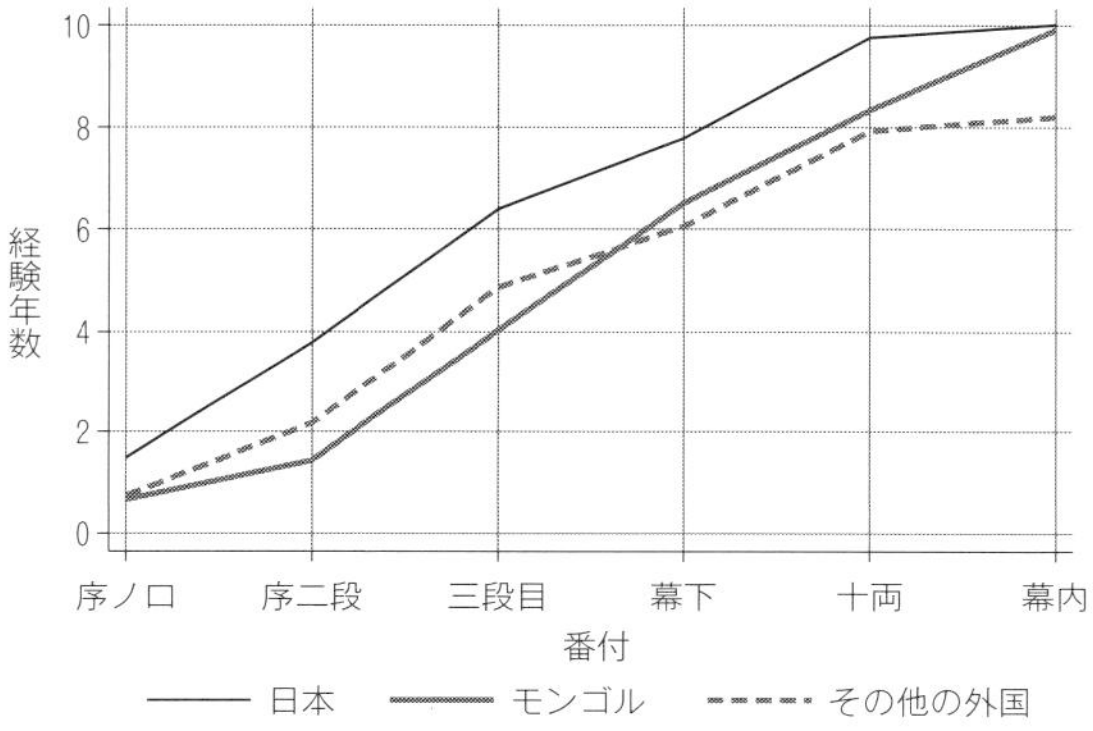

図３：各番付における初土俵からの経験年数

図3は、日本人力士、モンゴル勢、旧社会主義国勢の番付別の初土俵からの平均経験年数を示している。番付が上がるためには経験が必要になるので、上位になるほど年数が長くなる。下位での経験年数が短いことは、成績がよく短期間に昇進する

（６）大島（２０１５）の96ページを参照のこと。
（７）Munshi（2003）を参照のこと。

ことを意味する。各番付の間を結んだ線の勾配が急になるほど昇進が早ことを意味する。明らかに海外出身力士の下位番付の位置が日本人よりも低い、そして結んだ線は日本人よりも急勾配である。つまり外国出身力士の能力が日本人力士よりも圧倒的に高いために、下位番付を短期間で通過して、幕内で活躍する期間が長くなることがわかる。とりわけモンゴル出身力士の昇進スピードは非常に速い。さらに、上位の経験年数は日本人力士と同等である。つまり、モンゴル力士はキャリアの大半を幕内で過ごすのである。社会主義国勢の昇進スピードは日本人よりも圧倒的に速いが、上位の経験年数がモンゴル勢よりも明らかに短い。これは、上位に昇進した後に早めに引退してしまうことを意味する。第6章で明らかになったように、体重が増加すると負傷のリスクが高まる。モンゴル力士に比べて体が大きいために、大きな怪我をしてしまうからだろう。

図3に示された事実は、モンゴル出身力士の幕内比率が約20%と圧倒的に高いことと整合的である（図2）。図2で示されるように旧社会主義国力士グループの母集団はモンゴル人出身力士グループよりも小さい。これを反映して、旧社会主義国グループ占有率はモンゴル力士よりもいずれの占有率も低くなる。しかし、十両に比べた時の幕内の占有率は旧社会主義国グループがモンゴル・グループよりも高くなる。つまり、力士の量的な差を取り除くと、幕内で活躍する確率は社会主義国力士のほうが高くなる。

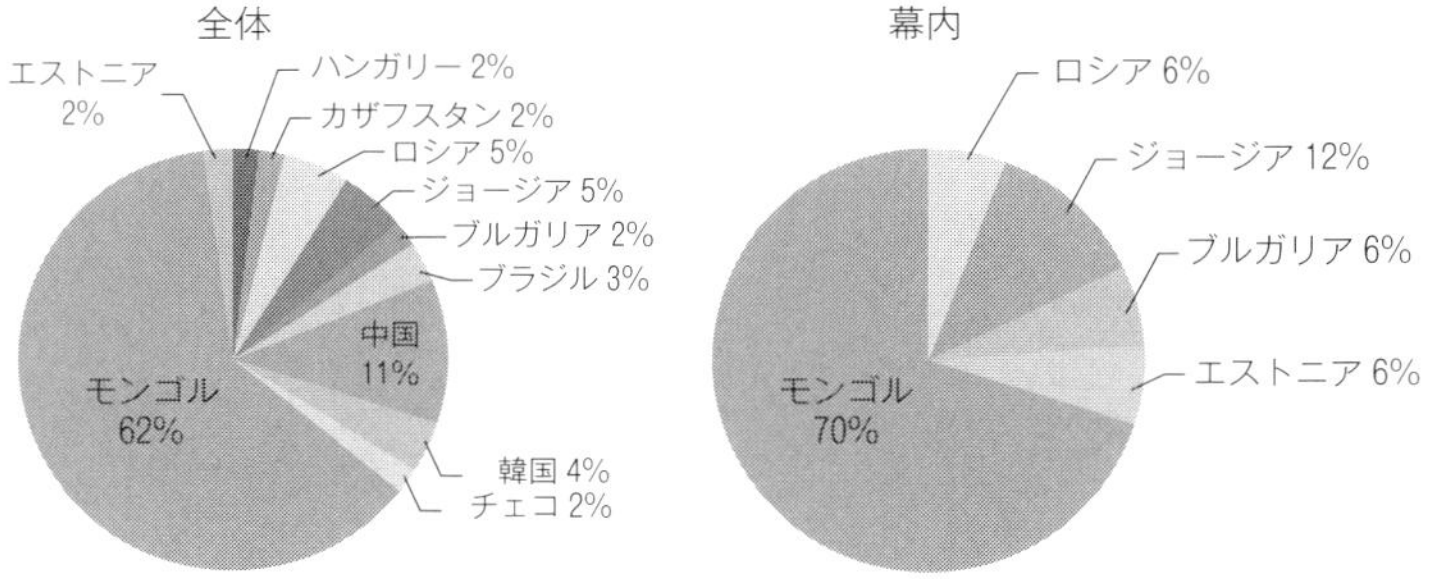

図４：外国出身力士の内訳

8・3　社会主義の崩壊と力士の流入

ここまで観察してきたグループ以外にも外国出身力士は存在する。韓国やブラジルなどの出身力士がその例である。図４は詳細な出身国別の比率を示す。年次は最も外国出身力士が多かった２０１０年のデータである。力士全体でみると、モンゴル出身が６割以上を占めて他国を圧倒している。図４では旧社会主義国グループに分類した国としては、エストニア、ハンガリー、カザフスタン、ロシア、ジョージア、ブルガリア、チェコなどがあり、いずれも一国では５％未満となる。ブラジルの３％は、日系移民のネットワークを通じて入門してきたと思われる。中国11％、韓国４％は地理的な近さが関係しており、相撲界に限らず一般社会でも多くの日本居住者が存在することを反映してるのだろう。中国も独自に市場経済が発達したので、旧社会主義国グループと考えることもできる。

図４の幕内に限定したグラフでは、出身国の多様性は低下する。モン

	一人当たり GDP（単位千ドル）	力士数
モンゴル	1.9	35
ジョージア	2.9	3
中国	3.2	6
カザフスタン	8.5	1
ブルガリア	6.5	1
ロシア	11.8	3
ブラジル	8.3	2
エストニア	17.2	1
ハンガリー	15.4	1
チェコ	21.0	1
韓国	19.2	2
日本	38.5	-

表１：出身国の経済的豊かさと力士数（2009年）

ゴル力士の割合がさらに上昇し70％に達する。後はすべて旧社会主義国グループの国に限定される。つまり、図1、図2で取り上げたグループが最上位の外国出身力士を独占する。

モンゴルも旧社会主義国である。外国力士の出身地の大半を占める旧社会主義国の特徴を考えよう。旧社会主義国は、市場経済への転換を図った。しかし、国内の経済的な発展は十分に進んでいないように思われる。国内で職探しが難しければ、出稼ぎのために海外へ移住していくだろう。表1は２００９年における出身国別の力士数とその国一人当たりのＧＤＰを示した。最も貧しいのはモンゴルで、日本のＧＤＰの20分の1である。このデータを基にして、力士数とＧＤＰの関係を示したのが図5である。

各数値のバラつきが大きいので、これを補正するためにGDPと力士数の対数値を計算し、この関係を示している。大まかな傾向を示す線は右下がりとなっている。つまりGDPと力士数は負の相関を示してる。経済状態が良く職探しが容易な国の若者は、海外で職探しをする必要がない。これは力士にも当てはまるのである。レスリングなどで活躍していても、一定の賃金水準の職を得ることができるならば、故郷を離れ日本で力士になるインセンティブはわかない。

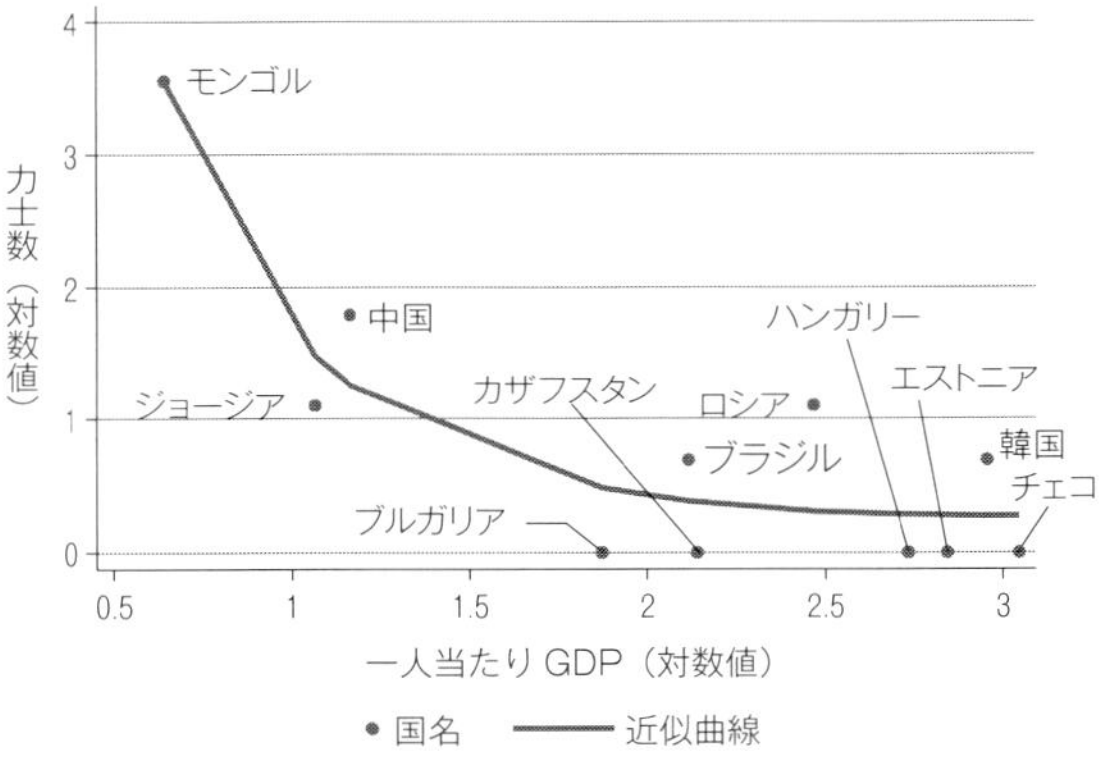

図5：経済発展の度合いと力士数の関係

8・4　グローバル労働力移動の検証

海外の若者は、国内で就労するよりも日本に渡って力士になったほうがメリットが大きいと判断した場合に入門を決める。経済学的に表現するならば、下記の不等式が成り立つときに、海外の若者は相撲部屋へ入門する。

期待所得（力士）－コスト（力士）＞期待所得（国内）－コスト（国内）

相撲界に入門した後に将来的に得られると予想される所得が期待所得である。ここから力士になるコストを引く。入門後には相撲部屋で共同生活を送ることが義務付けられる。厳しい稽古で技量を磨き、肉体を鍛えることはもちろんのこと、異国の地での生活の難しさもある。同居している相撲仲間のために、かわるがわるちゃんこ番として食事の用意をしなければならない。大概は日本人なので、日本の食事に慣れ、それを調理するノウハウを身に付ける必要がある。不味いちゃんこを出せば、先輩力士から叱責される。日常生活で通訳はつかない。全く知らない日本語を習得しなければならない。外国出身力士のインタビューでは、通訳をつけず流暢な日本語で応答している。全員が語学の才能があるわけではない。相撲界で生きていくために日本語をマスターするのだ。料理や語学の習得に費やす時間と労力は、経済学的にはコストと考える。これらの労力を他のことに振り向ければ収入が得られたはずなのに、実際には得ることのできなかった収入をコストと考えるのだ。そう考えると、野球やサッカーなど他のプロスポーツとは比べものにならないほど、一人前の力士になるコストは高い。

一方で、以下の式で表されるように、国内で就労したほうが力士になるよりもメリットが大きいという場合には海外の若者は国内にとどまり働く。

期待所得（力士）－コスト（力士）＜期待所得（国内）－コスト（国内）

要するに日本に比べて圧倒的に貧しい国に生まれ、力士になる見返りが十分に大きい場合のみに相撲界に入門することになる。

ただし期待収入（力士）や期待収入（国内）は変化する。モンゴルのケースで考えてみよう。モンゴル出身の力士が存在しない場合は、自分自身が相撲部屋に入門した後で、どの程度成功できるかわからない。その場合、相撲界全体の様子から自身の期待所得を計算する。具体的には力士全体の中での各番付の割合を計算し、それぞれの番付の基本所得と掛け合わせる。例えば、横綱が３６００万円の所得で力士全体の中で０・３％が横綱とする。[8] この時に3600×0.003の掛け算をすると10・8となる。これは、横綱になる可能性が０・３％で、横綱以外の所得がゼロだった場合の期待所得である。ほとんど宝くじに当たるようなレベルの話である。実際には横綱になれなくても、さまざまな番付に応じて所得が決まる。したがって、それぞれの番付になった時の期待所得を計算する。これらの所得を合計すると期待所得となる。つまり次のような計算だ。

期待所得（力士）＝横綱所得×横綱割合＋大関所得×大関割合＋関脇所得×関脇割合＋前頭所得×前頭割合＋十両所得×十両割合＋幕下所得×幕下割合＋三段目所得×三段目割合＋序二段所得×序二段割合＋序ノ口所得×序ノ口割合

（8）第10章で力士の番付別平均年収の説明がある。

実際のデータを基に計算すると期待所得は226万円になる（第10章で示される表1の情報から算出）。これはあくまで基本給である。上位番付になるとこれ以外にタニマチなどから経済的な支援を個人的に受けることや、懸賞金などを受けることがある。これで2割増しと考えるならば、期待所得は270万円となる。実際にモンゴルの若者が得られる情報はこれほど詳細ではないだろうが、相撲部屋の仲介者などから大まかな状況を知らされる中から、おおよその期待所得を計算するだろう。それが大体は270万円付近になると考える。コストについては、さらに大まかな計算になるが、相撲部屋に入門した場合に費やす時間、例えば稽古時間、ちゃんこ番時間などを日本でアルバイトした場合に得られる所得と比較してみよう。これらの時間を一日合計で8時間くらいと想定し、コンビニエンスストアのアルバイトなどで時給1100円の仕事ができると考える。[9] そうすると、一日で8800円の収入となる。週休2日で働いているとすると、一年間の合計で233万円となる。以上の計算から、期待所得とコストがほぼ同額になる。国内で働けば、相撲部屋に所属するためのコストがかからない。国内で働くと期待所得が低くてもコストが小さい。現実の状況を考えると入門をためらうことになるだろう。旭鷲山、旭天鵬など6名の若者が相撲部屋に入門した1992年頃の状況も以上の仮想状況とほぼ同じと考えられる。

以上の想定はモンゴルの若者が平均的な相撲入門者と同等の将来性だった場合の話である。モンゴルの若者自身、先輩にロールモデルがいないのでとりあえず平均的入門者の想定で入門の意思決定のための計算をする。先輩のモンゴル力士の活躍がテレビなどで放映される。才能ある若者には日本の相撲部屋とネットワークを持つ「モンゴル関係者」が触手を伸ばす。[10] その時に先輩力士のモンゴル時代の能力を聞き、日本の上位力士の収入の情報を得ることができる。「モンゴル関係者」は先輩力士との比較によって、おおよその自分の将来性を教えることだろう。要するに相撲部屋に入門した時の期待所得を先輩モンゴル力士の例から計算できるのだ。例えば最初に入門したモンゴル出身者6名のうち2名は幕内になっている。そのうち一人は関脇（旭天鵬）、もう一人は小結（旭鷲山）だった。他の力士の情報もあわせて基本給と、それ以外の収入（2割）を考えると800万円の期待所得である。期待コストを差し引いても500万円以上のプラスである。より正確な情報を得られることで、モンゴル出身力士が入門する確率は高まる。最初の6名の入門者をロールモデルにして入門したモンゴル出身力士もまた成功するならば、情報の精度が高まっていく。つまり、最初の6人がマグレ当たりで幕内まで昇進したのかもしれない。しかし、後続のモンゴル出身力士が三分の一の割合で幕内以上になるならば、この成功率の信頼度が高まる。さらに、その中から横綱が誕生するならば、期待所得が上昇する。最初は手探り状態でモンゴル人は自分の能力や成功確率はわからないが、過去の相撲

（9）２０２３年5月現在の東京都の最低賃金は１１１３円。１９９２年は６０１円である。
（10）飯塚（２０２２）を参照のこと。

入門者の経験から得られる情報から、自分自身の予測成功確率が変化していく。経済学的な言葉を使えば、経験や学習を通じて主観確率が更新されていくのである。主観確率の更新を用いて経済主体の行動を分析する枠組みをベイズ学習モデルという。[11] このメカニズムによって、図1のモンゴル出身力士の2000年以降の急増が説明される。

8・5　不完全な市場を補う、グローバル人材ネットワーク

期待所得に関する情報量の増加以外に、旧社会主義国からの力士が急増した理由を考えてみよう。期待所得の議論は市場経済システムが導入されて、個人が自由に意思決定できるようになった時に説明力を持つ。では、そもそも個人が自由に意思決定をできない状況はあり得るのだろうか?

下記の地図を確認しよう。戦後の冷戦時代において世界各国の政治経済システムは2分していた。計画的な社会主義経済と自由的な市場経済である。図6から社会主義経済研はユーラシア大陸の広大な地域で採用されていたことがわかる。この中に東欧や旧ソ連（旧ソビエト連邦）、中国、そしてモンゴルも含まれている。ベルリンの壁崩壊（1989年）、ソ連の解体（1991年）を契機にこの状況が一変した。モンゴルは1990年に複数政党制を導入し、事実上の社会主義を放棄している。[12] 図6から明らかなように、ユーラシア大

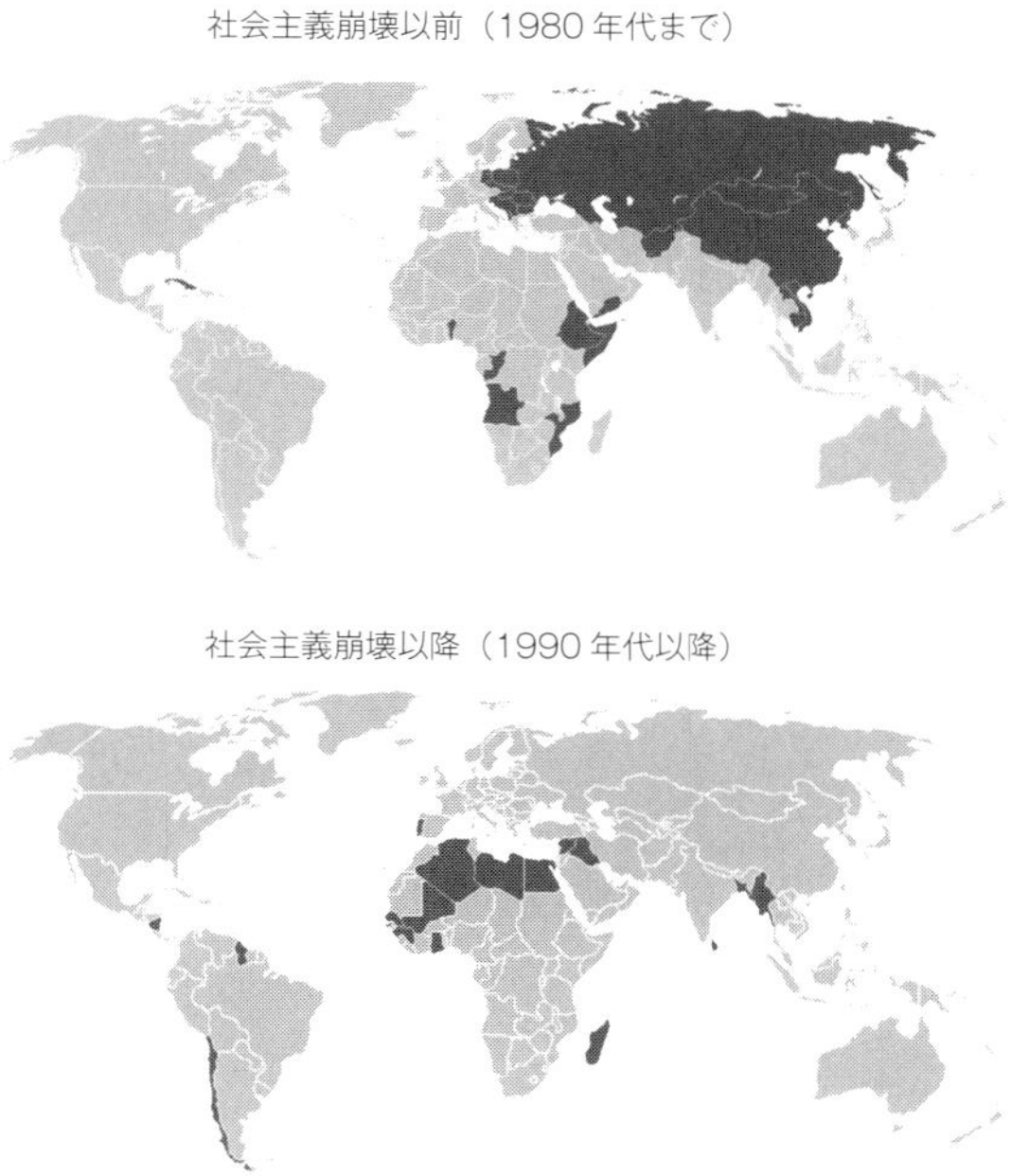

図６：旧社会主義国の地理的分布

陸の大半の地域は市場経済へ移行したのである。

社会主義経済化では個人の意思決定は極端に制限されていた。そして、大半の国民は貧しさを共有しながら窮乏生活に耐えていたのである。豊かな自由経済の国へ渡航することは政治的な理由

(11) 古典的な研究として企業の生存分析や技術選択モデルなどでベイズ学習モデルが応用されている（Jovanovic 1982, Jovanovic. and Nyarko 1996）。相撲界においても相撲部屋を一つの企業ととらえるならば、ベイズ学習を通じて外国人力士の受入れの意思決定をしている可能性がある。

(12) 外務省公式サイト「わかる！国際情勢 Vol.65 モンゴル：良き隣人としての絆」。

から不可能である。そもそも、情報が統制されているので、自由経済の国がどの程度、経済的な豊かさを享受しているのかもわからない。当然、1990年代以前では社会主義国からの入門者は皆無である。

本章で紹介したように、旭天鵬を含む6名のモンゴルの若者が相撲界に入門したのは1992年である。まさにモンゴルの社会システムが自由市場経済へと移行した時期である。ただし、すぐに労働供給ネットワークが機能するわけではない。日本での生活の様子や、力士として成功するために必要な努力など具体的な情報が不足していたので、不確実性の高い相撲界への入門を選択しなかったのだ。先輩力士が日本で基盤を作り力士として成功したことについて、十分な情報が母国に伝わるまでに数年かかった。旭天鵬が幕内に昇進したのは1999年である。その翌年からモンゴル出身力士が急増したのは偶然ではない。

東欧や旧ソ連と日本の物理的な距離は、モンゴルよりもはるかに長い。ブルガリア出身の琴欧州（鳴門親方）はドイツ在住で過去に床山（力士の髪結いなどを担当）だった人物からスカウトされた。欧州の若者を日本に紹介するには、このような日本の大相撲と橋渡しを担う人材が必要だ。その数は少なかっただろう。また距離が遠い分だけ移動コストも高い。さらに、イタリア、ドイツ、フランスなど近場に職探しに適した国々が立地している。他の条件が同じなら、日本へ向かうよりもこれらの国へ移民することを選択するだろう。このような要因から、旧社会主義国からの入門力士の誕生はモンゴルよりも遅れ、量的にも力士数の増加は一定以上にはならなかった。

経済学の実証研究では、グローバル化によって発展途上国の伝統社会における制度や労働市場の変容が報告されている。[13] 大相撲のグローバル化の急速な進展の引き金になったのは、社会主義の崩壊だった。閉ざされた伝統的共同体も、遠く離れた国々で起きた政治経済の構造変化の影響を受けた。そして、国際環境の変化と伝統の維持の狭間で、相撲界は揺れ動いてきたのだ。

（13）Munshi and Rosenzweig（2006）を参照のこと。

相撲コラム8 双羽黒の実像と永遠の愛

元横綱の双羽黒は些細なことから、立浪部屋の親方と不仲になり、部屋を飛び出し最終的に廃業に至った。双羽黒の現役時代は21歳で終わりを告げた。昭和の終わり、バブル期の時代である。対立した原因はちゃんこのメニューが気に入らなかったからなど、まことしやかな噂が流れた。職場の同僚と茶飲み話をしているときに、この話題になった。すると、同僚は双羽黒を擁護し、彼との秘話を明かしてくれた。

同僚が小学生の頃に、立浪部屋で相撲を体験したことがあったそうだ。途中で小便がしたくなったので、そのことを伝えると親方が北尾（双羽黒になる前の四股名で本名）を呼んでトイレまで付き添わせたという。非常に親切で優しい青年で、小学生に対しても丁寧に対応してもらえたそうだ。まだ一般に知られる前の無名の頃だったが、他にも大勢の無名力士がいるなかで特に北尾を指名したのだ。親方は北尾の優しい性格を知っていたので小学生の世話をさせたのだ。これが同僚の推測である。報道を通して知る我儘で横暴な印象とは真逆の素顔を知らされて非常に驚いた。

同僚は北尾のファンになり、その後の活躍に心躍らせていたそうだ。遠くを見つめながら語る同僚にとって北尾との交流は、宝物のような記憶だったに違いない。相撲廃業後にプロレスラーに転じた北尾は、事件を起こしてしまう。試合直後に「八百長野郎この野郎！　八百長ばっかりやりやがって!!」と吼えたのだ。純粋で繊細な若者には、プロレス世界の合理的な運営方法は受け入れ難かったのだろう。プロレス界からも遠のいていく。制御不能で、とても付き合いきれない。行く先々でトラブルを起こし、数多くいた支援者やファンも離れていったことだろう。問題児とレッテルを張られ人々に忘れ去られた存在となった。そんな北尾に寄り添い続けた人がいる。

私の主観的な印象だが、力士は女性にもてる。とりわけ北尾は若く男前だったので、周囲には多くの女性が存在していたのかもしれない。結婚相手に選んだのは現役中から交際していた精神科医の女性である。メンタルが不安定な北尾を心身両面にわたって支えた。波乱万丈の日常を送る中で、北尾の肉体は蝕まれ両足を切断するに至った。妻と娘の献身的な看病があったが、2019年55歳で没した。

娘からみた父の姿は、

「父の娘でも、〝顔にケガをしたら大変だから〟と、格闘技系の習い事をしたことはありません。父とはもっと遊びたかったし、一緒にお酒も飲んでみたかった」

「世間では破天荒だとか怖いイメージがあるかと思いますが、本当に優しい父でした。」

私の同僚の記憶にある「北尾」と同じである。これが生前、マスメディアが報じなかった真実である。

北尾は病床で最期を迎える時に妻に語りかけた。

「死んでも愛している」（スポーツ報知）

妻の言葉が残されている。
「好きだから別れようとは思わなかった」（スポーツ報知）
「何かと世間をお騒がせしましたが、主人は曲がったことが大嫌いなとてもピュアな人でした」（デイリースポーツ）

参考資料
「北尾光司さんが死去、慢性腎不全で　元横綱双羽黒　廃業後、プロレスラーに」デイリースポーツonline 2019. 03. 29.（2023年12月2日閲覧）
「2月に死去した北尾光司さん、重度の糖尿病で両脚切断を告げられていた…妻が壮絶な闘病を明かす」スポーツ報知2019年6月28日（2023年12月2日閲覧）
「北尾光司さんが死去、慢性腎不全で　元横綱双羽黒　廃業後、プロレスラーに」デイリースポーツonline 2019. 03. 29.（2023年12月2日閲覧）
「ワイド特集　願わくは花の下にて」「元『双羽黒』北尾さん逝去　一人娘が振り返る〝空白の15年〟」『週刊新潮』2019年4月11日号

9 外国出身力士の所属部屋のパフォーマンス

9・1　相撲部屋にとっての外国出身力士の受入れ

第6章では相撲界では傍流だった親方が海外に活路を見出し、有望な力士を集めたことが外国出身力士台頭の契機となったことを示した。第7章ではハワイの巨漢力士が席巻した時代に、これに対抗するために日本力士も肉体改造をした挙句に怪我が増えてしまったことを明らかにした。そして、第8章で明らかになったように、外国出身の力士の中でも、時代によって、出身国によってパフォーマンスが大きく異なる。大まかにいえば、21世紀に入る前のハワイ出身の巨漢力士の時代から、21世紀はモンゴル勢と旧社会主義国勢が圧倒的な存在感を見せる時代となった。

グローバル化が本格化していく中で、米国メジャーリーグや日本のプロ野球などプロスポーツ市場では、国内の限られた市場からだけではなく、海外からの「助っ人選手」を雇用することによりチームの成績が上昇していくことが期待される。[1] これが相撲界においても当てはまる可能性がある。本章では力士個人のパフォーマンスではなく、相撲部屋を「チーム」と考え、外国出身力士が相撲部屋にもたらす貢献について分析する。

当初はごく少数の相撲部屋が外国出身力士に門戸を開いたが、それが徐々に相撲界全体へと広がっていった。他のスポーツの経済分析では、外国人の受入れの問題を差別の問題として扱うことが多い。選手の能力ではなく、パフォーマンスとは無関係な理由で差別をするならば、そのチームは優秀な選手を雇わないことによるパフォーマンス低下に陥り、競争力を失う。[2] Jリーグやプロ野球の選手を観察すると、親日家でさえヒーローインタビューで発するのは「どうも！ ありがとうございます！」程度の片言の日本語。あとは通訳任せで、母国語で受け答えをする。ピッチャー交代の時などは監督と一緒に専属の通訳がマウンドに向かい、通訳を介して意思疎通する。日本代表サッカーの外国人監督も同様だ。誰一人として、通訳なしで日本語を使って考え方や戦術、チームの目標などを説明した者はいない。

しかし、実際に外国人の選手や監督が日本語を覚え通訳なしでチームメートや監督とコミュニケーションをとることは、チームのパフォーマンスを上げるうえで非常に重要である。サッカーの国代表チームのパフォーマンスは、国内言語の多様性が大きくなるほど、一定水準を超えると頭打ちになる。[3] 世界的にみて日本語はマイナー言語だ。さらに西洋言語とは全く異なる言語だから、多くの外国人選手にとってマスターするためのハードルは非常に高い。数年で帰国する予定ならば、その後は使い道がない。したがって、時間と労力をかけてまで日本語を覚えようとはしない。真面目そうな外国人選手でも、日本語が上達しない理由はここにある。日本人としては寂しい限りだが、合理的な理由を考えるならば、それもまた仕方がないのだ。

相撲界の状況は他のプロスポーツとはかなり違う。インタビューを受ける外国出身力士は全員通訳なしで日本語を操る。しかもかなり流暢で、アジア系ならば外国出身者だと気が付かない場合も多い。すでに本書で触れてきたように、日本語を覚え、日本食に馴染むことは相撲界で生きるための最低条件なのだ。まさにサバイバルのために日常生活の中で日本語を血肉化する。日本に骨を埋めるぐらいの気概がなければ、いくら素質があっても相撲界で成功することは不可能だ。モンゴル出身の旭天鵬（写真1）は日本語の習熟度が高いために、言語教育の専門家と対話形式の講座を行ったことがあるほどである。[4]

日本語を理解しない、食生活が異なる文若者を受け入れるコストは多大である。彼らを日本人の先輩力士が営んできた共同生活に放り込めば何かと軋轢や衝突が起きるだろう。1985年に、カナダから入門した

（1）例えば、Goff et al.（2002）, Kawaura and La Croix（2016）を参照のこと。
（2）経済史研究では1950年代のアメリカのベースボールの分析がなされている。人種差別によって優秀な選手を雇わないチームは大幅に利潤を低下させた（Lanning 2010）。
（3）Yamamura（2012b）を参照のこと。
（4）宮崎（2001）を参照のこと。

写真１：大島親方と十両昇進を決めた旭天鵬（1996年）

写真提供：時事通信

注：親方は元大関の旭國であり、第４章の写真１で紹介した道産子力士である。この写真に残されているのは、道産子からモンゴルへと土俵の主役が入れ替わる象徴的な瞬間である。

琴天山（本名ジョン・テンタ）という力士がいた。カナダのアマチュアレスリングのチャンピオンで、入門後21連勝を記録した。圧倒的な才能があるために親方から特別扱いされ通訳もあてがわれた。しかし、相撲部屋での生活に馴染めずに、１９８６年に恋愛関係になった通訳女性と失踪し、無敗のまま引退した。

相撲部屋にとって、就労ビザの取得のためのサポートなど海外から入門させる段取りを整える時間や労力は大きいだろう。これは事後的には、回収不能のコストである。経済学ではこれをサンクコストという。さらに、入門した新米力士を適切に管理できなければ、相撲界はもとよりマスメディアからも批判される。格式と品格を重んじる伝統的な相撲社会に身を置く親方の名誉は地に落ちる。その精神的苦痛は、一般社会人の想像を上回るものがあるだろう。第8章でみたとおり、入門する力士は日本語習得やちゃんこ番など日本での共同生活に適応するコストは高い。一方で受け入れる側も、大きなリスクがあるのだ。琴天山のような性質の男が入門してくるリスクを考えると、外国出身力士を入門させず日本人の力士だけの閉鎖的な共同体を維持した方が望ましい。

しかし実際には海外からの力士は急増し、老舗一門の部屋でさえ外国出身力士を受け入れるようになる。その理由は、昔からのネットワークを通じて国内から集まる有望力士よりも、外国出身力士を受け入れる便益が高くなる場合があるからだ。ただし、この傾向を厳密に検証したわけではない。本章では回帰分析を用いて、外国出身力士がどの程度、受け入れ部屋に便益をもたらすかを検証する。

9・2 幕内力士比率の出身地比較

詳細な統計分析をする前に、各部屋における外国出身力士の受け入れ数を確認しておく。第6章の図1が示す通り、外国出身力士は2000年頃まで減少し、その後急増しピークは2010年頃である。この2時点に注目して外国出身数の受入れ分布を確認しよう（図1）。1990年では約70％の部屋に外国出身力士の在籍がない。ついで多いのが1名在籍で約15％、2名、3名と数が多くなるにつれて外国力士数が減少していく。2010年になると状況は大きく変化している。在籍なしの部屋が約10％で、70％近くの部屋に一人以上の外国出身力士が所属している。2名在籍の部屋も約20％で10年前よりも増加している。全体としては、在籍なしだった部屋が1名受け入れる状況になったといえよう。

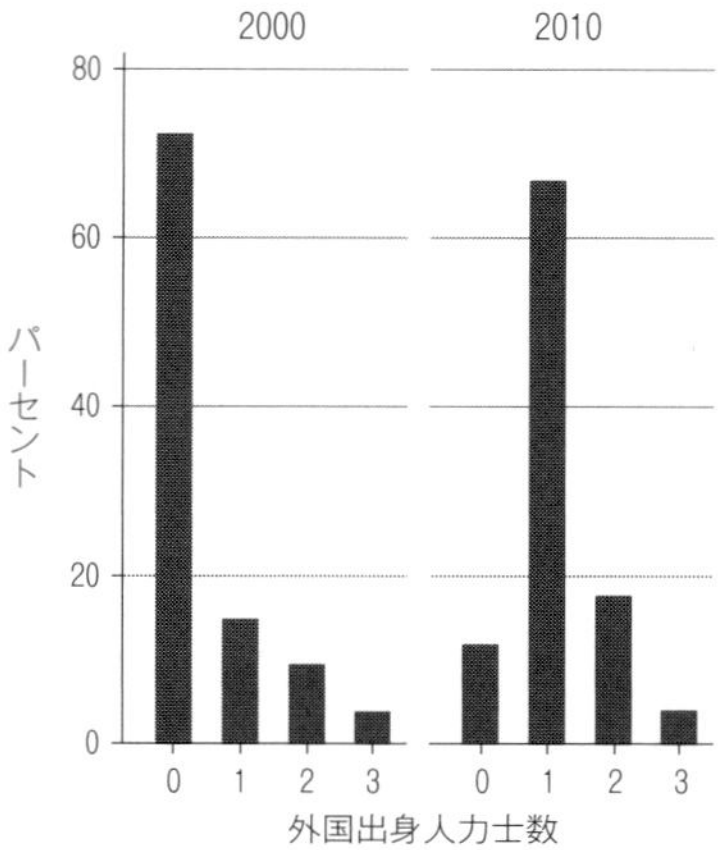

図１：相撲部屋の外国出身力士数

相撲部屋の規模を所属力士数で測ると、最小で1名、最大で57名になる。したがって、外国出身力士1名の存在の大きさは部屋によって異なる。部屋の規模の影響を調整するために、部屋の力士数の中に占める外国出身力士比率を図2(a)に示す。部屋によって大きなばらつきがあることがわかる。２０００年においては、部屋における外国人比率が最大となるのが約０・25であり、これはその部屋の力士の４分の1が外国出身力士を占めることを意味する。２０１０年になるとバラつきはさらに大きくなり、最大で０・45で、したがって半数近くを外国出身力士が占めることになる。図1と合わせて考えると、外国出身力士比率が高い部屋は、全体の力士数が少ない小規模部屋であることがわかる。

ついで、図2(b)で部屋に占める幕内力士比率を確認しよう。２０００年も２０１０年も、50％以上の部屋が、幕内ゼロの部屋である。幕内力士が全力士の10％未満の割合であることからすると、幕内力士が集中せずに全体の半分ほどの部屋に分散していることがわかる。つまり、幕内力士の大半を独占するような部屋は存在しない。２０００年において幕内力士比率が最も高い部屋で、全力士の五分の一程度を幕内力士が占め

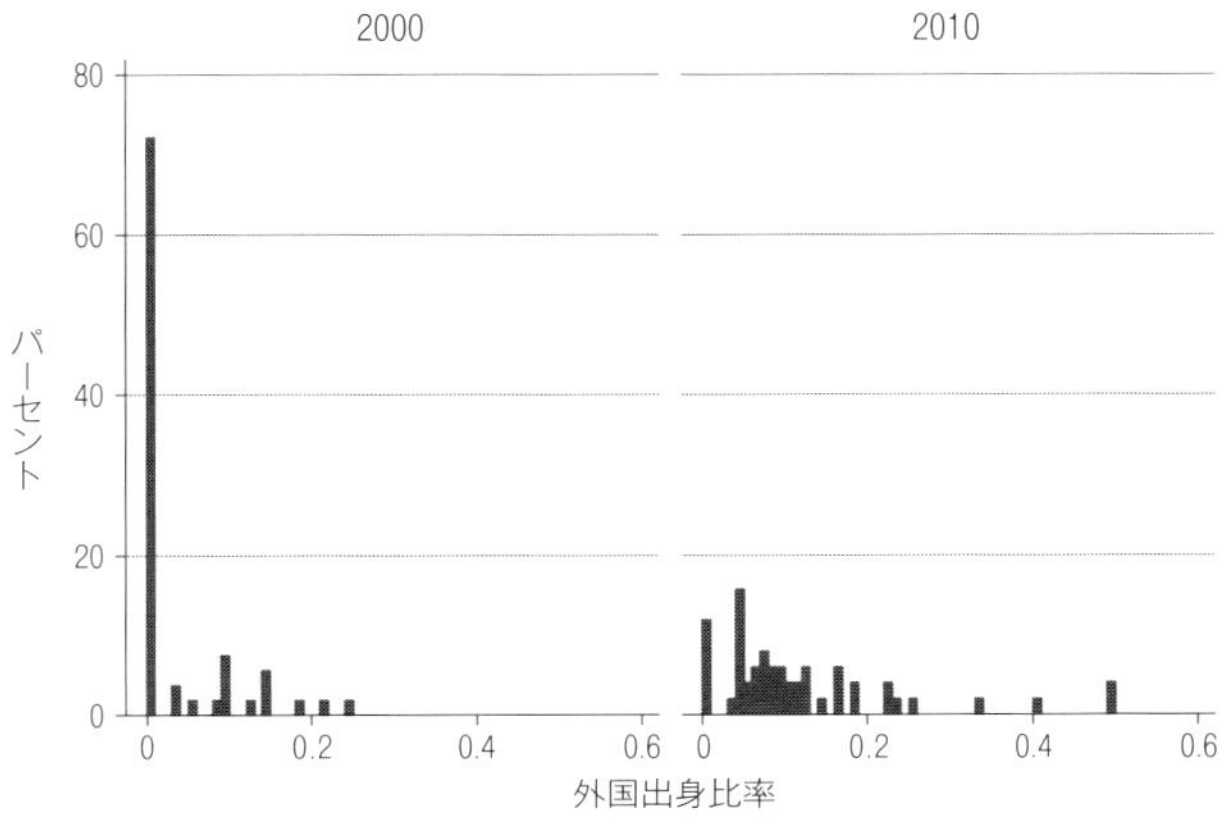

図２(a)：相撲部屋の外国出身比率（力士全体）

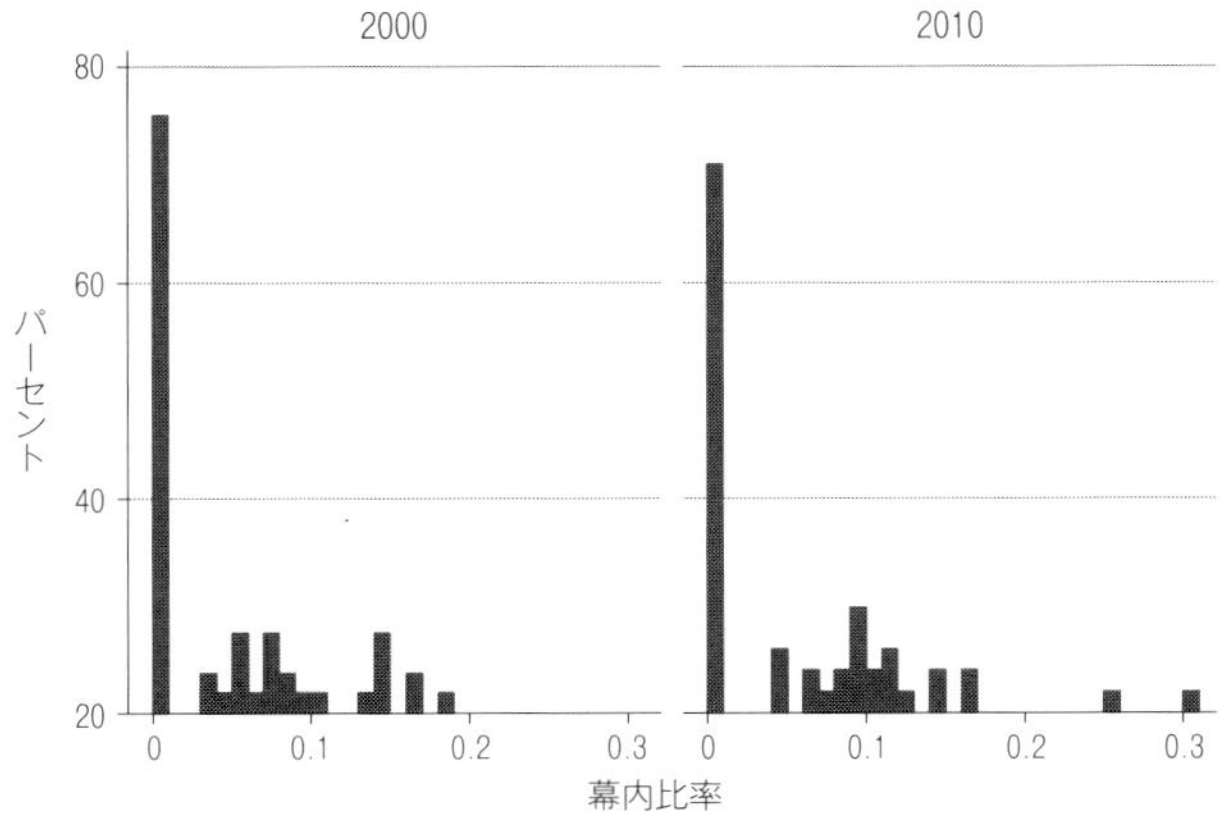

図２(b)：相撲部屋の外国出身比率（幕内力士）

	モンゴル	旧社会主義	その他
2000	1.8	0.1	1.4
2010	7.8	1.4	2.4

表1：各外国出身グループの力士比率（%）

る。2010年では、幕内力士ゼロの部屋の比率が若干低下する。一方で約3割の力士を幕内が占める部屋なども出現する。図2でみたように外国出身力士の比率上昇の影響があらわれている可能性がある。

表1は外国出身力士を3つのグループに分けて各部屋に占める比率の平均値を示している。グループの内訳はモンゴル出身、旧社会主義国出身、その他の3グループである。その他グループの中に米国、中国、ブラジルなどの国々が入る。2000年から2010年にかけていずれの比率も上昇している。これは、第6章の図1と整合的である。モンゴルはいずれの時点においても最も高い比率を占めるグループだが、とりわけ2010年の約8%は突出して高い。つまり、相撲部屋は重点的にモンゴル出身力士数の受入れを進めたことがわかる。外国出身力士ゼロだった部屋は、モンゴルから入門者を受け入れたと考えられる。旧社会主義国の比率が3グループの中で最も低い。距離が離れているうえ日本とのかかわりが希薄で人材供給ネットワークが弱いと考えられる。その他については、第8章の図2からもわかるように米国の力士はほとんど存在しないが、ブラジルや中国などから入門した力士の増加を示している。ブラジルとは日系移民ネットワーク、中国とは距離の近さやビジネスネットワークの役割が大きいと推測できる。

	全体 1984～2015	前半 1984～1999	後半 2000～2015
モンゴル比率1%上昇効果	0.10% 上昇	なし	0.17% 上昇
旧社会主義比率1%上昇効果	0.32%上昇	なし	0.45%上昇
米国比率1%上昇効果	0.12% 低下	なし	0.92% 低下
他の外国人比率1%上昇効果	0.04% 低下	なし	0.70% 低下

表２：出身国別の力士比率が部屋ごとの幕内比率に及ぼす影響

9・3　各国出身比率が部屋の幕内比率に及ぼす影響

ここまで、相撲部屋の外国出身力士の受入れの変化、および幕内力士の変化を観察してきた。より詳細に、各部屋の外国出身力士比率が幕内力士比率に及ぼす影響を分析した結果を紹介する。[5] 部屋数は68である。その部屋ごとの各グループの外国人比率と幕内比率の関係をまとめている。第8章で説明されているように出身国別の力士総数は時期によって大きく異なる。このような環境変化の影響を分析するために、表2ではサンプル全体および、前半（1984～1999年）と後半（2000～2015年）でサンプル分けをして推計した結果をまとめている。前半の始まりの1984年は小錦が入幕した年で、この期間は米国人力士の活躍期とした。後半の始まりの2000年は朝青龍が関取になった年でモンゴルと旧社会主義国の力士の活躍期といえる。

全体の結果をみよう。モンゴル比率と旧社会主義比率の比率が高いほど、幕内

（5）実際には回帰分析を行い、統計的な意味の有無なども考慮して推計結果をまとめている。

比率が高くなるが、米国比率とその他外国人比率が高くなると幕内比率は低下する。影響の大きさを観察すると、モンゴル出身比率が10％上昇すると幕内比率が1％上昇する。旧社会主義国の力士比率が10％上昇すると幕内比率は3・2％上昇する。本書の後半で観察してきた分析ではモンゴル出身力士のパフォーマンスは旧社会主義国力士のパフォーマンスを上回っていた。しかし、所属部屋に対する貢献という視点からすると、結果は真逆になる。一方、10％米国力士比率が上がると1・2％幕内力士が減少する。米国力士が所属部屋のパフォーマンスを下げることは意外である。しかし、テレビで映るスター力士以外にも、外国出身力士は存在する。一般のテレビなどの視聴者が目にするのは最高位に上り詰めた力士である。経済学用語を使えば、ごくわずかの選別されたサンプルが指し示す結果は、セレクションバイアスがかかっているのだ。推計結果が示す事実は、テレビに映らない下位の番付に、米国力士は数多く存在したということである。

期間を前後期に分けた場合、前半の推計結果では、外国出身力士の影響はゼロである。日本人も外国人も同等の成績を残していたことがわかる。小錦や曙、武蔵丸などハワイ出身力士が活躍していても、それは米国出身力士のごく一部であったことがわかる。差別の経済学という分野があるが、このような結果は差別が存在しないことを意味する。ある部屋で外国出身力士に対して差別が存在するために外国出身力士の割合が低いならば、差別せずに優秀であれば出身国を問わずに入門させる部屋のパフォーマンスが上昇する。差別が存在しなければ、このような出身国の差はなくなる。その意味で、外国出身力士が少ない段階で差別が存在しないのはある種のパラドクスともいえる。

経済学では理想的な市場が機能するためには、あらゆる情報が市場参加者に十分に共有されていることが前提となる。しかし、第6章で考えたように、社会主義崩壊から十分時間が経過していない段階では相撲の知名度は広まっていなかったと考えられる。前半にあたる2000年代以前は、相撲の知名度は低くモンゴル相撲の選手権に日本の親方が出席していたことから日本の大相撲との接点ができた。[6] その後、モンゴル力士のパイオニアの活躍があり、2000年以降はテレビを通じて相撲の存在は一般のモンゴル人の間で知られるようになった。[7] このような情報不足のために前半では、有望な外国の若者が力士を志さなかった可能性がある。そのために、外国出身力士と日本人力士との差がつかなかったのだろう。

後半になると、外国出身力士比率は幕内比率に強く影響するようになる。興味深いのは、モンゴル人力士が圧倒的な成績を示すようになったこの時期においても、社会主義国比率の方がモンゴル比率よりも大きいことである。10%米国力士比率が上がると9・2%幕内力士が減少する。つまり、ほとんどの場合米国出身力士は幕内に昇進できないということである。はっきりとハワイ出身力士の活躍時代は終わり、来日するの

（6）大島（2015）の33～35ページを参照のこと。
（7）飯塚（2022）を参照のこと。

は成功する見込みがほとんどない若者となったのである。米国は経済的に豊かな国である。日本への力士を輩出していたハワイでは急速に所得水準の上昇がみられる。[8] したがって、日本に来日しなくても職は十分にある。あるいは覚悟のない米国人が来日したとしても、琴天山のような形で逃亡し、他の人生を歩むのは自然なことだろう。

9・4　大相撲とプロスポーツ市場の比較検討

本章の分析結果は経済学的には外国出身力士への差別の存在と考えることもできる。英国のプロサッカーリーグでは黒人比率の高いチームは黒人比率の低いチームよりもよい成績を上げていた。これは経済学的には差別が観察されたことになる。[9]

黒人に対する差別があるチームは黒人を雇わない。一方差別のないチームは積極的に黒人を雇う。その結果、黒人を積極的に雇ったチームの勝率が上がるというわけである。プロサッカー市場が競争的になれば、チームの成績が最大化されるようにするため、プレイヤーの能力と期待されるチームへの貢献度だけから選手を雇用するだろう。その場合、黒人比率が勝率へ与える影響はなくなる。つまり、市場競争により差別がなくなるというのが、昔からある経済学的な考え方だ。[10]

第6章で紹介したように「前田山」が企業家として海外から力士を入門させ、海外とのネットワークを作った。その後も傍流親方が起死回生を狙って、外国出身力士を受け入れた。海外では相撲の存在はあまり知られていない。日本の相撲部屋は海外のどこに行けば有望な若者をスカウトできるかわからない。つまり、海外と日本の間には情報の壁がある。この状況は情報が完全に共有されている労働市場と現実は異なる。海外とのネットワークの有無によって部屋の間に情報の格差がある。差別というよりはネットワークの有無によって外国出身力士の受入れ度合いに差が出る。よい外国出身力士を入門させたくても海外に人脈がなければ力士を入門させることができない。途中から参入しようとしても海外にネットワークを作ることが困難なため、海外力士獲得において先行している相撲部屋に追いつくことが困難だ。

現代ではSNSを通じた情報を利用するならば、情報の格差は小さくなるだろう。しかし、日本語の学習や、相撲部屋での共同生活の必要性の壁がある。相撲部屋での共同生活は、プライバシーのない世界だ。さらに部屋内部での上下関係がある。外国出身者ならば日本人の同僚が作るちゃんこ（食事）に慣れるのは大

（8）日本評論社ウェブサイト第8章付図1を参照のこと。
（9）Szymanski（2000）を参照のこと。
（10）Becker（1957）を参照のこと。

変だろう。さらに、日本語をマスターしなければ落伍者になる。ホームシックになることも多かろう。外国出身者にとって、相撲以外の面で非常に高いハードルがある。差別はなくても、海外出身者の負担は日本人よりもはるかに大きい。その負担を乗り越える覚悟がある海外出身者のモチベーションは日本人よりもはるかに高くなる。結果として、外国出身力士と日本人力士の間にはパフォーマンスの差が出るのだ。

以上の現実を脇に置いてファンタジーとして次の状況を考えても、新たな問題に突き当たる。力士の能力だけ観察して雇用するならば外国出身力士の存在によって相撲部屋ごとのパフォーマンスの差はなくなる。相撲界が勝利至上主義になるのと引き換えにあらわれるのはきっと、まわしの代わりにショートパンツをはく力士、取組前の一連の所作を省略する力士、通訳を介してインタビューを受ける力士、丁髷なしの多種多様な頭髪の力士たち…　あらゆる自由を与えると、最も効率性が高くなる状況、経済学で言うところのパレート最適が達成されるかもしれない。しかし、それは市場メカニズムの重要性を受け入れている私でさえ受け入れ難い。なぜならば、大相撲は興行としての側面だけではなく、「生ける文化財」としての価値があるからだ。勝利至上主義になった時点で、相撲人気は低下するだろう。つまり、相撲財への需要は大きく低下し、最終的に大相撲が消えてなくなる。この点については第12章で議論する。

モンゴル出身力士の数は他の社会主義国の力士数より多い。したがって、モンゴル出身力士の労働量は旧社会主義国出身力士より大きくなることがわかる。一方、生産性（＝賃金）については旧社会主義国出身力士が、モンゴル出身力士よりも高くなるのだ。本章での分析結果から現実的な状況のもとで、相撲部屋の外国出身力士受入れの意思決定が合理的であることが明らかになった。

本章の分析は幕内力士の輩出に着目した結果である。相撲界への入門者のうち10％未満しかたどり着けない地位であるから、相撲部屋の成果を検証するうえでは妥当性がある。しかし、幕内の中でも番付によって明確に序列と、労働することによって得られる経済的なリターンの差がある。とりわけ、大関、横綱になると他の幕内力士との間に圧倒的な差が生じる。第10章以降は、最高位の大関や横綱について、外国出身力士の影響を考察していくことにする。

相撲コラム9

「おかみさん」の眼差し

福岡に住んでいると秋口から街で丁髷姿の力士を目にするようになる。11月に恒例となった九州場所が開催されるのだ。

福岡の西南学院大学で働くようになって相撲が身近に感じられるようになった。ある日書店で『相撲部屋24時おかみさん奮戦記』（講談社）という書籍を発見した。早速購入して、読んでみると元関脇の富士櫻が親方をつとめる中村部屋（当時）の様子が描かれている。筆者は、親方の妻（おかみさん）の中澤嗣子さんである。中村部屋の特徴は、当時（2004年）力士は全員が日本人で、大卒のエリートも在籍していない点である。おかみさんの発案で、中学校卒業後に入門する力士も多いので、引退後の将来のことを考えて力士たちに通信制で高校教育を学ばせているという。

興味が湧いたので直筆で手紙を書き、中村部屋訪問と「おかみさん」へのインタビューを申し入れた。中澤さんから快諾の返答があり、九州場所中の早朝稽古をゼミ生と一緒に見学をして、そのあとに中澤さんに質問させていただくことになった。

朝稽古では土俵の周りに椅子が並べられ、自由に見学できるようになっていた。間近で見ると、肉体と肉体がぶつかり合う鈍い音が聞こえてくる。そばで叱咤するのは、元富士櫻の中村親方だ。小柄だが闘魂がほとばしる。

現役時に麒麟児との死闘が語り継がれる伝説的な人物である。私が小学校低学年の頃だ。偶然、私も観戦していた。その記憶が蘇る。

朝稽古の後に、宿舎のホールでゼミ生とともに「おかみさん」にインタビューした。私が空想していた「おかみさん像」は気風《きっぷ》が良く勝ち気で艶やかな女性。親方を支え荒くれ力士たちの日常を束ねる猛獣使いのような女性。実際の中澤さんは眼鏡をかけた細面の理知的な女性で、落ち着きがあり控えめな印象だ。服装も濃紺のジャケットにタートルネック・セーターの軽装で、目立つことなく街の風景に溶け込んでしまうような姿。高校の国語の先生のようなイメージだろうか。事前の想像とのギャップに戸惑う。

中村親方の方針で、たたき上げの日本人力士を入門させているという。おかみさんの役割を果たす中で、教育に関心を持つようになり大学院で専門的な知識を学んだそうだ。相撲部屋の経営や指導法をテーマとして修士論文を執筆し、著書はその成果に基づいているという。話を聞きながら、対面した時の違和感は消えていった。現役時代の活躍は親方に任せる。一方、おかみさんは引退後の生活を見据えた大局的な視点から力士に接していた。力士育成に必要なのは、親方の厳しさとおかみさんの優しさ。相撲部屋を運営するうちに、親方と「おかみさん」の間で役割分担が決められていったのだろう。

相撲部屋は生活共同体の側面がある。親方は父、おかみさんは母、力士は子供のような存在である。丁髷姿の力士の体は長年の稽古による厚みと凄みがある。彼らに比べると細マッチョに見える短髪の若者がいた。傍らを通りすぎていく彼を見つめながらおかみさんがつぶやく、「中学校を卒業したら入門する予定の子です」。力士を見守る「おかみさん」の眼差しは慈しみ深かった。子を思う母親の愛。私は力士を束ねるために必要なことを学んだのである。

注

（i）中澤（2004）を参照のこと。

10 大相撲の昇進の仕組み

10・1 ピラミッド型序列：「アマチュア以上プロ未満」の力士

「関取」という言葉がある。「関取」＝「お相撲さん（力士）」のように感じる人も多かろう。実際には「関取」＝「プロ力士」である。「関取」以外の「お相撲さん（力士）」は「プロの力士」ではない。上位番付の力士だけが「関取」で、それより下位番付に多くの「プロ未満力士」が存在する。本書前半で言及したように彼らは、正式には「力士養成員」という修行中の立場である（第2章参照）。表1に詳しい序列と最低保証年収の概算額を示した。一目でわかるのが、関取とそれ以外の力士の年収の格差である。クラスが一つ違うだけで、十両は幕下の約13倍の年収だ。つまり関取と、それ以外の力士は全く別扱いなのだ。同じ関取同士ならば差は非常に小さくなる。例えば、最高位の横綱が最下位の十両の2・5倍程度である。このように年収はそのまま「関取」と「それ以外の力士」の格差を示している。

	関取（＝プロ）					力士（≠プロ）			
	幕内								
	横綱	大関	関脇	前頭（平幕）	十両	幕下	三段目	序二段	序ノ口
年収	3600	3000	2160	1680	1320	99	66	52	48
人数比率（%）	0.3	0.6	0.9	4	4	17	29	33	11
力士数	2	4	6	30	28	120	200	230	80

表１　相撲界の序列と基本収入

資料：NHK スポーツ「特集：力士の給与っていくらなの？」2020年６月24日

注：表に示した「年収」は日本相撲協会から支給される最低額。実際にはこれ以外に、ボーナス的な意味合いの力士報奨金が年６回支給、上位力士は懸賞金が取組ごとにつくことがある（『週刊ポスト』2023年８月４日号）。

一般人には十両も幕下も同じ力士である。一方、相撲界内部ではまさにプロと「それ以外」といえる扱いの差がある。幕下以下の力士は年収１００万円未満である。一般的には生活が成り立たない。本書ですでに紹介してきたように、相撲部屋に入門すると自動的に集団生活を強いられるが、衣食住は所属部屋から支給される。したがって、入門力士であっても、最低限の生活は保障されているのである。「力士養成員は、部屋では各人が関取または親方の付け人として、割り当てられる」[1]。つまり、これが目に見えない労働となっていて、その対価は金銭ではなく「現物支給」というわけだ。幕下以下の力士といえども相撲界にいるからこそ「食っていける」のだ。したがって、相撲界へ金銭的に依存していない学生相撲や社会人相撲に所属するアマチュアとは違う。しかし、相撲界のルールからするとプロ未満である。「アマチュア以上プロ未満」という非常に微妙な位置づけだ。当然覚悟を決めて相撲界に入門した者はプロを目指す。

相撲界の番付ごとの人数構成をみていこう。相撲界全体の力士総数には定数の決まりがない。相撲労働市場における需要と供給の関係から総数が決まるのだ。国内外の経済状況によって力士数は変化する。実際に本書前半で紹介したように、経済発展とともに力士数は増加する。後半で確認したように、社会主義の崩壊によって市場環境が変化し、旧社会主義国力士の割合が増加した。しかし、十両以上の関取になると定数が決まっている。十両は28名、幕内は42名なので「関取」は70名である。近年総力士数は700名程度である（表1の総数もこの実情を反映させた）。しかし、長期的にみると力士の数は爆発的に増加した。力士総数が増加すると、ライバルが増えそれに勝たなければ、番付を上げることができない。つまり、相撲界は競争的になり関取になることは困難になる。現在は「関取」の比率は力士全体の約10％である。

10・2　相撲界の勢力図

本章では日本における外国出身力士の台頭について分析してきた。日本人力士グループの中で明確な違いがある。第6章でも触れたように、大学を卒業した「エリートグループ」と中学校卒業を中心とした「雑草

（1）生沼（2023）100ページを参照のこと。

グループ」である。大卒エリートはアマチュア相撲において輝かしい戦績を収めている。古くは横綱・輪島がその代表格である。大卒エリートは「力士養成員」時代においても「有望力士は稽古が十分できるように時間的に余裕のある親方の付け人になる」[2]。彼らと「雑草グループ」との待遇差は明確である。

最初の大卒力士は関西大卒の山錦で、初土俵は大正6年である[3]。その後は、昭和2年に初土俵の早稲田大卒の笠置山などが続く（コラム6「化粧廻しの楽しみ方」を参照）。ただし、大正期は一般の大学進学率はわずか2・2％と低い[4]。大卒のインテリが、頭脳よりも肉体の重要性が高い力士になることは稀だった。図1(a)には中卒集団就職全盛期が終わった後の、力士全体に占める大卒力士の比率を示した。1990年代までは2％ほどであるが、2000年に入る少し前に5％まで急上昇し、2007年あたりから約10％で安定している。

図1(b)には番付上位の幕内力士のサンプルに占める大卒比率を示した。図1(a)と大きく違うのは、比率の水準が圧倒的に高いことである。すでに、1970年代に2割に迫る比率となり、2000年以降は3割から4割を占める。力士全体における比率は低いが、幕内になると1970年代から一定の存在感を示し続け、現在では大きな勢力となっていることがわかる。

上位力士について外国出身と大卒エリートの比率を観察していこう。表2に示したように1999年までは、相撲界における外国出身および大卒エリート力士は2％未満で稀な存在だった。しかし、関取さらには

（2）生沼（2023）100ページを参照のこと。
（3）京須・水野（2022）を参照のこと。
（4）文部科学省ウェブサイト「〔補論2〕我が国高等教育のこれまでの歩み」。

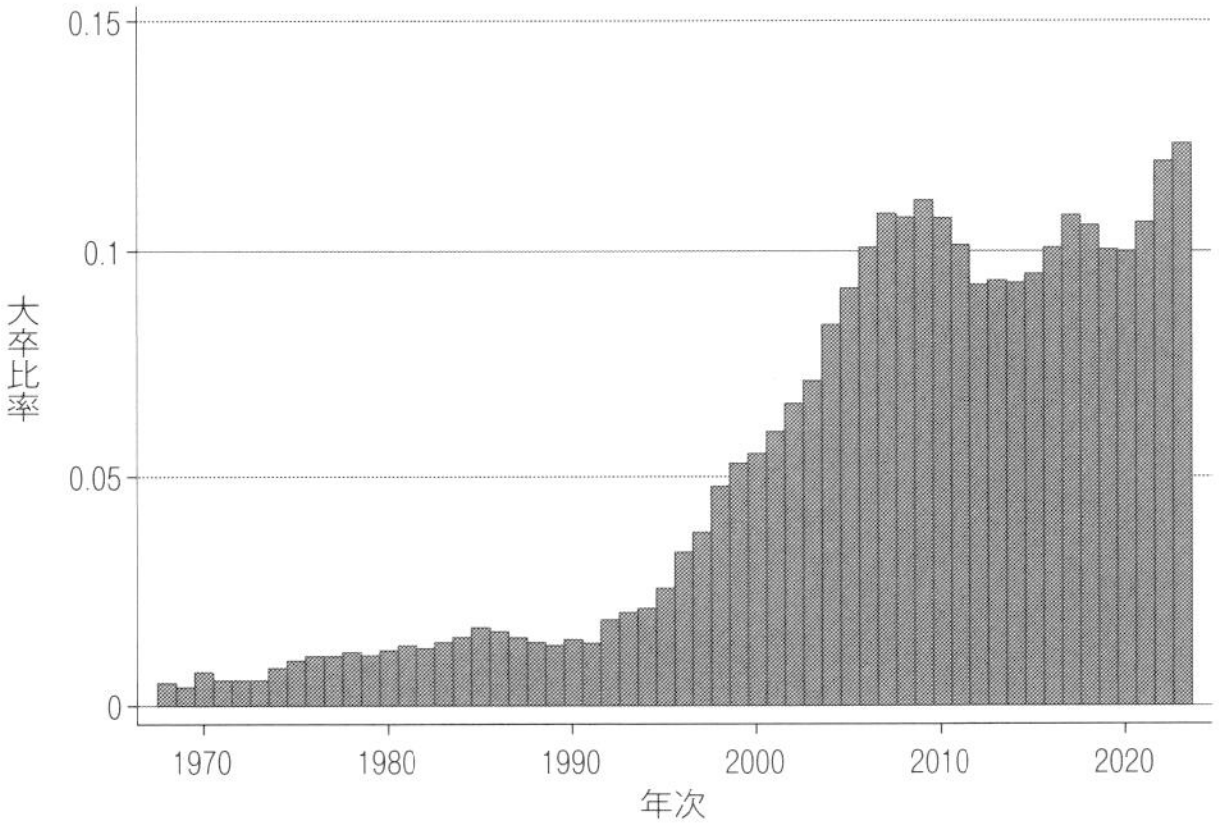

図1 (a)：大卒比率（全力士）
注：各年の力士数は、年6場所の延べ人数を用いている。

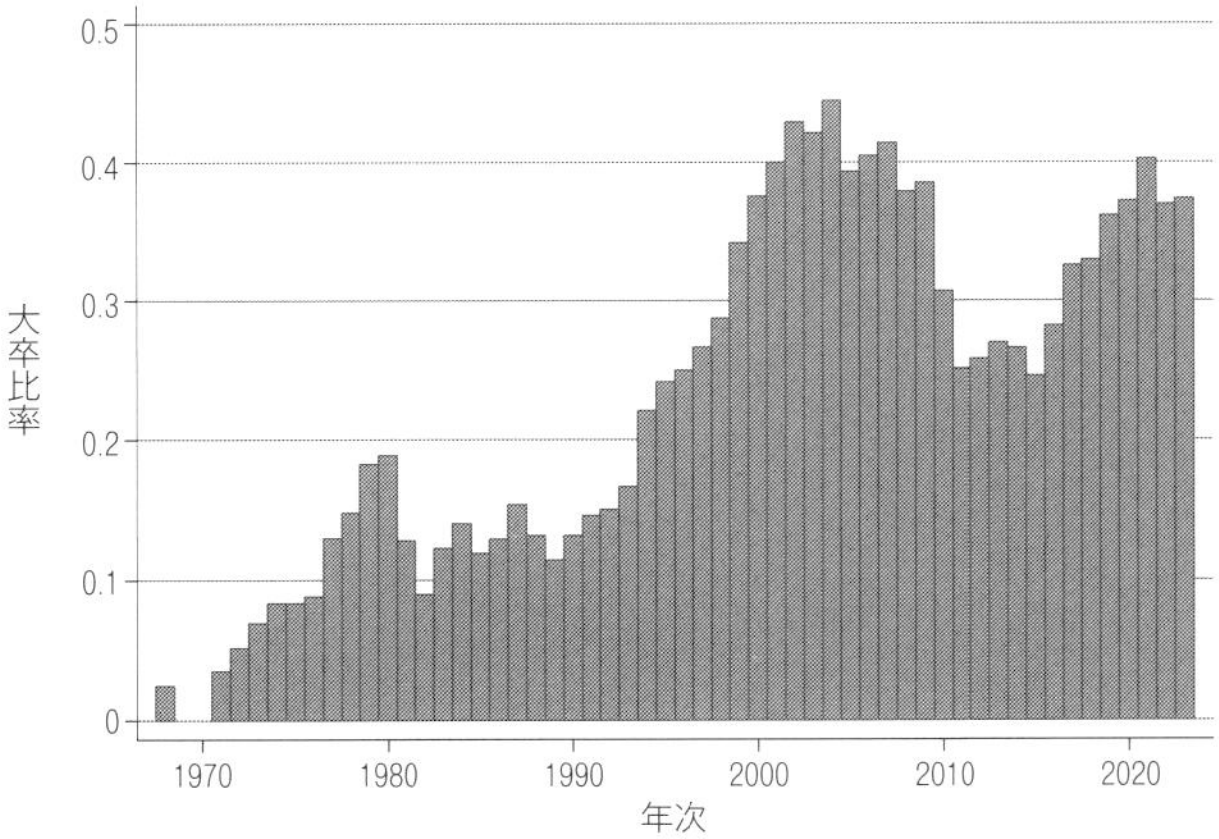

図1 (b)：大卒比率（幕内）
注：各年の力士数は、年6場所の延べ人数を用いている。

	1999以前		2000年以降	
	外国出身	大卒エリート	外国出身	大卒エリート
全体	1.9	1.8	6.5	9.6
関取	3.9	12.8	23.5	36
幕内	4.7	14.7	27.7	35.1

表2　相撲界における上位力士の内訳　1968〜2023年（%）
注：外国出身で大卒のケースは両方のグループに入る。しかし、この例は非常に小数なので影響は小さい。

幕内になるほど、これらのグループの比率は高まる。とりわけ大卒力士の比率は10%を上回り一大勢力になっていたことがわかる。外国出身力士は5%未満である。ハワイ勢の活躍で一般にも広く知られた力士もいたが、上位に占める割合は大卒エリートの半分以下である。この時代は、大卒エリートの方が、外国出身エリートよりも優れたパフォーマンスを示していたことがわかる。２０００年以降になると、状況は激変する。まず相撲界全体において、外国出身力士は3倍以上の6・5%、大卒エリートは約5倍の9・6%まで上昇する。さらに関取や幕内の割合では、外国出身は全体の約25%、大卒エリートは約35%となる。つまり、いずれのグループも下位番付に所属する力士は少なく、高い確率で関取になっていることがわかる。

本書第二部では、２０００年以降の外国出身力士の台頭を明らかにしてきた。本章では、この時期に大卒エリートの台頭も目覚ましかったことがわかった。相撲界全体としては、実績のない日本人の「雑草グループ」が力士の大半を占める。しかし、彼らは「関取」になると少数派になるのだ。相撲労働市場が競争的になるにつれて、すでに入門時において関取に昇進できる者を高い確率で予測できるようになったと言えよう。

1999年以前の相撲界、特に入門者数が急増した高度経済成長期は、全国の農村部から力自慢・喧嘩自慢の若者が押し寄せた。入門者は同じような背景を持っており、自分の力量が相撲界でどの程度通用するか未知数である。「関取」になる可能性は平等にあり、努力と粘り強さで「関取」の地位を勝ち取ることも現実的な目標だった。2000年以降の状況は、入門者の可能性が両極化している。子供の頃から鍛え上げられた「アスリート」は、過去のアマチュア時代の実績から自身の力量がどの程度プロで通じるかを熟知している。大卒ならば、相撲部の監督が自身のネットワークを通じて、有力部員の進路を決めていく。[5] 成功の可能性が低いものは相撲部屋を紹介されない。

外国出身力士も、ほぼ全員が母国でアスリートとして輝かしい実績を上げている。[6] 旧社会主義国ではレスリングで活躍が目に留まり相撲の国際大会に出場することになり、[7] そこで相撲部屋にスカウトされる例などが典型だ。モンゴルの場合はモンゴル相撲のトップクラスの選手が日本の相撲に入門する。[8] モンゴル勢が相

（5）日本大学の元理事長で相撲部の監督だった田中英寿氏は相撲界に部員を送り込んだ。そして、その多くは関取となった。そこには遠藤、舞の海、智乃花、琴光喜などが含まれる。京須・水野（2022）を参照のこと。
（6）飯塚（2022）を参照のこと。
（7）琴欧州（2014）を参照のこと。

撲界で活躍する頃になると、モンゴルでも相撲が盛んになり、競技としての認知度も上がる。横綱・照ノ富士はモンゴルの「少年相撲大会」で優勝し、横綱・白鵬の父ムンフバトの紹介で日本に渡ることになった。[9]ムンフバトはモンゴル相撲の最高位に君臨し、レスリングでオリンピックに出場しモンゴル人史上初のメダリストになっている。要するに、海外からくる入門者はその道の専門家によって将来性を高く評価されている者ばかりである。

写真１：「ウルフ」こと横綱・千代の富士の土俵入り
写真提供：共同通信社

かつては日本の地方の力自慢、あるいは喧嘩自慢が東京に集結し、相撲界の真剣勝負で成り上がることができた。例えば、大分の喧嘩自慢として名を馳せた悪童は、１９９２年に初土俵を踏む。この悪童は北海道出身の叩き上げ横綱の千代の富士（写真1）の下で力量を磨き大成した。大関として長年にわたり活躍した千代大海である。実力未知数の中卒労働力が相撲界に参入し、競争の中で篩《ふるい》にかけられていく。[10]強いものが生き残るのではなく、生き残った者が強いのだ。経済学的には労働市場における情報不足がこの状況を生み出している。入門者本人にとっては自分の真の実力は未知であり、相撲部屋に入門するまでわからない。一方の相撲部屋の親方も同様に若者の将来性は未知数である。労働の供給側の若者も需要側の親方も、若者の真の実力は観察不能だ。したがって、実際に入門させてから、実力のほどをチェックする。

しかし、牧歌的な時代は過去のものとなった。公式の新弟子検査の敷居は低い。身長や体重などが一定以上なら合格だ。入門するだけなら、過去の実績を問われることもない。しかし、実際に将来関取になる力士は非公式の選別を受けている。母国のレスリングコーチ、モンゴル相撲の指導者、大学相撲部の監督などに認められた真のアスリートだけが入門する。相撲部屋の親方は「目利き指導者」から推薦を受け多くの力士を受け入れ、その後の活躍を見ている。その経験から学習し、エリート力士の実力が大相撲でどの程度の通用するか判断できる。したがって、エリート力士の相撲労働市場では供給側も需要側も入門希望者の実力に関して十分な情報を得ている。つまり、入門後の将来像について、正確な予測が可能である。

現代の相撲労働市場は明確な二分化がみられる。中卒の「雑草」労働市場と、外国出身と大卒が占める

(8) 大島（2015）を参照のこと。
(9) 照ノ富士（2021）の38～40ページを参照のこと。
(10) 実際には高校中退や高卒や専門学校卒など多様な学歴が存在するだろう。本書の意図を損なわずに、全体像を把握するために学歴構成を単純化する。本書では大卒以外は全員、中卒と名付ける。

「エリート」労働市場だ。ただし、エリートの数は限られている。「エリート」労働市場だけから力士を調達すると総力士数が大幅に減少し、年6回の本場所や地方巡業などの興行を実施することが困難になる。必然的に相撲界は量の確保を「雑草」労働市場から、質の確保を「エリート」労働市場から行うのだ。しかし、入門時点でのエリート・アスリートと「村一番の力持ち（あるいは町一番の喧嘩自慢）」の間の圧倒的な力量差がそのまま縮まることはなく相撲人生を決めてしまうのだ。

第1章の図1から明らかなように、近年力士の入門希望者が激減している。入門者の大多数は「雑草」である。日本全国の「雑草」は、自身が「関取」になる望みが薄いことを認識しているのだろう。相撲界で「関取」昇進争いをするのは「トップ・アスリート」同士である。街の力自慢の少年がそこに割って入ることは不可能に近い。真剣に現実を直視すれば、相撲界に入らずに他に自分に向いている進路を選ぶのだ。それは、非常に合理的であり、本人のためにもなるのである。これは、市場競争圧力が高まることから、自分の適性にあった進路を見出すことができるということだ。現在の相撲界は最初から「関取」になる見込みがない若者が大半を占める。したがって、総力士数は適正水準を上回っている。入門者数の減少は市場競争の当然の帰結と言えよう。[11]

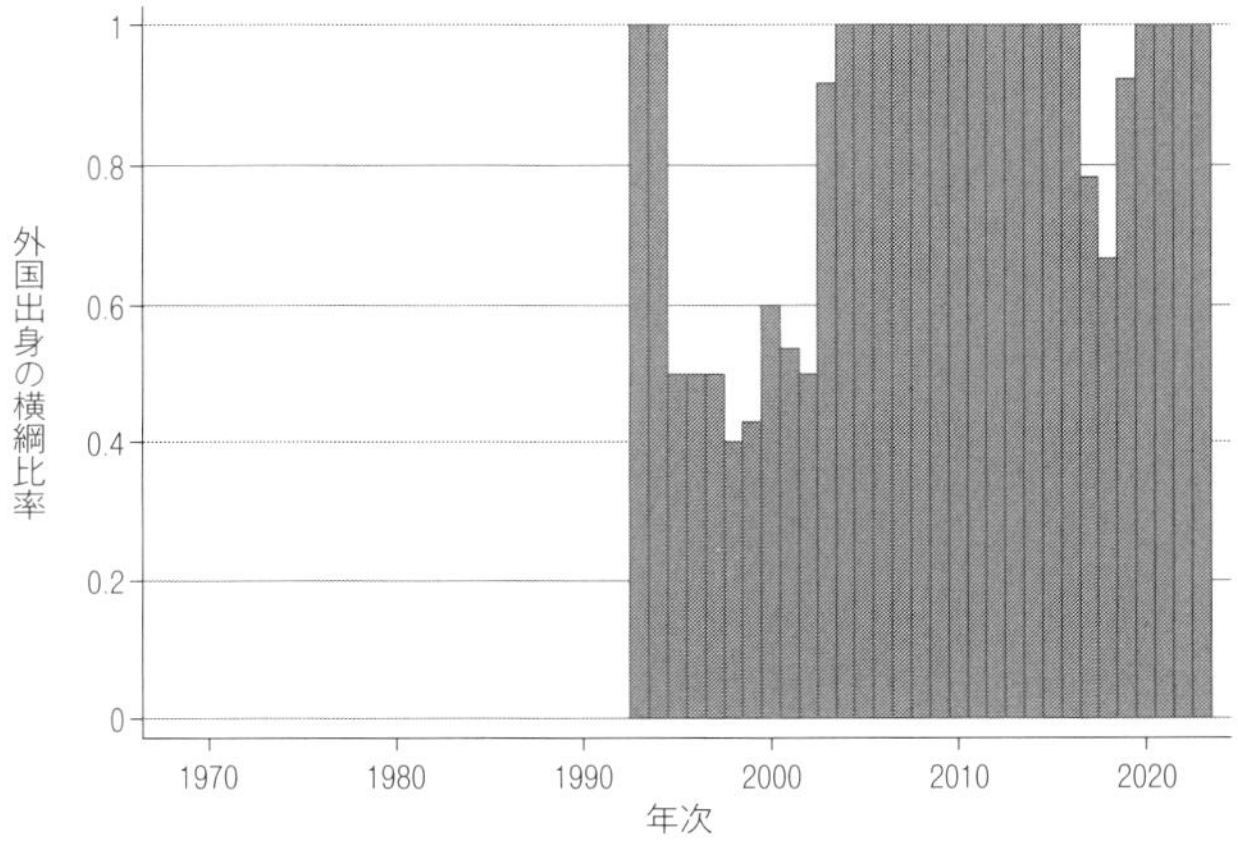

図２：横綱の外国出身力士比率
注：各年の力士数は、年６場所の延べ人数を用いている。

10・3　最高峰における力士の特徴

ここまで確認してきたように、幕内への昇進は茨の道である。さらに、相撲界の頂点に君臨する横綱への昇進について考えてみよう。図２には横綱の中で外国出身力士の割合の推移を示した。大相撲の歴史が始まって以来、横綱は日本人力士が独占してきた。しかし、１９９３年に曙が外国出身力士初の横綱になると、状況は一変する。横綱空位の場所に曙が一人横綱になったために外国人比率が０％から１００％になったのだ。同時に存在する横

(11) 相撲人気が低下しているために、若者が相撲に魅力を感じなくなり、入門者が減少する。この可能性については、より詳細な分析が必要である。ただし、人生をかけて相撲部屋の共同生活に入るか否かは非常に重大な意思決定である。ファン目線の「憧れ」によって、人生の一大事を決める可能性は低いように思われる。

綱の数が非常に少ないので変動が激しいのである。その後、１９９５年に横綱・貴乃花が誕生した後は、外国人比率は10年間ほど、ほぼ50％となる。この時期は貴乃花の全盛期であり、日本人横綱として外国出身力士を相手に奮闘し、横綱として15回の優勝を果たす（現役通算22回優勝）[12]。２００３年に貴乃花が引退した翌場所、モンゴル人初の横綱が誕生する。朝青龍である。同じ年、ハワイ出身の武蔵丸が引退。１９９６年以降は、ほぼ全期間外国出身横綱の比率は１００％となる。しかも、全員がモンゴル出身力士である。２０１7〜２０１9年の僅かの間、稀勢の里が横綱にたどり着いたが横綱在位中の優勝は1回（現役通算で2回優勝）。ほとんど存在感を示すことなく土俵を去った。

幕内力士数では、大卒エリート力士は外国出身力士と拮抗しているが、頂点は外国出身力士が独占している。真のトップレベルの闘いでは、外国出身力士が大卒エリートを寄せ付けない。大卒エリートにハズレは少ない。しかし、江戸時代まで遡った歴代横綱73人すべての中で、大卒横綱は１９７３〜１９８１年の輪島ただ一人。

２０２３年11月の九州場所では、42名の幕内中18名を大卒エリートが占めるが、三役以上は小結の北勝富士の1名。外国出身力士制限が厳格化され、外国出身の幕内力士は6名（モンゴル出身は4名）まで減った。しかし、三役以上は3名（横綱・照ノ富士、大関・豊昇龍、霧島）で全員がモンゴル出身。大卒エリート力士は初土俵時から注目され、昇進も早く相撲ファンの期待を集める。しかし、物足りないのは私だけだろう

	1999年以前			2000年以降		
	外国出	大卒	雑草	外国出	大卒	雑草
大関	9.8	9.3	9.1	8.6	7.3	8.1
三役	8.8	7.9	7.9	8.1	7.1	7.8

表3：相撲界における上位力士の平均勝利数　1968〜2023年（%）

注：外国出身で大卒のケースは両方のグループに入る。しかし、この例は非常に小数なので影響は小さい。

か？　強いインパクトを残さないのは、頂点目前で失速してしまうためだろう。

上位番付力士のパフォーマンスを、外国出身、大卒エリート、雑草（非大卒エリートの日本人）の3グループに分けて比べてみる（表3）。大関の一場所当たりの平均勝利数をみると、１９９９年以前も２０００年以降も外国出身力士グループが一番多い。大卒と雑草は１９９９年以前は、ほぼ同じ勝利数だが、２０００年以降になると雑草大関の勝利数が０・８大きくなる。つまり、15日間でほぼ1勝だけ雑草大関のほうがエリート大関よりも勝星が多いのだ。全体としていずれのグループも

(12) 本書では、大まかな状況を把握するために、力士を、「雑草」「大卒エリート」「外国出身」の3グループに分けている。この定義に従えば、日本人最後の一流横綱といえる「貴乃花」は「雑草」である。さらに、兄の横綱「若乃花」も「雑草」となる。しかし、彼らは叔父を横綱の初代「若乃花」にもち父は名大関「貴乃花」である。父は相撲部屋の親方であり、母は部屋を束ねる「おかみさん」だ。2人が入門するときに、自宅から布団を運び出し同じ建物の相撲部屋へ「引越し」する姿はテレビ中継されている。デビュー後も、下位番付時代から取組の様子が大々的に取り上げれた。生まれながらのスターで超エリートである。そう考えるならば、稀勢の里を除けば、真の「雑草」で横綱になった力士は、昭和末から平成2年に横綱に昇進した旭富士までさかのぼる。実質的に「雑草」から横綱に成り上がる成功譚《たん》の時代は昭和とともに幕を閉じたのである。

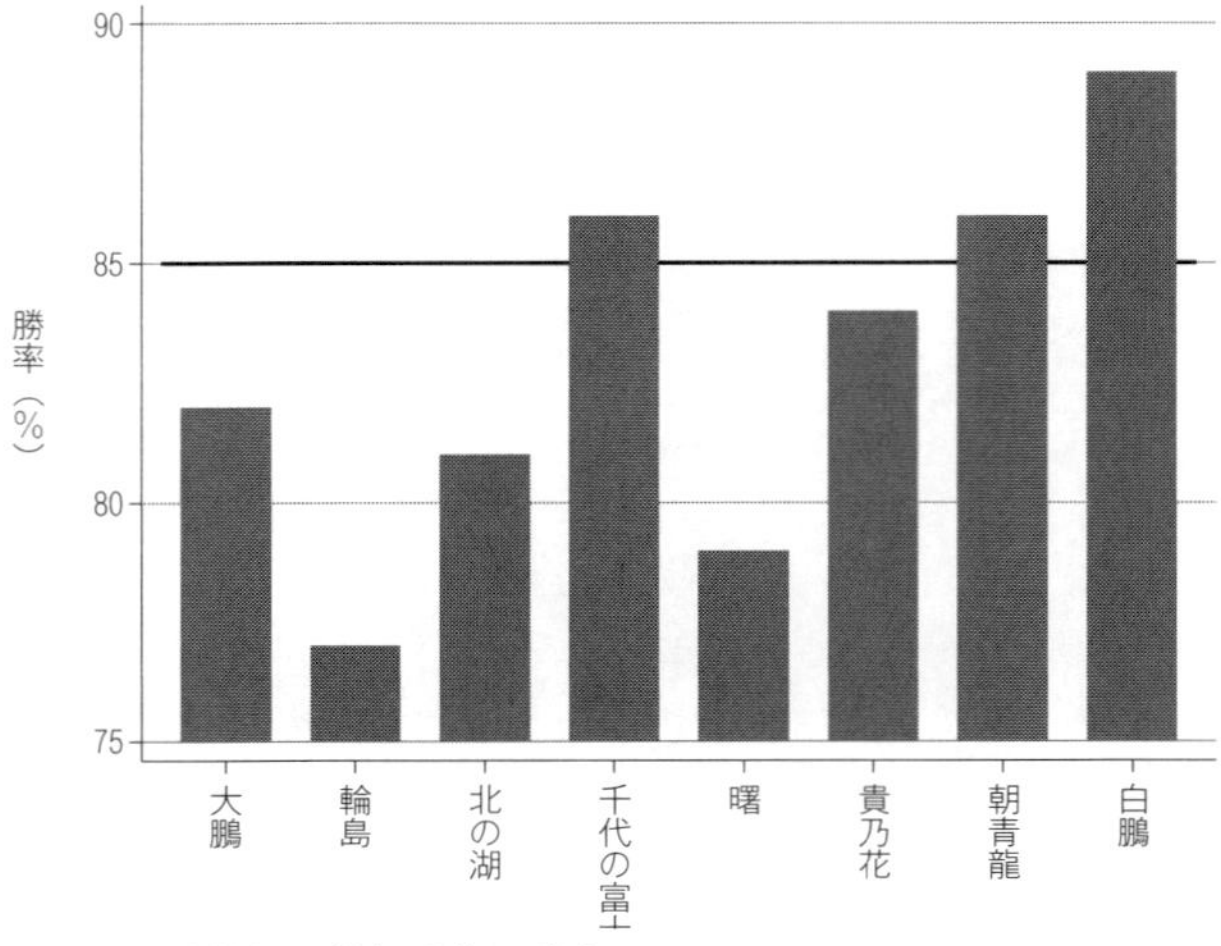

図３：歴代横綱の横綱時代の勝率

注：万全の状態を比較するために、休場がなく15日間出場した場所のみのデータを利用している。

２０００年以降になると平均勝利数が1ポイント減少する。これは、相対的に大関が弱くなっているが、その原因として横綱からの勝利が少なくなっていることが考えられる。この点について後ほど図3をみながら検証する。三役（大関、関脇、小結）の勝利数も、ほぼ同様の傾向がある。ただし、１９９９年以前と２０００年以降の勝利数の減少程度が大関ほど大きくはない。対戦相手の力量が上位になるにつれ上がっていく。２０００年以降は上位力士と下位力士の力量の差が大きくなるとすれば、上位力士と対戦の機会が少ない関脇や小結の成績が大幅に低下することはないことをあらわしていると推測できる。

　図3では歴代横綱の横綱在籍時の全盛期の勝率を示した。[13] いずれも、１９７０年以降に一時代を築いた名力士８人を取り上げた。80％以上の勝率を記録しているのが６名。輪島と曙が80％に達していない。大卒エリートでただ一人横綱になった輪島はこの中で最下

位である。他の名横綱ほど突出した存在ではなかったことがわかる。曙の体重は232kgで、取り上げた横綱の中で最も重い。[14]勝ち方は豪快だが、足長体型で重心が高いこともあり、粘り強さと安定性に欠けていたためだろう。大鵬、北の湖は昭和を代表する横綱だが、数値的には圧倒的な高勝率ではない。当時は下位と上位力士の間の力量が拮抗していたことが要因と思われる。さらに、同時代に大鵬には柏戸、北の湖には輪島というライバル横綱の存在も勝率を低下させた原因であろう。これは貴乃花にも当てはまるだろう。貴乃花の現役時代はハワイ勢全盛期で、曙や武蔵丸といったパワフルな巨体力士との真っ向勝負があった。キャリア後半には朝青龍などモンゴル勢の台頭があった。このような意味で、数値以上に貴乃花の勝率には重みがあるだろう。

勝率85%以上の力士は3名である。千代の富士は、小兵ながらも圧倒的な力量を示していた。晩年の北の湖を下した一番、台頭するハワイ勢を制し、急成長する貴乃花（当時の四股名は貴花田）を相手にしたことからも、時代の変わり目に長期政権を築いた。圧倒的存在感だが全盛期にライバル横綱といえる存在がなか

(13) 横綱在位の晩年は、怪我などで休場が続く。さらに、本来の実力を発揮することがままならない状態になってから引退するので、通算勝率が低下する。本来の実力を比較するために、休場がない場所を全盛期と定義し分析に使用した。

(14) 時期によって変動があるが、歴代横綱全体の中では曙と武蔵丸はほぼ同じ体重。

ったこともあり、突出した勝率を上げることができたのだろう。

2000年以降はモンゴル勢の朝青龍と白鵬が突出した高勝率となる。朝青龍は土俵外の事件により引退を余儀なくされたが、横綱在位は2003年から2010年まで8年間42場所。白鵬は2007年から2021年まで15年間で84場所の在位で朝青龍の2倍、歴代1位である。2位が北の湖の63場所、3位が千代の富士の59場所、4位が大鵬の58場所である。以上の事実を総合するならば、2000年以降はほぼ全期間モンゴル出身横綱が日本人力士を寄せ付けない強さをみたことがわかる。図2はこの時期の外国出身力士の横綱割合の高さを示したが、量的な側面ばかりでなく質的な側面からみてもモンゴル出身横綱が歴代最高レベルの横綱であることは明白である。朝青龍、白鵬の二大横綱時代に大関陣は横綱に歯が立たなかった。このために、大関の勝利数が2000年以降に減少したと言えよう（表3）。

第3章で検証したように、戦前の日本は故郷が遠いほど、そして故郷が貧しいほど、上京力士のパフォーマンスは高くなった。他に生きる方法のない、後がない状況のハングリーな者ほど成功者に成り得た。第8章では現代において類似の傾向が外国出身力士に観察された。代替的な就業先がない外国出身力士ほど、最後の勝負どころの壁を乗り越えるモチベーションがあるのだろう。さらに、慣れない異国の地で集団生活を余儀なくされ、サバイバルのために日本語も習得しているのだ。過酷な環境を乗り越え上位力士に上り詰めた者と、将来を約束された相撲エリートのモチベーションの差が、優勝争いに割り込めるか否かを左右し、横綱に君臨できるか否かを決めていくのだろう。経済学的に考えても、大卒エリートの限界が説明できる。

10・4 横綱になりそこなった「小錦」は差別されたのか？

なぜ日本人横綱が誕生しないのか？　多くの人は実力低下と考えるだろう。これ以外にも、深いわけがあるかもしれない。本節では実力以外の要因を探ってみるために、現在の相撲界に多大な影響を与えた30年以上昔の出来事を振り返ることにする。１９９０年に起きた横綱・双羽黒の廃業問題。また、１９９２年の小錦の横綱昇進失敗の問題である。２つの出来事は無関係に見えるが、経済学的に考えると連動した出来事と考えられる。

横綱は特別な存在だ。圧倒的な成績ばかりでなく、土俵内外での品格も求められる。さらに、すべての番付の中で降格がない唯一の番付である。成績が悪くなれば、引退することになるが。それも、強制はされず、横綱の決断に任される。明確で客観的な基準が適用されず、非常に曖昧な立場ともいえる。

昇進に関しても、横綱の厳密な昇進基準はない。本書で登場した横綱・前田山のシールズ事件により日本相撲協会も社会から非難を浴びた。その翌年、横綱の権威を回復するため、日本相撲協会の外部諮問機関である横綱審議委員会が発足し、横綱を推薦する役割を担うようになった。形式的にはその推薦を日本相撲協会が承認することによって横綱が誕生する。前田山は間接的に相撲の近代化、システム化を促進する役割を果たしたことになる。１９５８年に定められた内規では、推薦の要件は次のようになっている。

「横綱に推薦する力士は品格、力量が抜群であること」

「大関で2場所連続優勝した力士を推薦することを原則とする」

実際の運用上は2場所連続で優勝することなくとも、昇進するケースが大半だった。表4は１９７０年以降に昇進した大関の成績をまとめている。１９８７年までは、12名の横綱が誕生し、そのうち2場所連続で優勝したケースは１９７０年の北の富士と１９７３年の琴櫻の2名だけだ。直近2場所で優勝なしが、5名と約半数を占めている。これは、１９５８年に定められた内規は実質的な判断基準となっていなかったことを意味する。直近3場所まで対象にしても優勝なしが3名だ。直近3場所の勝利数をみると、36から40の間に収まる。双羽黒（大関時代の四股名は北尾）は、キャリアを通じて優勝なしで、さらに直近3場所の勝利数は最低の36である。１９７０年以降に横綱昇進した直近成績の中で、あらゆる数値が最低である。身長１９９㎝、体重１５０㎏のスケールの大きさ、将来の「伸びしろ」を期待して、22歳11か月で横綱になった。[15]

１９８７年の12月末、双羽黒は横綱のまま部屋の親方と対立し失踪。横綱のまま引退となった。報道された内容から、失踪は未熟な若者の我儘な行動という印象を強めた。非常に低い基準で横綱になった経緯もあり、相撲ファンの怒りは日本相撲協会そして横綱審議委員会に向けられた。

相撲界は閉鎖的で内輪の論理に従って行動しているようにみえる。しかし実際には、社会からの批判に敏感に反応しシステムやルールを変更していく。前田山の事件後の横綱審議委員会発足や双羽黒事件後の横綱昇進基準の厳格化などである。しかも、遠い過去に定められた横綱昇進内規を厳格に運用することには、日本相撲協会の責任逃れの動機があった。独自の基準で意思決定をすると、横綱が不振だった時に、現職の日本相撲協会職員が批判されるからである。横綱昇進システムは経済学的に考えれば、複数均衡である。何かのショックで均衡が移ると経路依存的にその均衡が維持される。望ましいシステムが採用されるというよりは、望ましい状況を実現するにはコストが大きすぎるから、問題はあっても現状維持をするのである。シス

(15) 北尾（双羽黒の大関までの四股名で本名）が台頭してきた時代は、ハワイ出身力士が存在感を高めてきた頃である。第7章で論じたようにハワイ出身の巨漢に対抗するために日本人力士が大型化を目指し始める。双羽黒は生まれつき圧倒的な体格に恵まれ、無理なくハワイ出身力士に対抗できる資質を持っているように思われた。実際に対小錦戦で、北尾は9勝7敗と勝ち越している。とりわけ、1986年5月場所の北尾vs小錦戦では北尾が小錦にサバオリで圧勝した一番は印象深い。この取組で小錦は膝を負傷し、その後の相撲人生に影響を与えた。北尾への期待は横綱昇進時の四股名にも示される。立浪部屋に所属した相撲界史上最強と謳われた「双葉山」、そして「羽黒山」の両横綱の名を合成した「双羽黒」は日本相撲史に残る名横綱になるはずだった（第7章参照）。当時の相撲界を席巻した小錦を筆頭とするハワイ勢の躍進に日本相撲協会は危機感を募らせていたのかもしれない。その焦りが、北尾の横綱昇進の見えない原動力だったと言えよう。北尾と小錦の二大スターの交錯は、その後30年以上にわたって相撲界全体の方向性に影響を与えるほどのインパクトがあったと言えよう。

年	月	四股名	部屋	外国	直近3場所勝利数	直近3場所優勝	直近2場所優勝数
1970	1	玉乃島（玉の海）	片男波	0	36	1	0
1970	1	北の富士	九重	0	38	2	2
1973	1	琴櫻	佐渡ヶ嶽	0	37	2	2
1973	5	輪島	花籠	0	39	1	1
1974	7	北の湖	三保ヶ関	0	36	1	1
1978	5	若三杉（若乃花）	二子山	0	40	0	0
1979	7	三重ノ海	出羽海	0	37	0	0
1981	7	千代の富士	九重	0	38	1	1
1983	7	隆の里	二子山	0	39	1	1
1986	7	北尾（双羽黒）	立浪	0	36	0	0
1987	9	大乃国	放駒	0	40	1	0
1987	5	北勝海	九重	0	36	1	1
1990	7	旭富士	大島	0	36	2	2
1993	1	曙	東関	1	36	2	2
1994	11	貴ノ花（貴乃花）	二子山	0	41	2	2
1998	5	若乃花	二子山	0	36	2	2
1999	5	武蔵丸	武蔵川	1	34	2	2
2003	1	朝青龍	高砂	1	38	2	2
2007	5	白鵬	宮城野	1	38	2	2
2012	9	日馬富士	伊勢ヶ濱	1	38	2	2
2014	3	鶴竜	井筒	1	37	1	1
2017	1	稀勢の里	田子ノ浦	0	36	1	1
2021	7	照ノ富士	伊勢ヶ濱	1	38	2	1

表4：横綱昇進大関の昇進前成績

注：「外国」は外国出身力士だと1、日本人だと0を割り振る。

テムが変わるのは、外部からの大きなショックがあるときである。つまり、前田山のシールズ事件や双羽黒事件をきっかけとして沸き上がった社会から相撲界への批判が、横綱昇進システムの均衡の移動をもたらした。

相撲界への信頼回復のために、それ以降は有名無実だった内規の2場所連続優勝を厳格に運用するようになった。表4で双羽黒の廃業事件（19

87年12月）以降に昇進した力士の成績を確認しよう。11名昇進した中で8名が2場所連続優勝である。しかも直近の昇進3名を除けば、1990～2012年の23年間の8名全員が2場所連続優勝である。鶴竜や照ノ富士、19年ぶりに日本人で横綱に昇進した稀勢の里は2場所連続優勝ではない。それまでの基準ならば横綱になっていなかったはずである。あまりにも長期間日本人横綱の不在が続いたことが、基準の緩和につながったといえよう。

連続優勝が求められた時代に以前の基準なら昇進していたはずの大関の直近成績を確認する。ここでは直近3場所で36勝以上を昇進基準とする。表5では後に横綱昇進を果たした大関の成績をまとめた。つまり、昇進がどの程度遅れてしまったかがわかる。双羽黒事件前に昇進できなかったケースは4例である。全員36勝である。横綱の数が多い時には、積極的に昇進させる動機が弱まる。このような、不確定要素のために昇進できないこともあったのだ。

双羽黒事件以降は、21例ある。目立つのは旭富士の5回、貴乃花の5回、武蔵丸の8回である。双羽黒事件の影響で、これらの力士の横綱在位数は大幅に減少したのである。特に貴乃花の1994年5月場所における直近3場所での勝利数39、優勝2回、1995年9月場所における勝利数40、優勝2回は圧倒的な好成績である。ただ一点、2場所連続優勝がないだけで昇進を見送られたのである。このようなハンディがありながら、大横綱となった貴乃花の実績は突出したものといえる。

年	月	四股名	部屋	外国	直近3場所勝利数	直近3場所優勝	直近2場所優勝数
1978	3	若三杉（若乃花）	二子山	0	36	0	0
1983	1	隆の里	二子山	0	36	1	0
1983	5	隆の里	二子山	0	36	0	0
1987	7	大乃国	放駒	0	36	1	1
1988	3	旭富士	大島	0	37	1	1
1988	5	旭富士	大島	0	38	1	0
1989	1	旭富士	大島	0	38	0	0
1989	3	旭富士	大島	0	39	0	0
1989	5	旭富士	大島	0	40	0	0
1993	7	貴ノ花（貴乃花）	二子山	0	38	1	1
1993	9	貴ノ花（貴乃花）	二子山	0	39	1	0
1994	5	貴ノ花（貴乃花）	二子山	0	39	2	1
1994	7	貴ノ花（貴乃花）	二子山	0	36	1	1
1994	7	武蔵丸	武蔵川	1	36	1	1
1994	9	貴ノ花（貴乃花）	二子山	0	40	2	1
1994	9	武蔵丸	武蔵川	1	38	1	1
1994	11	武蔵丸	武蔵川	1	38	1	0
1995	1	武蔵丸	武蔵川	1	36	0	0
1995	3	武蔵丸	武蔵川	1	37	0	0
1995	5	武蔵丸	武蔵川	1	37	0	0
1995	7	武蔵丸	武蔵川	1	36	0	0
1997	1	若乃花	二子山	0	36	1	1
1998	1	武蔵丸	武蔵川	1	37	1	1
2016	7	稀勢の里	田子ノ浦	0	38	0	0
2021	3	照ノ富士	伊勢ヶ濱	1	36	1	1

表5：好成績で昇進しなかった大関（後に横綱昇進した大関サンプル）
注：「外国」は外国人だと1、日本人だと0を割り振る。

次に横綱に最後まで昇進できなかったが好成績を上げていた大関の一覧に目を移そう（表6）。彼らは不運のために、横綱になれなかったと考えてよかろう。双羽黒事件以前の状況で若島津の優勝が4回あることが目をひく。特に1984年7月場所では直近3番所で38勝、2回優勝であり文句なし

年	月	四股名	部屋	外国	直近3場所勝利数	直近3場所優勝	直近2場所優勝数
1983	5	琴風	佐渡ヶ嶽	0	36	1	0
1983	9	若島津	二子山	0	37	0	0
1984	3	若島津	二子山	0	36	1	1
1984	7	若島津	二子山	0	38	2	1
1984	11	若島津	二子山	0	37	1	0
1990	3	小錦	高砂	1	37	1	0
1991	1	霧島	井筒	0	37	1	1
1991	9	小錦	高砂	1	37	0	0
1991	11	小錦	高砂	1	36	1	1
1992	1	小錦	高砂	1	36	1	1
1992	3	小錦	高砂	1	38	2	1
1994	11	貴ノ浪	二子山	0	36	0	0
1996	5	貴ノ浪	二子山	0	37	1	0
1998	1	貴ノ浪	二子山	0	36	1	1
2004	11	魁皇	友綱	0	36	1	1

表6：好成績で昇進しなかった大関（現役最高位が大関サンプル）
注：「外国」は外国人だと1、日本人だと0を割り振る。

に昇進できるはずの成績である。この時の若島津の成績は表4に示される昇進大関の平均的成績を上回る。歴代の大関の中で最も不当な扱いをされたといえよう。双羽黒事件以降では、小錦の5回と貴ノ浪の3回が目をひく。興味深いのは小錦のベストパフォーマンスといえる1992年3月場所の成績が上記の若島津の1984年7月場所と同じである点だ。小錦の成績は横綱になる基準に達していながら、昇進が認められなかった。当時は国技である相撲界で外国人が差別されたという批判的な見解を目にすることがあった。しかし、日本人も同様の状況で昇進を認められなかったケースは存在する。小錦は差別によって昇進を妨げられたわけでない。小錦が全盛期を迎える直前に双羽黒が起こした事件によって、小錦の運命は大きく変わったのである。それは、貴ノ浪にも当てはまることである。

外国出身力士が横綱を独占するようになってから、日本人大関として活躍したのが魁皇である。魁皇は通算5回の優勝を誇る。魁皇は2004年に地元福岡で開催された九州場所で12勝し、直近3場所で36勝、優勝1回を果たした。千秋楽の最後の一番で、横綱・朝青龍に勝利する魁皇。福岡国際センターは興奮の坩堝と化した。群衆の中で、私は久しぶりの日本人横綱の誕生を確信した。この期待は裏切られた。遠い過去に起きた双羽黒事件が魁皇の昇進を阻んだ。

相撲コラム10 九州男児の「慈しみ」：魁皇、千代大海

福岡県の直方《のおがた》駅前に、巨大な力士像がある。同地出身の魁皇関の功績をたたえて2014年に作られた。九州での魁皇人気は圧倒的に高い。大関65場所の在位最長記録を持ち、横綱に限りなく近づいた力士である。得意の四つ相撲の重厚さは、相撲の王道を体現していた。風格、品格を醸し出す安定感と存在感は大関の中でも群を抜いていた。横綱に求められるすべてを兼ね備えていた。福岡県民にとって魁皇は「横綱」である。

同時期にライバル大関として君臨したのが、千代大海（現九重親方）である。魁皇と同じ九州の男で大分出身である。「偶然」大関在位は魁皇と同じ。つまり、魁皇と千代大海は2人とも最長記録の保持者。得意技や風貌などは魁皇とは全く異なる。空手の経験があり、地元大分では喧嘩番長として有名で、他県にも遠征した武勇伝もある。「ツッパリ」が得意であたかも「ケンカ空手」を彷彿とさせる激しい闘いをする。土俵上の千代大海の面構え、雰囲気もヤンチャ時代の面影を残している。コラム4でも紹介したNetflixのドラマ「サンクチュアリ」の主人公は千代大海を想起させる。

母子家庭で育った千代大海が入門志願のため九重親方（千代の富士）に面会した時に次のように問いかけられた。

「あんちゃん、何しに来たの？」

「相撲界に入りたいです」

「どうして？」

「親孝行がしたいです」

するとそれまで眉間にしわを寄せていた親方が、ニコッと笑った。そして母を見て、「この子は頑張れそうだね」と言った。

活躍するようになり土俵で猛々しい闘いを繰り広げながら、その内面は柔らかだった。

「相撲を取るときも、頭の半分には常におふくろのことがありました」

何もかもが好対照の魁皇と千代大海。その関係は、相撲の深さ、人間の深淵に触れる。ベテランとなった両雄は、互いが最後の対戦相手になることなどを話題にしていたという。その数年後に、千代大海の最後の取組で対峙したのは魁皇。

「僕は見事にひっくり返されて、ここが潮時だなと思いました。魁皇さんを見ると、すごく悲しい顔をしていた。相手を投げて勝ったのに悲しい顔する」

魁皇はこの取組で幕内勝数の最多記録を更新した。しかし、取組後のインタビューを断る。その理由は、

「俺と千代大海の関係を知ってるだろう。今日で引退するかもしれないのに、勝利者インタビューなんて行けるわけないじゃないか」

これを伝え聞いた千代大海は風呂場で一人涙を流した。プロは勝たなくてはならない。しかし、それだけでは

ない。そこに魁皇が体現したものがある。敗者の痛みに寄り添う勝者。覇道よりも王道につく。大関在位最長記録を残し千代大海は引退した。魁皇は相撲を取り続け満身創痍となったその時に千代大海と最長記録が並んだ。最後に一度土俵に上がれば、新記録樹立である。千代大海によれば

「本人（魁皇）は『ケガがすごく深刻で』と言っていたけど、初日だけ土俵に上がって、1場所多くやろうと思ったら絶対にできたはずです。（中略）『大海と同じ数にする』って言って、カド番を使わなかった」

出場せず引退したのは、魁皇から千代大海に送られたメッセージだった。千代大海は再びさめざめと涙した。九重親方になった千代大海の言葉は慈しみに溢れている。

「閉ざされた角界に飛び込むのはなかなか難しいので、間口を大きく広げて、いまの子たちにわかりやすく、1から10といわず100まで教えて受け入れたいですね。いまの弟子たちも巡り会いで、一人ひとり僕との出会いのエピソードがある」

直方駅の魁皇像の製作者の意図は印象深い。

「駅は、期待と不安を胸に、若者が旅立つ空間です。

写真１：大関魁皇像

出典：著者撮影（2024年10月18日）

そして、故郷を離れ必死に生きてきた方々が、喜びを胸に帰郷する空間であり、また、夢破れて帰って来る方にとっては、懐かしさとぬくもりで家族のように優しく包み込まれる空間でもあります。そのような、様々な気持ちを抱いた方々に、『明日から、またがんばろう。』という気持ちになってもらいたい」

2004年の九州場所、魁皇は千秋楽で横綱・朝青龍に勝利し、そして横綱昇進に値する成績を残した（第10章表6）。横綱に相応しい王道相撲、そして品格を持っていた。しかし、叶わなかった。魁皇は横綱に届かなかった。裁定に対して黙して語らぬ魁皇。彼は布団の中で、落涙したことだろう。九州人なら皆知っていることだ。直方駅前に仁王立ちする魁皇像には悲しさを包み込む優しさと慈愛がある。

参考資料
「大関魁皇像誕生」『市報のおがた』（2014）平成26年11・15 No. 916
飯塚さき（2022）「千代大海インタビュー」Number Web: SUMO Press.（2022年9月10日）

11 大相撲ルネッサンスと日本人力士

11・1　外国出身力士の人数制限の経緯

相撲愛好家のパリ市長、ジャック・シラク（後の仏大統領）と出羽の海理事長（当時）の邂逅。大相撲パリ公演の記者発表の一場面は大相撲の「グローバル化」の幕開けを象徴する（写真1）。1995年のパリ公演から数年後に外国出身力士数は急増した。21世紀に入ると、相撲界最高位の横綱はほぼ外国出身力士に独占された。より正確にはモンゴル出身力士が相撲界の最高峰を占めたのである。第10章で確認したように、双羽黒事件が横綱昇進基準の厳格化を招き、長期にわたる日本人横綱不在の遠因となった。

力士を外国出身力士と日本人力士に分けて、それぞれをチームとして考えてみよう。どちらかのチームから優勝者が出た場合はチーム全体の勝利とする。この場合、興行的には海外出身チームと日本出身チームの勝率はそれぞれ50％になるのが理想的だ。戦力の差がなければ、相撲ファンは本場所の最初から最後まで、優勝争いに興味を持ち続け、終盤になるほど観客は増えるだろう。[1]

表１に外国出身力士の優勝力率を示した。１９７０年代と１９８０年代はわずか１・７％で、各年代でそれぞれ１回である。それは、１９７２年の高見山の優勝と、１９８９年の小錦の優勝である。この時期は外国出身力士の優勝は非常に稀であった。１９９０年代になると一気に30％まで上昇し、外国出身力士は日本人力士と対抗する一大勢力となった。さらに、２０００年代以降は、日本人力士を完全に圧倒するようになる。もはや日本人力士が優勝することは非常に困難な状況になったのである。

あまりにも日本人が弱いと相撲人気は低下する。本場所中の早い段階で日本人力士が優勝争いに加わることができず、優勝争いが外国出身力士同士に絞られてしまうと、相撲ファンは興ざめ本場所は盛り上がりに欠けたものになってしまう。若貴人気の最盛期、１９９０〜１９９７年にかけては44場所連続で全日「満員御礼」の垂れ幕が出た。日本人横綱が姿を消してからは、連日「満員御礼」になることは稀になった。２０１５年に初場所と

写真１：ジャック・シラク氏（後の仏大統領）（右）と出羽の海理事長（1994年10月28日）
写真提供：AFP ＝時事

年代	%	回数
1970～1979	1.7	1
1980～1989	1.7	1
1990～1999	30.0	18
2000～2009	75.0	45
2010～2019	86.7	52

表1　外国出身力士優勝率

春場所の2場所連続で全日「満員御礼」になったのは実に14年ぶりだった。[2]
日本人横綱待望論が広がりを見せた結果、直近2場所連続優勝の厳格な適応は緩められる。その結果、横綱・稀勢の里が誕生した。しかし、モンゴル力士との実質的な実力差は明白で、横綱昇進基準を緩めても、それを超える成績を上げる日本人力士は「稀勢の里」以降あらわれない。露骨な日本人贔屓《びいき》の裁定を下せば、社会的批判にさらされる。一方で日本人横綱が必要な状況だ。経済

（1）チームやプレイヤーの力量の差が余りにあると、事前に試合結果が予想できてしまうので観客は興味を失う。さらに複数回にわたる試合の成績によって順位をつけることで、ファンは優勝争いに関心を寄せる。上位で優勝チームが競り合っていて優勝チームが最終試合まで分からない状況だと多くの観客が試合場に集まり、メディアの視聴者も増える。プロスポーツの興行から考えるならば、結果がわからない状況を作り出すことが重要である。しかし、各チームは戦力を整備し勝利を目指す。個別チームの目標は勝利の追求であり、他チームと競り合ってリーグ全体を盛り上げることではない。ところが、実際に圧倒的な差で勝つようになると、試合そのものの需要が減ってしまう。このようなジレンマはスポーツ経済学において、競争的なバランス（competitive balance）として知られ、主要な研究テーマである（Szymanski 2003）。

（2）日本経済新聞（２０１５）「大相撲、初場所に続き15日間満員御礼　春場所14年ぶり」（２０１５年３月22日 共同）を参照のこと。

学的に考えれば、相撲ファンが納得いく形で、日本人力士の復権を実現するインセンティブが日本相撲協会幹部に共有される。

日本相撲協会は遠隔的な方法で相撲界の競争圧力を低下させることにした。そして、相対的に日本人力士が有利になる状況を実現しようとした。その方法は、外国出身力士の人数制限である。外国出身力士数は1992年頃と2009年頃を頂点として2つの山がある。最初の山の頂点は約30名と低く、2番目の頂点は2倍の約60名である。第6章の図1には外国人比率の推移が示されているが、これを人数に置き換えても似たような傾向になる。ここには、人数制限措置の影響があらわれている。細かな措置の変更は複数回あったがここでは特に効果的だった2つの制限措置を紹介する。最初の制限措置は、1992年にハワイ出身力士の存在感が増したこともあり、外国出身力士を相撲界全体で40人以内に収めることや1部屋に付き2人までとすることが定められた。この影響で1999年頃は20名を下回るところまで減少した。しかし、モンゴル勢の活躍が始まる2000年頃から10年間ほど再び急上昇するのだ。このような増加は、ルールの抜道を通じて起きた。力士の国籍を日本へ変更して「日本人」にしてしまうのだ。力士個人の意思ではなく、部屋の親方のアイディアで実施されたことであろう。[3]

外国出身力士の増加に伴い、彼らが引き起こす問題が取りざたされるようになった。とりわけ決定的な意味を持ったのが、2010年にモンゴル人横綱・朝青龍が起こした「暴行事件」だった。詳細は省略するがこの事件の責任を取り朝青龍は引退した。前田山、双羽黒の事件と同じように、相撲界の象徴が引き起こした騒動は社会から日本相撲協会への猛反発へとつながった。日本人力士の不振も相まって、日本相撲協会は「帰化者含む外国出身力士を1部屋1人まで」と定めた。すでに入門してしまった力士はこの規定は適用されず、新規の入門者から適用されることとなった。これ以降の外国出身力士数の減少から、抜道のない厳格なルールだったことがわかる。

グループごとの影響を観察すると、モンゴル出身と旧社会主義国出身の力士数は大幅に減少する（第8章の図2）。興味深いことに、モンゴル出身力士が2002年以降は増加することなく減少している。旧社会主義国グループは、少し遅れるが2010年以前から減少する。[4]

外国出身力士の人数制限の「成果」は着実にあらわれている。図1には、1990〜2023年の期間の幕内力士の平均年齢の推移が示されている。日本人力士の年齢は安定的でほぼ変化がない。2000年以前

（3）本書で利用している図や表はすべて、帰化した元外国人の「日本人」を外国人として計算しているので、2002年以降に抜道を使って「日本人」になった外国出身者の影響を受けていない。また本書で外国人力士ではなく、外国出身力士と表記しているのは、日本国籍を戦略的に取得した「元外国人」を日本人に含めないためである。

（4）第8章の図2には米国、モンゴルおよび旧社会主義国に含まれない「他の外国」出身力士は登場しない。第8章図2の合計と第6章図1のギャップは、「他の外国」出身力士の存在による。

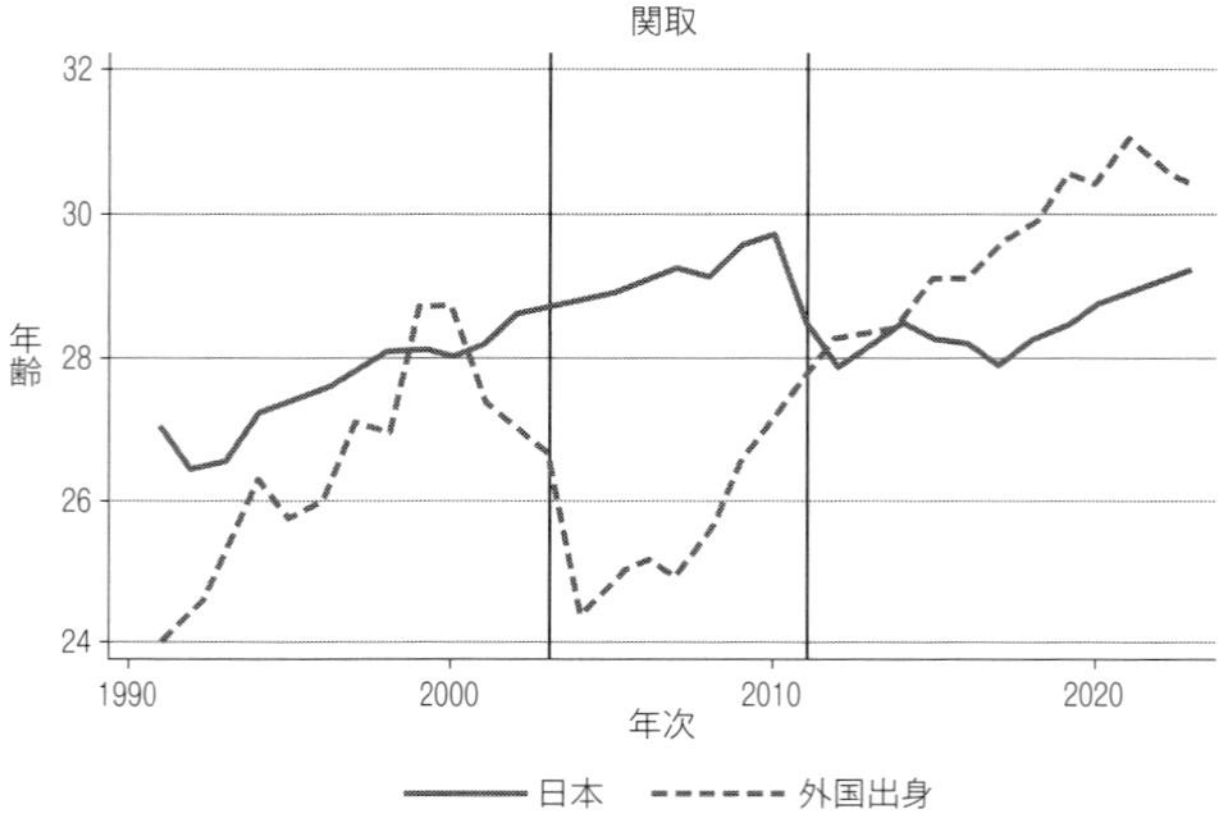

図1：関取の平均年齢の推移

はハワイ出身力士が中心だが年齢が上昇していき、最終的には日本人と同じ程度の年齢になっている。ハワイ出身力士は入門者が少ないためベテランが固定化していたことがわかる。２０００年以降に外国出身力士の平均年齢が低下するのは、ハワイ出身力士とモンゴル出身の若手力士が混在している時期だからだ。ハワイ出身力士が淘汰された後は、モンゴルおよび旧社会主義国外国出身力士が中心となるので平均年齢が若くなる（第8章図2）。外国出身力士は２０１０年までは日本人よりも平均年齢が若いが、それ以降は日本人の平均年齢を上回る。これらの事実は次のように解釈できる。外国出身力士数制限が厳格化されたことにより、外国出身力士については若手の台頭がみられなくなり、ベテランがとどまり続けるようになった。若くて勢いのある外国出身力士が姿を消しつつある。外国出身力士メンバーの新陳代謝が緩慢になっていると言える。

外国出身力士数はピークの２００９年の九州場所で幕内15名

であったが、2023年の九州場所では幕内6名である。しかし、横綱はいずれの場所も全員がモンゴル出身力士で、大関についても半分以上が外国出身力士である。つまり、相撲界の頂上では状況の変化がないのだ。高齢化傾向にあるモンゴル出身力士が全員引退する頃には横綱・大関の過半数を日本人力士が占めるのか？

経済学的に考えてみよう。本書ではすでに議論したように、外国出身力士の限界生産性は低下する。最初に入門する力士は最高の能力のものが選ばれ、入門者が増えるほど追加的な入門者の能力は低くなっていく。なぜならば、外国出身力士数が大きく制限されれば、親方は潜在的入門者の中から最高レベルの入門者を選んで、自らの部屋の存在感を高めようとするからだ。入門できないのは2番手、3番手の能力のもので、彼らは横綱・大関レベルに達する資質はない。結局のところ、幕内の外国出身力士数は少なくなるが、横綱・大関は現時点から変化しない。このような推論も可能だ。後ほど、外国出身力士と日本人力士のパフォーマンスの比較をしながら、実証的に今後の相撲界の状況を占ってみよう。

11・2　規範の役割

横綱には降格がない。成績が悪くても自分から引退を申し出るまでは、横綱のまま現役を続行できる。しかし、相撲界の暗黙の規範やマスメディアからのプレッシャーから、自然と身を引くことが期待される。明文化した引退規定がない以上、この規範を共有していないと思われる外国人をコントロールすることはできない。これは契約の経済学のテーマでもあるプリンシパル・エージェント問題の一種として考えることができる。

日本の高度成長を牽引した製造業。とりわけ、部品が多く分業工程が階層化された日本の自動車産業では、メーカーが全工程を内製化することはない。多くの工程を協力企業に外注するのである。ここではメーカーがプリンシパルで、協力企業がエージェントである。輸送コストを小さくするために、自動車関連産業は近くに集中して立地する。これによって、取引コストも低下し、関連産業で働く労働者も育つことにより集積の利益が発生する。[5]メーカーと協力企業の間には長期的な取引関係がある。例えば、メーカーはライバル企業に打ち勝つために、特徴のある魅力的な自動車を生産しようとする。そのためには、部品も汎用品とは異なる特徴を有したものが求められる。協力企業はメーカー独自の部品を供給するが、この部品は特徴があるので汎用品とは違い他企業へは売ることができない。メーカーも特殊な部品を市場に存在する部品企業のライバルから調達することはできない。プリンシパルとエージェントの間で市場において他に取引相手が見つからない製品への投資が進むのである。これは関係特殊的投資とよばれる。メーカーと部品企業は運命共同体のような関係になる。そこで交わされる契約は事細かな決まり事を記載することなく、過去の取引関係から状況に応じて以心伝心で柔軟に決められる。これは関係的契約(relational contract)や暗黙の契約(implicit contract)とよばれる。プリンシパルとエージェントの間の信頼関係に基づく非公式な契約である。[6]

相撲界での規範は関係特殊的契約に似ている。プリンシパルは親方でエージェントは力士である。親方は力士にさまざまな要求をして、エージェントである力士はそれに応える関係である。親方と力士は、部屋という疑似家族的共同体の中で親子のような関係である。そして、外部の世界では意味をなさない相撲の技量を高めるために、時間と労力をかける。これは関係特殊的投資と言えよう。相撲界では言葉にしなくても暗黙のルールがあり、これは関係的契約や暗黙の契約と考えることができる。より一般的な表現を使うなら規範である。親方と力士は規範を共有している。

親方が個別に具体的な要求をしなくても力士は規範に従って行動する。要するに「空気」を読むような行動によって、相撲界の秩序は保たれるのである。相撲界のような伝統社会を維持するためには、予期しえない状況に対応する必要がある。しかし、すべてを明文化することは不可能である。このような必要性から、相互信頼に基づく弾力的な規範が自然と形成されてきたのである。ただし、このような規範は閉じた社会に

(5)園部・大塚(2004)を参照のこと。
(6)ミルグロム(1997)を参照のこと。

おいては共有され有効性を発揮するが、外部から新参者が参入すると機能が低下する。彼らは目に見えない「空気を読む」ことはないからである。

11・3 「品格」要件の合理性

幕内で関脇以下の番付力士は負け越せば自動的に降格が決まる。大関の場合は2場所連続で負け越すと降格する。実際に大関から関脇に陥落した力士は数多く存在する。平成以降に限っても大関陥落は21例ある。令和では貴景勝、栃ノ心、高安、朝乃山、御嶽海、正代、霧島の7大関が陥落経験力士である。客観的に明文化されたルールに従って、本人の意向とは無関係に機械的に降格が決まる。

第10章で説明したように、ルール上最高位の横綱には降格がない。負け越しが続いても横綱に居座り続けることが可能なのだ。一方、圧倒的な力量を土俵上で示し、最高位に相応しい品格も求められる。明文化したルールと規範の両方を総合して考えるならば、横綱に相応しくない成績しか残せないほど力量が落ちたら、自身の意思で潔く引退を決意する以外に道はない。

第10章では小錦が横綱昇進を果たせなかったのは、2場所連続優勝の基準を満たさなかったからと結論付けた。その後、同じハワイ出身の曙が、初代の外国出身横綱になった。確かに曙は客観的な基準を満たしていた。ただし、曙は非常に日本人的な機微に敏感な珍しい人物だったようだ。横綱審議委員を務めた内館牧子氏によれば、「礼儀正しさに感激しました（中略）帰り際もドアの前できちんとお辞儀をし、いつも曙の悪口を言っているわたしが恥ずかしくなるほど」[7]。実際に引退の際も曙は次のように語った。「8勝7敗でよければ、まだまだいけるが、横綱は勝たなければならない」。相撲界の規範を理解し、実際にそれに従って引退したのだ。ここで、仮想的な状況を考えてみよう。

仮想的状況　**曙が通常の外国出身者と同様に、相撲界の規範を理解しない場合**

横綱審議委員会は横綱昇進の推薦をしなかっただろう。なぜならば、明文化したルールを盾にして、成績が低迷しても横綱にとどまり続けると予測するからである。横綱審議委員会や日本相撲協会は成績に基づき横綱に昇進させることはできるが、成績不振を理由に引退を強要することはできない。将来起こりえるリスクを回避するために、

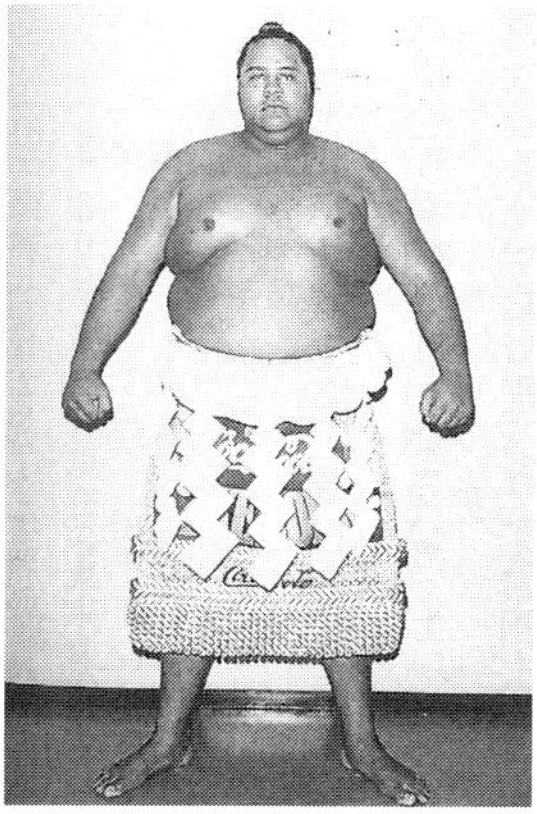
写真2：横綱・曙
出典：『大相撲力士名鑑 令和5年版』共同通信社

（7）日刊スポーツ（2001年1月23日）「曙晴れやか引退会見『若貴いたから横綱に』」を参照のこと。

曙の「品格」を問題にして、昇進を見送ることだろう。横綱への昇進の基準に「品格」を求める理由がここにある。「品格」の有無、相撲界の規範を理解しそれに従うか否かによって決まる。事前にリスク回避の手段を持つために、「品格」を昇進基準として明文化しているのだ。大関では「品格」を昇進基準として明文化していない。その理由は、成績不振が続けば自動的に降格させることが明示的にルール化されており、弱い大関がその地位に居座り続けるリスクがないからである。横綱昇進のための「品格」要件は、非常に曖昧で実際的な意味を持たないように見える。しかし、実際には予期しえない状況に対応するための柔軟な規定として重要な意味を持つ。「品格」は合理的な理由から横綱昇進基準に導入されている。

11・4 市場メカニズムと「筋書きある」闘いの合理性

規範によって曖昧に期待される「品格」ある取組。これは競技者と観客の間で暗黙の了解ごとがあって初めて成立する。一方で実力を発揮して相手に勝つことも求められる。競技レベルが上がることの2つの目的は両立困難である。

「日本で生まれた」柔道は正々堂々と闘い美しい一本勝ちを収めることが美徳とされる。柔道がオリンピックの正式種目となり、日本選手は常に金メダルの期待を背負って海外の強豪と闘う。ルールの中で勝利を目指す高レベルの闘いを繰り返すうちに、力業でポイントを狙う変形柔道が国際標準となる。海外の強豪と日本勢の間の力量差は結果にあらわれてしまう。判定の明確化のために白色と青色の柔道着を着た選手が向かい合う。今や「Judo」は日本に起源をもつ国際競技である。

経済学的に考えるなら、純粋に「品格」ある闘いを目指すためには、それに特化したやり方を採用することになる。それを実現しているのがプロレスである。プロレスの美学は相手が繰り出す得意技から逃げず、正面から受け止めることにある。相手のキックやチョップを強靭な肉体で受け続ける。一通りの攻撃を受けた後に反撃する。反撃を受ける相手も体を張って攻撃を受ける。他の格闘技は防御が重要である。ボクシングでは、攻防兼備で打たせずに打つことを目指す。トップクラスの選手は、攻撃が届かない距離に身を置き、攻撃が届く距離でもあらゆるテクニックを駆使して防御する。プロレスでは相手の技を避けると盛り上がらない。正面から相手の攻撃を受けることで「品格」を見せるのだ。

プロレスは相撲以上に年間試合数が多い。しかも、相撲よりも試合時間が長い。流血試合なども珍しくない。毎試合勝利を目指して全力でぶつかり合えば怪我人が増える。最悪の場合、興行が打てない。団体が存続するためには、怪我を避けることが重要だ。このような背景があって、プロレスは筋書きが決められており、その中で相手も自分も怪我をしないように技をかけることが求められる。しかも、観客を楽しませるために、できるだけ派手で見栄えのする技をかける。試合は対戦している選手同士が互いの信頼関係のもとで、安全かつダイナミックな技を観客に披露する場である。共同作業で一つの作品を作る、舞台芸術的な側面があるのだ。プロレスはエンターテイメントであると同時に大衆芸術なのだ。

プロレスにおいては形式的には勝ち負けがつくが、実質的に勝ち負けを競う格闘技ではない。観客が求めているのは勝敗の結果ではなく、それに至るドラマ性のある闘いのワンダーランドなのだ。八百長という概念を適用することは不適切である。

大相撲の身体への負担は非常に大きい。大怪我をしないためには、肉体を鍛え上げる必要がある。早朝から始まる激しい稽古の後は大量のちゃんこを流し込む。体を大きくするためにその後は昼寝だ。糖尿病等のリスクが高まる生活である。稽古で瞬間的にパワーを爆発させる「ぶつかり稽古」は無酸素運動であり、心臓など肉体への負担は大きい。

相撲とプロレスが健康に及ぼす影響を検証するために寿命と引退年齢を観察してみよう（表2）。主に平成期に活躍した力士の多くは大半が存命中なので、活躍した時期は主に昭和で、すでに死去している力士を抽出した。[8]

表2をみると、横綱の平均寿命は約63歳である。すべての横綱のサンプルの平均寿命は62歳なので、表2はサンプリングのバイアスの影響はないと考えられる。さらに、大関、関脇を追加すると全体の寿命は59歳となる。日本人男性の寿命平均の79歳より約20年以上も短命である。一方、引退年齢は横綱平均でも全体平均

番付	四股名	没年	引退年齢	プロレスラー名	没年	引退年齢
横綱	琴櫻	66	33	ジャイアント馬場	61	60
横綱	北の湖	62	32	アントニオ猪木	79	55
横綱	若乃花（2代目）	69	30	ジャンボ鶴田	49	47
横綱	千代の富士	61	36	ラッシャー木村*	68	62
横綱	隆の里	59	33	マサ斎藤	75	56
大関	北天佑	45	30	阿修羅　原	68	47
大関	朝潮（4代目）	67	33	サンダー杉山	62	38
大関	貴ノ浪	43	33	上田馬之助*	71	56
関脇	逆鉾	58	31	木戸修	73	69
関脇	寺尾	60	38	キラーカーン*	76	40
	横綱平均値	63.4	32.8			
	全体平均値	59.0	32.9	全体平均値	68.2	53.0

表2：関取の平均年齢の推移

注：＊は入門前に力士だったプロレスラーである。ただし、いずれも「関取」である十両になる前に、プロレス界に転向した。相撲界に在籍した期間は短いので、プロレスラーグループに加えた。ただし、相撲時代に「関取」まで昇進したプロレスラーは除いている。この例は、輪島や双羽黒（北尾）である。本稿執筆時の2023年末には表中の力士「寺尾」、レスラー「木戸修」、「キラーカーン（小澤正志）」が逝去した。

でも33歳である。全員が30代で引退しており、バラつきも少ない。

一方のプロレスラーの寿命は68歳で、力士の寿命より若干長い。大きく違うのは、プロレスラーの引退年齢が約53歳と非常に高齢であることだ。ジャイアント馬場のように生涯現役と言えるレスラーもいる。当然肉体的な全盛期はとうに過ぎて

（8）同時期に活躍し、存命の力士やレスラーは数多い。したがって、表で示す値は早逝したグループの値である。存命の力士やレスラーの寿命はすでに亡くなったグループよりも必然的に長くなる。つまり表2の結果は、全員が死亡した後に推計可能な寿命よりも短くなる。これを経済学ではセレクションバイアスという。しかし、相撲もプロレスもバイアスの影響は同程度と考えられる。本書の目的である相撲とプロレスの比較のためには、大きな問題はない。

番付	四股名	没年	引退年齢
横綱	梅ケ谷	49	37
横綱	常陸山	48	40
横綱	太刀山	59	41
大関	国見山	48	36
大関	朝潮（二代目）	82	40
大関	伊勢ノ濱	45	36
関脇	高見山（初代）	51	40
関脇	玉椿	45	33
	全体平均	53	38

表3：明治の幕内上位力士の寿命、引退年齢

注：朝潮、高見山は昭和にも存在するが、表中は明治期に同じ四股名の先代力士

資料：京須利敏・水野尚文編著（2022）『令和5年版　大相撲力士名鑑』共同通信社

いる。相撲と決定的に違うのは、プロレスでは満身創痍の状態でも「闘い続ける」ことが可能なのだ。

表2で示された事実からも、プロレスの試合は安全性を重視する筋書きのあるショーであることがわかる。現役時代の無理が重なり肉体にダメージが蓄積されることが原因と考えられる。寿命が示すようにダメージはプロレスよりも相撲の方が若干大きい。現役年数の違いを考慮すると、現役1年あたりのダメージの「密度」は圧倒的に相撲が高い。さらに1回に闘う時間は相撲の取組では数秒、プロレスは数十分である。力士は圧倒的に高密度の日常を送りながら、一瞬の勝負にすべてをかけるのだ。力士が命を削りながら土俵に上がっていることは明白である。[9]

表3には明治期の幕内上位力士のデータを示した。平均引退年齢は38歳で現代よりも現役時代が5年ほど長い。明治期は回向院で開催される本場所が年2回ほどで一場所が10日で

ある。年間の本場所の取組数が20で、現在の90の四分の一ほどである。怪我をしたとしても回復するために十分な休養を取ることができたことが、現役の長さにつながっていただろう。平均寿命は53歳と現代より6歳ほど短命である。しかし、男性の平均寿命は現在約79歳だが、明治期は約43歳である。すでに述べたように現在では力士は平均よりも20歳短命だが、明治期は平均よりも10歳も長命である。これは驚くべき事実である。表3では朝潮（2代目）が享年82歳と並外れて長生きだ。この影響を緩和するため、朝潮を除いた平均寿命でも49歳と平均より6歳長命となる。少なくとも明治期において、力士は平均的日本人よりも短命とは言えない。現代の力士は明治期に比べて、短命になった。

特に高度経済成長期以降、年間を通じた取組数の増加により、休養不十分のため怪我やコンディションの悪化があるだろう。とりわけ、第7章で検討したように、１９８０〜１９９０年代はハワイ出身の力士の流入により適性を上回る体重増があった。明治期に比べ力士が受ける立ち合いの衝撃度は高まっているだろう。

（9）数多く存在するアマチュア相撲強豪から角界入りした力士（大卒力士）の中で唯一、横綱まで昇進したのが輪島である。輪島は大相撲引退後にプロレスラーになった。輪島が日大相撲部在籍時に一学年上に元日大理事長・田中英寿氏がいた。田中氏は大学3年生で学生横綱になり、在学中は輪島よりも強いという声もあったアマチュア相撲のトップ選手で、現役引退後は日大相撲部監督としてアマチュア相撲界の覇権を握った。輪島は70歳で死去し、田中氏は２０２４年1月に享年77歳で没した。7歳差はプロとアマの肉体的な負担の差と考えられよう。

明治期にも大量の食事をとっていただろうが、質的な面が大きく異なる。体を大きくすることと引き換えにさまざまな内臓疾患を抱えることになる。とりわけ糖尿病の発症は深刻な問題で、現役横綱の照ノ富士（2024年1月時点）は自身が糖尿病に苦しんでいることを公表している。[10] 力士を取り巻く環境は明治期よりもはるかに過酷で、それが短命に結びついている。

11・5　公傷制度廃止、八百長の排除の帰結としての戦略的休場

力士にとって怪我は付き物である。土俵際での投げ技の際などに渾身の力を込めて粘りながら、頭から落ちていくこともある。力士が起き上がった時に、明らかに歩行困難な状況になっていることもある。怪我をして休場すると番付が下がる。それを回避しようとすると、不完全な状態で土俵に上がり、怪我を悪化させていく。怪我が原因で引退していく力士は数多い。

そう考えると、怪我を予防し万全の状態で本場所を迎えることが力士にとって非常に重要になる。そのために、四股を踏み、体を鍛え上げていくのだ。番付が低いうちは、当たりも弱く、土俵での粘りも弱い。力士の数は多く、玉石混交なので力士の力量差も大きい。弱い力士は簡単に負けてしまうし、強い力士は力を余しながら圧勝する。力量の高い力士は駆け足で昇進していく。全体として、怪我になるリスクが低い。し

かし、番付が上がるにつれて力量が拮抗していく。立ち合いの厳しさや激しさ、粘り勝ちの必要性が高まる。その結果、怪我するリスクにさらされるのだ。

かつては公傷制度があったおかげで、負傷のため休場しても番付は下がらなかった。そのため安心して休場することができた。しかし、安易に休場したように思われる力士が増え、1972年1月場所に導入された公傷制度は2003年11月場所に廃止される。

期待される成果は、ズル休みの減少である。しかし経済学的に考えると、力士の取組が変化するはずだ。怪我をすることが許されないなら、怪我をしないようにする。それまでも体は鍛えてきたが、怪我が発生した。なので、鍛錬によって回避できる限界を熟知している。さらに、力士は大なり小なり怪我を負いながら土俵に上がる。サポーターなどで怪我した部分を守りながら土俵に上がる力士は数多い。サポーターは怪我の痛みがあることを示す。規範に忠実なら痛みを訴えてはいけない。怪我をしていてもサポーターをしないまま相撲をとる力士もいる。怪我を我慢して土俵に上がると、横綱になるほどの力士でも車椅子を余儀なくされるまで怪我が悪化することもある[11]。負傷している状況で手加減なくぶつかり合えば、相撲人生を左右す

(10) 照ノ富士(2021)の138~144ページを参照のこと。
(11) 照ノ富士(2021)の144~151ページを参照のこと。

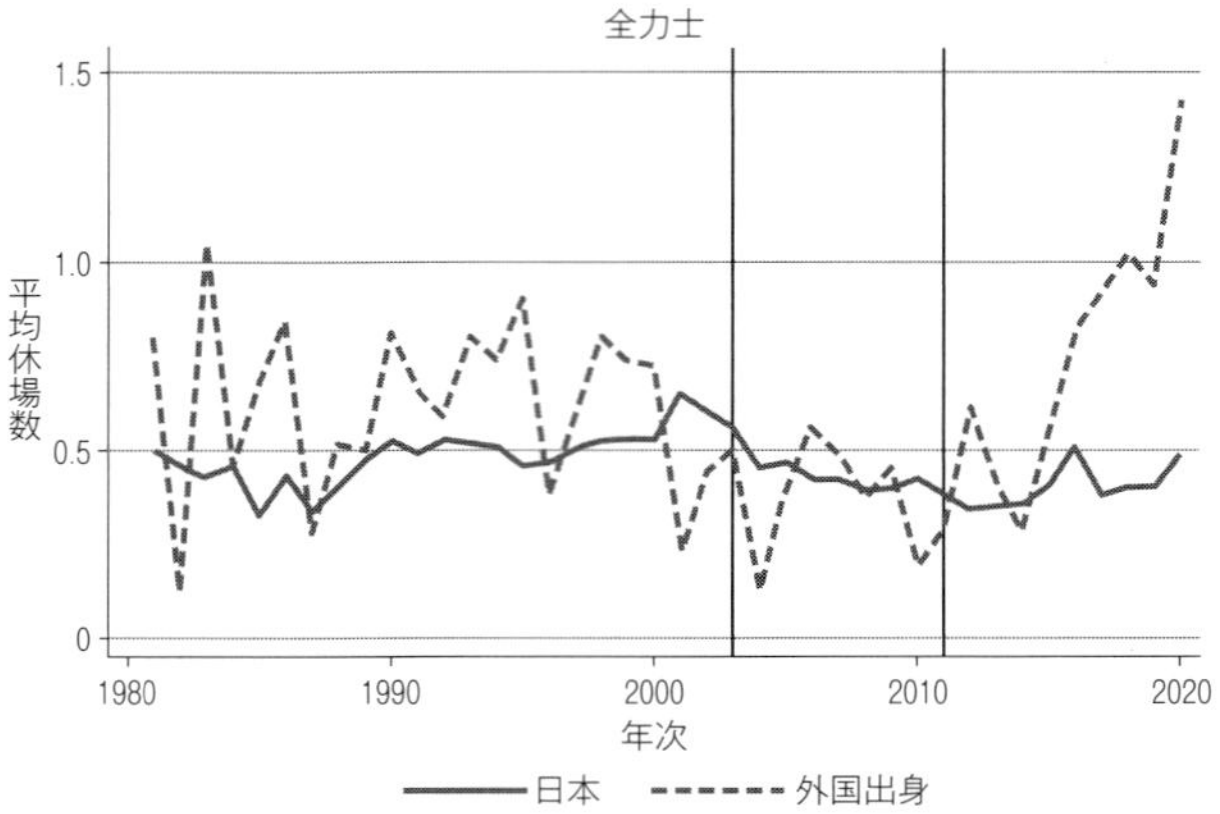

図２：休場数の推移

るほどの怪我になる可能性もある。やむなく事前に対戦相手と取り決めをして、怪我がないように闘うのだ。筋書きのある闘いであり結果は事前に合意する。つまり、八百長である。[12]

公傷制度のもとでは怪我をしても公式に休場が認められ降格もない。したがって、土俵で常に全力でぶつかり合って勝負を競うことが可能となる。公傷制度が廃止されれば、怪我を避ける為に「筋書き」を用意するのは合理的だろう。特にすでに軽傷で土俵に上がるような場合は、それ以上怪我を悪化させないように、事前に取組内容の調整を相手と行うのは合理的である。

図2は休場数の推移を示している。公傷制度が廃止された後に休場数は若干減少している。特に外国出身力士は制度廃止前には日本人力士よりも休場数が多かったが、制度廃止後は日本人力士よりも休場数が減少している。狙い通りサボり休場が減少しているように見える。

2010年に相撲界を揺るがす事件が発生する。八百長が発覚し日本相撲協会がそれを公式に認めたのである。それまでも週刊誌などで八百長を糾弾されていた。『ヤバい経済学』[13]の著者であるレビットらの学術論文[14]も刊行され、統計的にも八百長は確実に存在することが明らかにされていた。しかし、日本相撲協会がそれを認めない以上、それはあくまで「噂」にすぎず白とも黒ともつかないグレーな存在だった。これが完全に黒として公式に認定されたのである。そして、2011年3月13日から予定されていた春場所が中止された。本場所の中止は戦争で被災した旧国技館の改修が遅れた1946年夏場所以来65年ぶり2度目で不祥事では初めて。事前に中止は決定していたが、本場所が予定されていた期間中に東日本大震災が発生したために、人々の印象は薄いかもしれない。

いずれにせよ、これ以降は八百長の取り締まりが厳格化された。したがって、筋書きを決めて怪我を避けることや、怪我の悪化を防ぐことができなくなったのだ。その影響は休場数に如実にあらわれている。外国

(12) よく知られた八百長の発生メカニズムを確認しておこう。7勝7敗で最終の15日目を迎えると、取組の結果で番付の昇格・降格がかかる。これは非常に重要な一番だが対戦相手がすでに勝ち越しあるいは負け越しが決まっている場合、同じ取組でも勝利の価値が大きく違う。その取組で、八百長によって昇格を達成するインセンティブが生じる。レビットらの研究では、実際にデータでこの傾向が観察されている（Duggan and Levitt 2002)。

(13) レビット&スティーブン（2007）。

(14) Duggan and Levitt（2002）を参照のこと。

出身力士の休場数が2011年以降急増しているのだ。図1のように外国出身力士の年齢が上昇しているために、怪我の発生や悪化により休場が増えている可能性はある。ただし、年齢の緩慢な上昇に比べ休場の増加は遥かに急激である。さらに2010年以前から一貫して外国出身力士の年齢は上昇しているが、この時期に休場数はほぼ一定である。したがって、年齢の影響によって外国出身力士の休場数の激増は説明できない。

2010年前後で怪我をする確率は同じという仮定を置いてみよう。日本人力士は規範に縛られ、容易に休場することはない。八百長とは違い、休場は誰にでも観察可能である。八百長を封じられれば出場するよりほかないのだ。規範を共有しない外国出身力士は、番付を下げることと引き換えに休場し治療に専念することを選択する。短期間番付が下がったとしても次場所以降に万全な状態で土俵に上がることで好成績を残し番付を上げることができるかもしれない。

休場によって重症化による引退リスクも下げることができるので、現役時代が長くなる。つまり、次場所の番付降格をコストと考え、それを上回る便益を長期的には追求するのである。短期の降格さえ受け入れるならば、明文化ルールには違反してないのでそれ以上のペナルティは受けない。規範には実質的なペナルティがない。したがって、規範にとらわれることなく、プロ格闘家としての戦略的な選択をするのである。

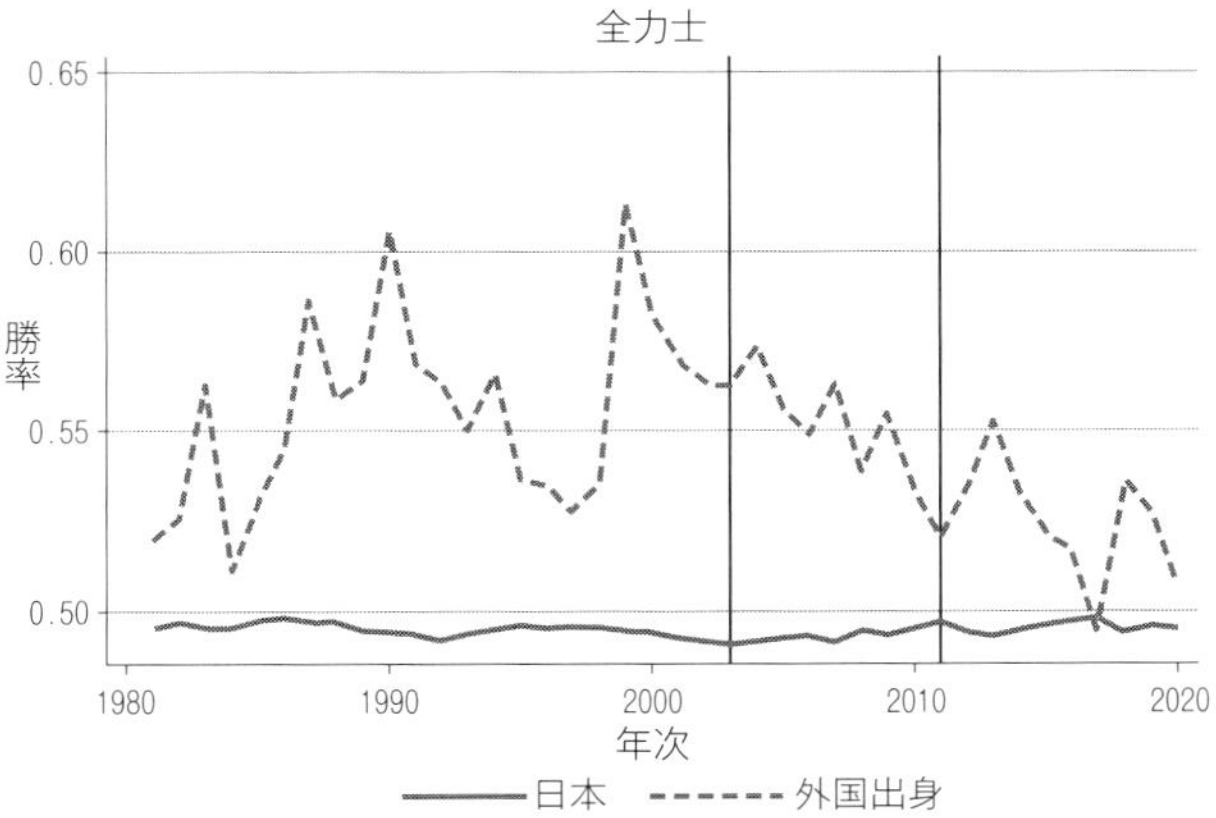

図３：勝率の推移（全力士）

注：勝率の定義は、$\frac{勝利数}{取組数-休場数}$。分母は休場数を含めない実際の取組数。

11・6 制度変化と日本vs外国出身力士パフォーマンス

休場に対する態度は日本人と外国出身力士とは明確な違いがあった。この違いが、どの程度日本力士と外国出身力士のパフォーマンスの際に関係するか確認してみよう。休場が戦略的ならば、十分な休養を得ることができて翌場所のパフォーマンスは上昇するはずである。以上の点を明らかにするために、図3では休場を取組にカウントせずに、分母に実際の取組数、分子に勝利数を取った勝率をパフォーマンスの尺度とする。

図3から日本人力士の勝率は0・5を若干下回るがほぼ一定であることがわかる。つまり、ほぼ勝ち負けが半分ずつになる。図3は序ノ口から幕内まで力士全体のサンプルなので、大半を日本人力士が占める。勝者と敗者

は同数になるので日本人の勝率が0・5付近になるのは納得できる。全体からすると少数となる外国出身力士のパフォーマンスは、ほぼ一貫して日本人を上回る。ただし2000年を超える頃から一貫して低下し、2018年には一時的に日本人と同水準まで低下する。ここから、単純に外国出身力士のパフォーマンスが低下したとは解釈できない。外国出身力士の昇進が早く上位番付での取組が多くなるので、勝つことが難しくなることをあらわしているからかもしれない。

図2に示されたような戦略的休場を取ったとしても、パフォーマンスは上がらない。図1と合わせて考えると、外国出身力士が高齢化したことの影響が大きく、休養を取っても外国出身力士のパフォーマンスの低下は避けられなかったように思われる。これは外国出身力士の若手の台頭が起きていないために起きている現象と思われる。ただし、戦略的休場により怪我の悪化を回避することで外国出身力士は現役年数を長くすることができるだろう。細く長く現役を続けることで、相撲界から得られる長期的なベネフィットを得るわけである。

第10章図1でみたように最高位の横綱については、いまだに外国出身力士の独占状態が続いている。しかし、本章の図3の結果からすると、外国出身力士が横綱まで上り詰めることは困難になっていくと予想される。自然と日本人横綱が大半を占める時代になるかもしれない。これは、外国出身力士の量的制限の狙い通りの結果だろう。

ただし、より深く考えると通常の貿易理論では自由貿易が進むほど、質の良い商品を安く手に入れることで消費者の効用（満足度）は上昇する。これは大相撲に当てはまるのだろうか？　日本人横綱の取組の質は、現在の外国出身横綱の取組の質より低いのか？　相撲市場の競争圧力が低下することで、確かに競技レベルとしては下がるかもしれない。オリンピックのようなスポーツならば確かにそうだろう。しかし、そもそも相撲はスポーツなのだろうか？　明文化されない暗黙の規範によって相撲の審美性が維持されること。それを相撲ファンが求めているのかもしれない。そうならば相撲ファンの効用が上がる。いずれの議論が正しいかは、釣り屋根から「満員御礼」の垂れ幕が下がる回数の増減によって明らかになるのだろう。

相撲コラム11　寺尾関の面影

この本を書いているときに、イタリアで元関脇の「寺尾」（錣山《しころやま》親方）の訃報が届いた。曾祖父は25代横綱の西ノ海、父は井筒親方（元関脇の鶴ヶ嶺）、3人兄弟全員が関取で、その末っ子でもある。長男は元十両の鶴嶺山。次兄の逆鉾も関脇で、現役時代は兄弟関取として活躍した。

いかにもヤンチャな面構えの逆鉾とは違い、細面の美男で小兵の寺尾。得意技は、「もろ差しの逆鉾」と「突っ張りの寺尾」。それぞれの特徴の対比が面白かった。ハワイ勢が全盛の昭和末から平成初頭にかけて、きびきびした素早い動きで巨漢力士と渡り合う姿が印象深い。性格も好対照。見かけ通り逆鉾は「激しい気性で、負けると、支度部屋でさがりをたたきつけて悔しがることもしばしば」であった。

葬儀で遺族代表として寺尾の長男が父を偲ぶ。

「身内がこのようなことを言うのは、怒られることを承知で申し上げますが、本当に本当に、本当に本当に、ものすごく優しくていい人でした」

ハードボイルドの巨匠レイモンド・チャンドラーは、小説『プレイバック』の中で探偵フィリップ・マーロウが女性から

「これほど厳しい心をもった人が、どうしてこれほど優しくなれるのかしら？」

と問われた時に、

「厳しい心を持たずに生きのびてはいけない。優しくなれないようなら、生きるに値しない」

とかえす。よく知られた言葉だ。寺尾によく似合う。

寺尾の享年は60歳。ほぼ同年齢で兄二人を相次いで失くした。残された寺尾の言葉に、侘しさと彼の人柄が滲む。

「兄弟3人の自慢はおやじとお袋の子どもに生まれたこと。(兄が) おやじとお袋の下に戻ったと思うと、気持ちが楽になる」[ii]

「寺尾」の本名は福薗好文だ。相撲エリートの一族に生まれたが、中学までは相撲から距離を置いていた。それでも「聖地」両国国技館と目と鼻の先にある安田学園高校の相撲部に入る。小柄なためか控え選手に甘んじたが、相撲への思いは深まっていた。入門時に兄・逆鉾の体重は112kg、一方寺尾は85kgで相撲向きの体格とは言えない。身近で一足先に相撲界に入った兄と比較した時、自身の肉体が相撲向きではないことを受け入れざるを得なかったはずだ。

若き寺尾が彷徨している頃、母は病床にいた。最期の日に「相撲取りになって」と寺尾に告げ永遠に旅立った。

寺尾は振り返る。

「おふくろの置きみやげだったと思ってるんですよ。きっと俺の気持ちを判っていて、相撲取りにならせてくれたんだな、って[iii]」

小兵力士が巨漢に立ち向かう勇気を与えていたのは母の言葉。母の旧姓・寺尾を四股名に刻みつけ、母の愛を頼りに巨体力士に立ち向かった。それが「寺尾」という漢《おとこ》の生きざまだった。

注

（i）竹園（２０１９a）を参照のこと。
（ii）チャンドラー（２０１８）２９３ページを参照のこと。
（iii）竹園（２０１９b）を参照のこと。
（iv）『Sports Graphic Number』（１９９２）を参照のこと。

参考資料

竹園隆浩（２０１９a）「元逆鉾、貫いた「粋な土俵」 弟・寺尾とともに人気博す」『朝日新聞デジタル』２０１９年9月17日

竹園隆浩（２０１９b）「元寺尾が兄・逆鉾を偲ぶ 『小さい頃からけんかばかり』」『朝日新聞デジタル』２０１９年9月17日

「錣山親方告別式に４００人参列 『本当に本当に、本当に本当に、ものすごく優しくていい人でした』」『日刊スポーツ』２０２３年12月24日

Sports Graphic Number「寺尾常史 闘志未だ健在なり。」『Sports Graphic Number』１９９2年1月20日号、43ページ

12 市場競争のグローバル化と「生ける文化財」としての「相撲の品格」

12・1　実は江戸末期にグローバル化は始まっていた

ここまで、江戸から現在まで約300年間の相撲界の構造とその変容を経済学の道具を使って俯瞰してきた。全体像を描くためのフレームワークは、伝統的「共同体」が市場経済の浸透への適応過程を描くことである。ここで考える市場経済はグローバル化と表裏一体である。表1に相撲界の時代区分と特徴をまとめた。非常に大まかな区分とはいえ、全体像を把握するためには有用であろう。

戦国から江戸にかけて力士は武士に準じた身分を与えられ大名のために土俵に上がった。参入障壁が高い市場経済に組み込まれない世界だった。大阪や京都でも別組織の相撲興行が行われるローカルな世界だった。明治には大衆娯楽となった。しかし黒船来航で欧州の近代文明が流入し、「散髪脱刀令」が布告され「裸体禁止令」が出される。相撲は江戸の蛮習と見なされ、「相撲無用論」が広まり、存亡の危機を迎える。明治

2000〜2019	2020〜
21世紀初頭	現在
東京	東京
旧社会主義	停滞
縮小	縮小
モンゴル出身力士	モンゴル>大卒
年6回、15日	年6回、15日

維新を主導した伊藤博文、黒田清隆、板垣退助、後藤象二郎など相撲贔屓により散髪令などの相撲社会への適用は免れた。明治2（1869）年に明治天皇が京都から東京へ遷都される際には力士が錦旗の旗手となって東海道を行幸した。そして、同年の東京招魂社（現、靖国神社）の火の鎮座祭に際しては相撲を奉納した。[1] 働き手は帰郷する場を失った神主たちである。[2] 靖国神社は明治期にさまざまな娯楽を引き寄せるアミューズメントパークとして機能し、明治期の江戸っ子にとって日本近代の象徴だった。[3] 回向院に面した通りを西へ進み両国橋を渡り、さらに直進すると靖国神社があるのは偶然だろうか？ 相撲は江戸時代の様式美を維持しつつ近代日本に融合し、娯楽産業として市場経済に組み込まれたのである。江戸時代と地続きの大衆娯楽が、新しい社会に根付いたのである。これは、「江戸」を全否定した近代日本における奇跡ともいえよう。

大名にとって代わって、明治期以降は政界の有力者や大物財界人などのタニマチに経済的な支援をもとめて外界との関係を深めていく。化粧廻し、懸賞旗は市場化された伝統文化財とも言えよう。市場経済は都市化を促し集積経済が拡大していく。相撲界にも同様のメカニズムが働いた。大阪相撲、京都相撲は消滅し大相撲は江戸に集積した。地元の「江戸っ子」たちが主

年 代	1750～1967	1868～1945	1946～1989	1990～1999
時 代	江戸	明治～昭和（第二次世界大戦前）	昭和（戦後）	平成 ~20世紀
立 地	江戸、大阪、京都	東京、大阪（、京都）	東京	東京
グローバル化	なし	初期グローバル化	北海道	ハワイ
相撲界規模	小規模	安定期	急成長期	ピーク
主 役	なし	江戸っ子	道産子	ハワイ、日本
労働量（本場所回数、1場所の日数）	年2回、10日	年2回、10日	年2回→6回、10日→15日	年6回、15日

表1　経済発展プロセスにおける大相撲の変容

役の大相撲が明治、大正そして戦前まで続く。

第二次世界戦後になると、中卒の「金の卵」の中に力士も含まれるようになる。主だった労働供給は東京から遠く離れた地方農村部から届く。とりわけ北海道はその中心で、この時期主役は「江戸っ子」から「道産子」にとって代わられる。北海道はもともと蝦夷地で日本の外部にあった。そして、道産子は本

（1）下河内（2017）を参照のこと。

（2）静岡県の遠州に生まれた国学者の賀茂真淵の影響を受けた神社関係者たちが遠州報国隊、駿州赤心隊神社を結成し新政府軍につき戊辰戦争に加わった。徳川家康の頃から江戸幕府のお膝元であった遠州、駿州の住民は徳川に反旗を翻した隊員たちを明治維新後も許さなかった。帰郷した隊員は命を落とした。帰る場所のない隊員の受け入れ先としても、東京招魂社は機能したのである（若林 1968）。当初、東京招魂社は上野に設置される案があった。旧幕府軍と新政府軍が衝突し多数の犠牲者が出た上野を避け、広大な空き地があった九段坂上に立地することになった。江戸時代の過去と切り離された空間に招魂社は登場した。

（3）坪内（1999）を参照のこと。

州のことを「内地《ないち》」とよぶ。「道産子」横綱の大鵬は樺太に生まれた「白系ロシア人」である。[4] 当時、樺太は日本の領土だったが、現在はロシア領である。定義を少し変えれば「海外」である。そして昭和30年代の大相撲の象徴で日本人とされる大鵬は、現在の定義からすると外国出身力士に分類されていたかもしれない。「海外」から労働力が流入するという意味の「グローバル化」は、道産子力士の勢力拡大と共に始まっていたのだ。

道産子最盛期は戦後以降の昭和時代と重なる。たたき上げの「雑草」力士の時代でもある。入門者の急増に合わせて、本場所が年2回から6回まで増加し、本場所日数も10日制から15日制となった。入門力士の体格や経験の格差は小さく、大鵬のように貧弱な肉体で将来性が不明の若者が横綱に上り詰める例もあった（第7章参照）。チャンスは平等にある。テレビの普及とともにNHKの相撲中継を通して、地方の少年は力士になる「夢」を見ることができた。そして、それを実現することも可能だった時代である。この時代は昭和と共に幕を閉じる。

旧社会主義国家の崩壊が相撲新時代の引き金となる。海外の政治経済環境の激変によって国を超えた「グローバル化」の時代だ。冷戦構造が終焉し市場経済が世界を包み込む。気付かぬうちに、その渦中に相撲界は投げ出された。世界からレスリングやモンゴル相撲の実績がある若者が相撲市場へ参入する。経済学の入門テキストで紹介されるような「理想的」な競争的市場が実現したのである。相撲の労働供給の量は増加し、さらに労働力の質も高まった。日本の叩き上げ「雑草」力士は「関取」になることなく相撲界を去り、トップ・アスリートの海外出身力士と大卒エリートによる関取の寡占化が進む。

長期の日本人横綱不在により、相撲人気に陰りが出る。これに対処するために外国出身力士数がピークの2010年頃から厳格な外国出身力士数の制限措置がとられた。すでに入門している力士は制限の対象外だったため、現役力士の引退する頃から人数制限の効果があらわれ始める。とりわけ、2020頃から外国出身力士の高齢化もあり幕内における外国出身力士数の減少が顕著になった。モンゴル力士と旧社会主義国力士の独占状態だったトップクラスの力士の中に徐々に、日本人大卒エリートも顔を見せるようになったのが現在である（2024年初頭）。欧州等で起きているグローバル化の停滞が、日本国内では相撲界において観察されている。

（4）大鵬の本名は、納谷幸喜。1940年に樺太敷香郡敷香町で生まれ、北海道川上郡弟子屈町で育った。父親はウクライナ人のマルキャン・ボリシコ、母親は日本人の納谷キヨでハーフである。納谷は母の姓である（第四十八代横綱 大鵬オフィシャルサイト）

12・2　道産子力士はどこに消えた？

昭和末から平成にかけて、日本人力士の大型化を促したハワイ出身力士の脅威と存在感は圧倒的だった（第7章）。しかし、2000年以降モンゴル出身力士の台頭と入れ替わるようにハワイ出身力士は相撲界から姿を消した（第8章）。ハワイ出身力士に先立って、高度経済成長期以降の昭和の相撲界を牽引したのは道産子力士である（第1章〜第3章）。かつて本場所中にスポーツ新聞の一面を飾る力士の半数以上は道産子力士だった。大鵬、北の富士、北の湖、千代の富士、北勝海、大乃国などの横綱はもとより、北天佑のような実力派大関や人気大関の初代貴ノ花、「相撲博士」旭國などが記憶に残る。津軽海峡を越えた青森まで視野を広げれば、「土俵の鬼」として知られた初代の横綱・若乃花、[5]美男横綱として知られたの二代目若乃花、「おしん」横綱・隆の里、旭富士がいる。体格、徳技、風貌、性格など非常に多様で個性的な力士が多いように思われる。力士は強くなければならない。ただし、それだけではない。自然とにじみ出てくる個性が味わい深い。ここに相撲の魅力がある（と私は考えている）。

道産子力士や青森力士の活躍を見なくなって長い時間が経過した。忘れられた存在となった（ように思える）、道産子力士の現在を見ておこう。図1に北海道力士全盛期の1970年代から2023年まで、全力士中の道産子力士比率を示した。1970年代前半にピークの27％に達している。輪湖時代（横綱の輪島と北の湖の全盛期）の力士の4人に一人が道産子だったのである。最上位の力士だけでなく、相撲界全体の量的な力士の供給元が北海道だったのだ。その後、２０００年頃にかけて一貫して道産子比率は低下していく。２０００年以降の道産子比率はほぼ５％程度であり、全盛期に比べて道産子比率が五分の一程度まで低下したことがわかる。つまり、北海道産の力士供給が、相撲界全体と比べて縮小したということである。

さらに最高位の幕内力士に絞って道産子比率を見ていこう。図2からピークは全力士サンプルを使った場合とほぼ同じで１９７０年代前半で25％程度。その後、比率を下げていくのも図1と同じである。しかし、顕著な違いもある。２０００年に入る直前から幕内の道産子力士は約20年間ゼロになるのだ。２０１８年頃から道産子幕内力士が再登場するが、その比率は極めて低く３％程度である。幕内の42名の中にほぼ1人存在しているに過ぎない。図1と図2から、道産子力士の量の低下は顕著だが、それ以上に質の低下が大きいことがわかる。ＮＨＫの相撲中継に道産子力士の姿を見かけなくなったのは、印象論ではなく数量的にも明らかな事実なのだ。

第8章の図1と図2と本章の図2をあわせて考えると、社会主義国崩壊による「グローバル化」と北海道力士比率が密接に関係していることがわかる。１９９０年代初頭に起きた旧社会主義国崩壊から約10年経過

（5）初代若乃花は、北海道の室蘭で育っている。

してこれらの国々から相撲界への労働供給が急増した。本書ですでに議論したように、相撲の認知度がこれらの国々において高まるまで、そしてこれらの国々と相撲界の本格的ネットワークが形成されるまで10年程

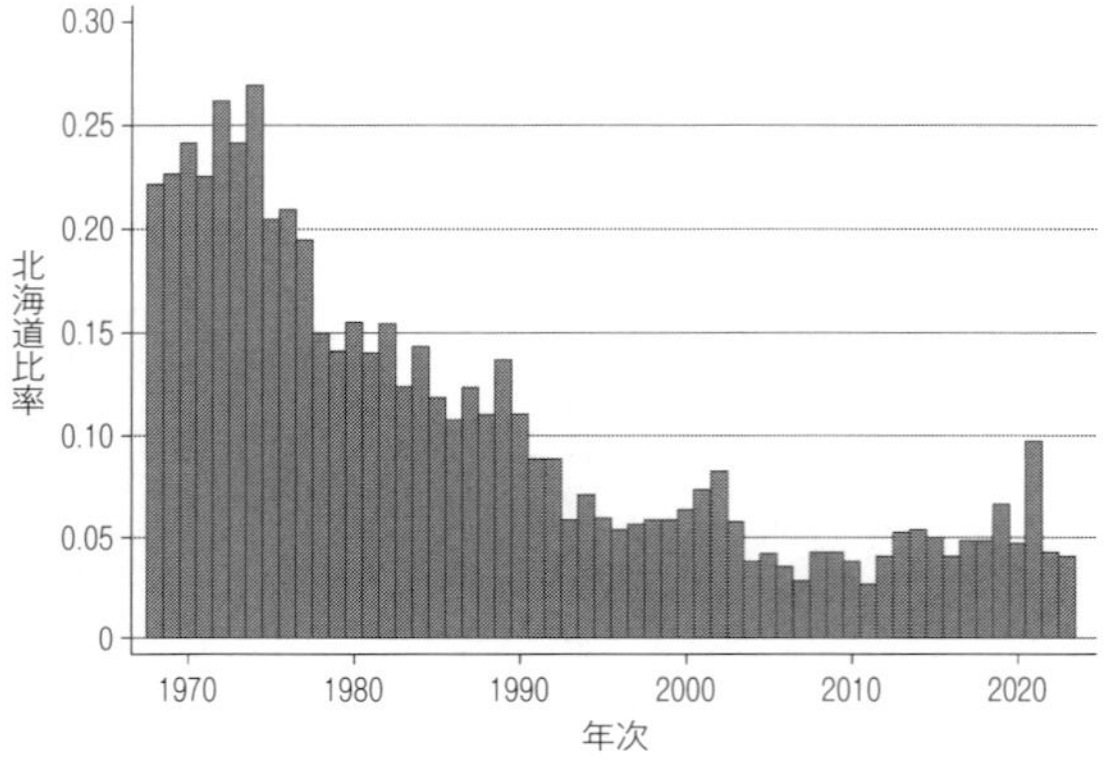

図１：道産子力士比率（全力士）

注：各年の力士数は、年６場所の延べ人数を用いている。

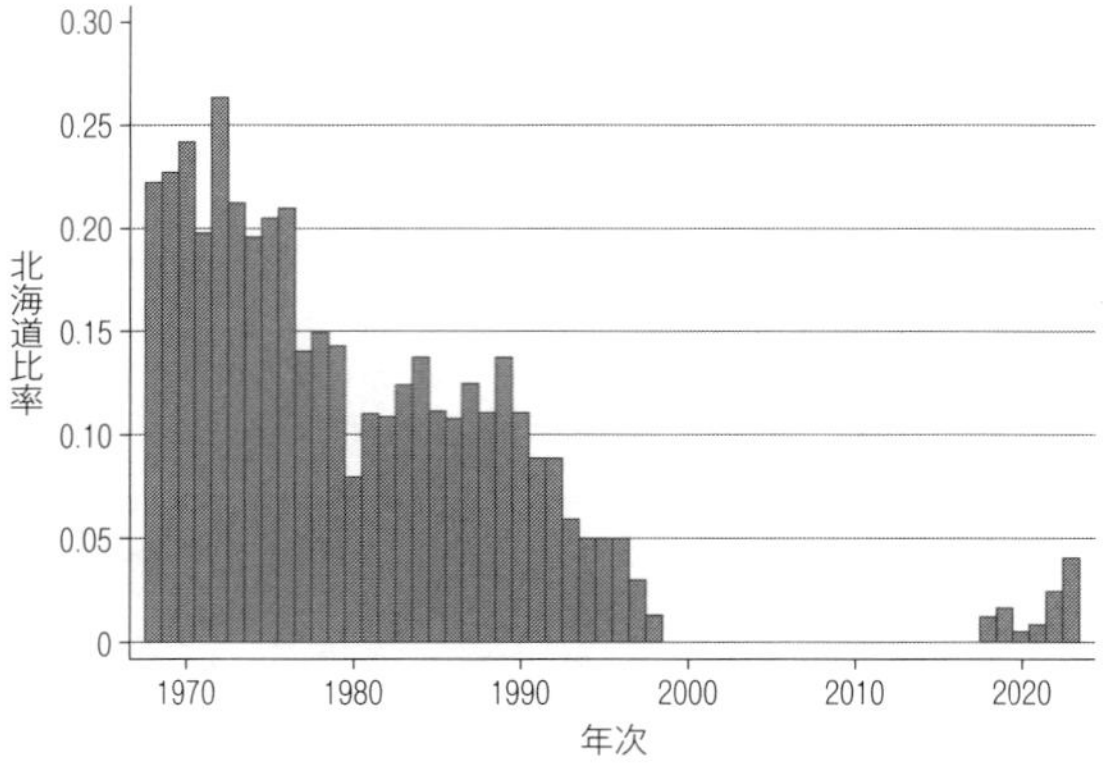

図２：道産子力士比率（幕内）

注：各年の力士数は、年６場所の延べ人数を用いている。

度かかった。そのために社会主義国崩壊から本格的な流入までタイムラグがあるのだ。２０００年以降の社会主義国出身力士の流入により北海道出身力士は駆逐された。とりわけモンゴル、旧社会主義国勢の最上位の幕内での影響は顕著だった。第11章で分析したように外国出身力士数の制限の効果があらわれ始める頃に、幕内に北海道力士が再登場する。最上位における競争圧力が弱まったからだ。

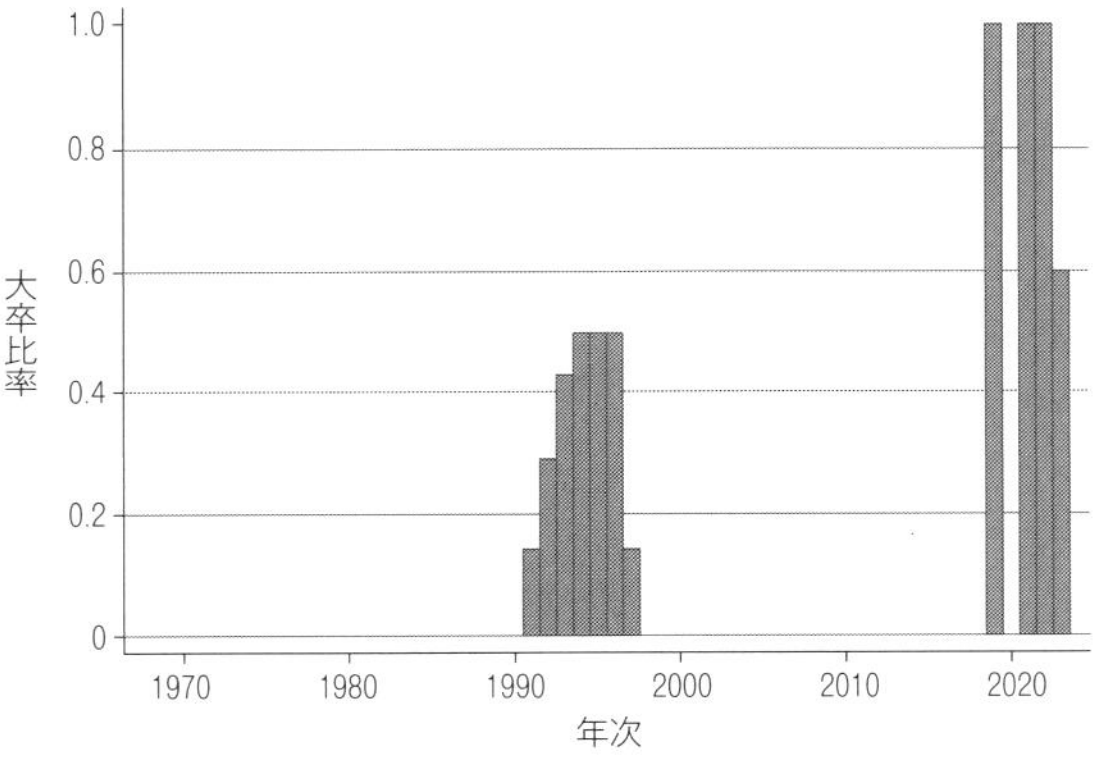

図３：大卒エリート比率（幕内の道産子サンプル）
注：各年の力士数は、年６場所の延べ人数を用いている。

第10章では「外国出身」、「大卒エリート」、「雑草」の３グループの比較を行った。図３では北海道力士の幕内力士を「大卒エリート」と「雑草」に分けて、大卒エリート比率の推移を確認してみよう。図３から明らかになるのは、北海道全盛期の道産子幕内力士には大卒エリートが皆無であることだ。１９９０年代に道産子の大卒エリートが幕内力士になるが、これは道産子の衰退期である。その比率も最大で50％である。久々に幕内力士が登場した２０２０年前後はほぼ１００％が大卒エリートである。この時期の北海道出身力士は矢後（北海道芽室町出身、中央大学卒）と一山本（北海道岩内町出身、同大卒）が幕内に含まれる。この時期にサンプルに含まれる北海道力士が少ないので、この2人の影響が大きい。[6]

以上の観察から、高度経済成長期以降の昭和時代の道産子力士時代は、国産「雑草」が最後に輝いた時期であったことがわかる。つまり「道産子＝雑草」の図式である。そして、道産子の復活の兆しが見えた２０２０年前後は、「道産子＝大卒エリート」の構図へと質的な変化があったのだ。ＮＨＫの全国放送に映し出される道産子は、どこか均質的な印象がある大卒エリートなのである。

第11章でみたように力士の平均寿命は約60歳である。昭和の道産子横綱の多くはすでにこの世を去った。日本相撲協会公式サイトにある「理事長および理事」の筆頭にくる八角親方（61代横綱・北勝海）と2番目にくる芝田山親方（62代横綱・大乃国）。道産子力士全盛の痕跡は日本相撲協会幹部の中に残されている。

12・3　グローバル市場の中の「生ける文化財」の価値

競争的市場は国籍や出身地、文化的背景に関係なく強いものが生き残る世界である。市場経済が国を超えてグローバルに広がることにより、世界中から相撲に適した人材の参入を促し、競技レベルを上げる。競技レベルが上がれば観客の満足度が上がる。相撲の才能に恵まれ実績を残したものは、称賛され相撲界の第一人者になる。一方、相撲に向かない者は、自分に適した別世界で生きていく。海外に眠るダイヤモンドの原石を探し当て磨き上げ一流の力士に育て上げていく。「相撲」の財市場および労働市場の両方で資源配分の効率化が達成される。適材適所で皆がハッピーだ。これが、通常の市場経済で考えられている世界である。

相撲界の特徴は伝統的に形成された規範の中で、上位になるほど力士は「実力」とともに「品格」を兼ね備えることが要求される。相撲界の象徴である「横綱」は規範による制約を受ける。「品格」に見合う堂々とした取組をしなければならない。ルールの範囲内でも騙し討ち的な戦略を採用して勝利すると非難が集まる。つまり、規範に従うならば「横綱」は取りうる戦略が限定されるハンディを背負うのである。日本人は明文化されない規範を理解できるだろうが、外国出身の力士には受け入れることが困難だろう。さらに、エリート・アスリートが集結するのだから、取組の激しさは明治、大正、昭和時代をはるかに上回る。現代では「品格」を維持できるほど横綱と下位力士の力量は大きくなかろう。

相撲界には客観的に勝負を競う競技としての取組の側面がある。もう一つの側面は「品格」ある取組である。この間に大きなギャップがある。相撲には歴史の積み重ねになって形成された美学や芸術性があるのだ。

(6) この時期の「雑草」道産子力士は、旭大星と北青鵬の2名だが、2人合わせて本場所出場は6回。大卒の一山本と矢後は合わせて15回出場なので、大卒の比率が高くなる。

プロ格闘技選手として勝率を高めるために肉体、技能、戦略を高めるだけでは観客は納得しない。取組前の数分間、力士は定められた様式に従って塩をまき土俵を清め、四股を踏みながら静かに闘志を高めていく。様式は定められているが力士によって所作に特徴がある。共通しているのは、徐々に高まる集中力と緊張感。無限の中で体内からほとばしる益荒男の猛々しい魂。そこには、目に見えぬ空気感の変化がある。仕切りの瞬間に近づくほどに、力士の息遣いや鼓動の高まりが聞こえてくる。儀式を終えた後に鍛え上げられた肉体が衝突する。その刹那の爆発的な躍動。

一連の流れすべてが相撲である。さらに取組の内容の充実度が重要だ。力量が低いものが苦肉の策で、奇抜な戦略を採用することは許される。不意を突くことは自ら弱いことを認めることを意味する。弱者はルール内で許されるあらゆる戦略・戦法を駆使して勝利を目指す。取組を盛り上げる意味もあり、観客はそれを楽しむ。一方番付が高い力士は、正面から逃げも隠れもせずにそれを受け止め、跳ね返すことが求められる。不意打ちで勝つことは負けに等しい。相撲の取組自体が通常のプロ格闘技とは違い、文化財としての意味を持つ。人間国宝という存在がある。生きた国宝である。丁髷にまわし姿の力士も生きながらにして、文化を表現する財になることを求められる。したがって取組、所作なども兼ね備えて初めて文化としての価値を持つ財である。そして、取組相手との相性や場所中の星取表の状況によって、取組ごとに意味合いが変化する。さらに取組の総体としての相撲興行も「生き物」である。相撲は「生ける文化財」である。[7]

海外出身者は言語を習得し、日本の食事に馴染めたとしても、上記のような価値観や美学を理解することは困難であろう。ルールブックに詳細な説明があるわけでもない。反則して負けるならば受け入れることはできるだろう。ルールに則り勝利を追求することが非難されることは理解できまい。

規範的制約の中で闘う日本人力士と、勝利を追求する外国出身力士が同じ条件のもと闘うならば、結果は見えている。相撲が競技として成立するためには明文化したルールが必要である。市場経済が発達するならばルールに基づいた公正な競争が促進される。その結果、現代の相撲の競技水準は過去に例をみないほど高まったことだろう。しかし、日本の相撲ファンが求めるものは、明文化されない関係的契約に基づいた闘いである。そこには、強弱を超えた美学や芸術性がある。相撲市場において供給されるのは、明文化されたル

（7）2023年イタリア北部のベローナでは、ローマ時代の野外闘技場アレーナで毎年野外オペラが開催される。日本の明治維新期と同時期に活躍したジョゼッペ・ヴェルディの代表作、アイーダ、ナブコ、ラ・トラービアータ（椿姫）などが目玉演目である。私はこれらを含む6作品を生観劇した。コロナ明けの2023年は101回目の開催で祝祭的な盛り上がりは格別だ。現代はインターネット配信で他の作業をしながら2倍速で物語の内容を把握して、知人と話題共有を図る時代である。オペラ好きのヨーロッパ人は内容からセリフまですべてを知り尽くしている。それでも、飽きずに同じ演目を繰り返し生で観劇する。観客は舞台俳優の所作や歌声、監督演習を楽しむと同時に、舞台セット、観客の出で立ち、会場を包む空気感なども味わう。毎回、何かが違う。彼らには、その日その時にしか体験できない「コト」消費をする豊かさがあるのだ。相撲と同じくオペラもまた作者、監督、演者とそして観客が一体となった「生ける文化財」なのだ。

ールに基づく「相撲財」である。需要されるのは、規範に基づく「相撲財」である。ここに需要と供給のギャップが生じる。日本人横綱の不在が長期化する中、相撲人気が凋落した。供給に比べて需要が減少し供給超過の状況が生じた。本場所中に「満員御礼」になることは稀となった。大相撲は危機に瀕した。

ここで誤解してはならないのは、需要不足の原因が外国出身力士の台頭によって引き起こされたわけではないことだ。相撲人気が絶頂を迎えた「ハワイvs日本勢」の構図が明確だった頃は連日「満員御礼」だった。ハワイ勢はフィジカルの強さを前面に押し出した戦略を採用した。正直なところ、単純明快な取り口で、細かな戦略性などはない。ハワイ勢が勝利して批判されることは、モンゴル勢に比べて少なかった。日本人とは異なるスタイルだが相撲界の「規範」に合致しているのである。したがって、外国出身力士が差別されているわけではない。

通常の格闘技と相撲の違いは、相撲の観客は土俵上の力士の闘い以外に、相撲会場を包む江戸情緒を楽しんでいるのではなかろうか。相撲関係者ばかりではなく、来場者も和服姿が多い。土俵上の行事の衣装は上位番付になるほど煌びやかになる。正装した立行司の木村庄之助や式守伊之助の姿、勝負を取り仕切る所作の様式美。土俵を掃き清め、四股名を呼び上げ、太鼓たたきもする「呼出」。競技の進行を取り仕切る力士の黒子である彼らの和装も相撲風景のピースとして欠かせない存在だ。力士の丁髷を結い上げる「床山」の存在がなければ大相撲は成立しない。彼らの技能は相撲だけに必要とされるものであり、契約理論の用語を使うなら「関係特殊投資」によって形成される。関係特殊投資によって作り上げられる大相撲空間は江戸の世界である。150年前に蛮習とされ否定された世界が現代人を魅了する。さらには、海外にもジャック・シラク元仏大統領のような好角家が存在する。故ジャック・シラク元仏大統領は超エリート養成機関であるパリ政治学院を卒業した。そして、日本の歴史、文化に対する広範な知識と理解の深さは日本の教養人を凌駕するほど。教養と知性に裏打ちされた、シラク氏の相撲への情熱が知られている。力士と対面の際の、シラク氏の少年のような輝きに満ちた眼差しが印象的だ（写真1）。宝物を前にして喜びに満ちている。エリゼ宮で朝青龍と右手で握手をしながら、左手は控えめに朝青龍の和装に触れている。欧州流の抱擁を堪えている。一葉に写真に収まるのは「生ける文化財」の象徴への敬意、憧れ、愛情の深さ。しかも、シラク氏と対面しているのは海外出身の横綱の朝青龍である。「日本人」が存在しない空間に、日本の「生ける文化」が息づく。「生ける文化」は固有で他に替わるものがない、だからこそローカルな枠を超えて普遍へと通じる。

写真1：ジャック・シラク仏大統領（左）と外国出身横綱（朝青龍）（2007年2月22日）

写真提供：AFP＝時事

かつて大相撲は宗教的祭儀の中で行われていた。[8] 神仏は地域社会に浸透しローカルな社会関係資本として機能し、人々の主観的幸福度を高める。[9] そう考えると、相撲は市場経済における一般的な財の性質を超えているかもしれない。つまり、街並みの風景の中に現れる力士を目にすることで人々の幸福度が改善されるかもしれない。経済学的に表現するならば、正の外部性が相撲には備わっており、そのために現代まで存続できた可能性がある。元横綱・北勝海で相撲協会の八角理事長は渡米しメジャーリーグの視察を行い、相撲に次のような特性があることに気付く。

「大相撲が同じことをやってもダメだと痛感した。逆に大相撲にしかない魅力に気がついた（中略）国技館に一歩入れば、そこに江戸があることこそが、人を引きつけ続ける（中略）七三分けや角刈りの力士が相撲を取っていたら、平成の世まで大相撲は残らなかった[10]」

相撲は代替のきかない特殊な財であり、ある種の独占力があるために、明治維新後150年間の長きにわたって市場競争の中で独自の存在感を示してきたのである。第5章で紹介したように、経済学にはスーパースター効果という概念がある。[11] テレビの普及とNHKの相撲中継が懸賞本数に大きな影響を与えたことがわかった。しかし、テレビによって人気力士がさらに懸賞数を増加させ、他力士を引き離す効果は観察されなかった。つまり、力士個人レベルにはスーパースター効果は観察されなかった。

ここでは個別産業を一つの経済主体と考え、産業間の競争について考えてみよう。相撲が他のスポーツやエンターテイメントでは代替できない財だとするならば、さまざまなプロスポーツやエンターテイメントが存在する中で、相撲界がスーパースター効果を持つといえよう。再度、八角理事長の言葉を紹介しよう。「大相撲にしかない魅力」「七三分けや角刈りの力士が相撲を取っていたら、平成の世まで大相撲は残らなかった」。まさにスーパースター効果の本質をついている。経済学的に考えるならば、大相撲は時代に迎合しないことにより、独占力を維持できたのである。

以上は供給側の戦略である。いくら唯一の存在でも、そこに魅力がなければ市場では生き残れない。つまり、市場においては需要側の動機も同時に考える必要がある。これを示すのが、次の言葉だ。「国技館に一歩入れば、そこに江戸があることこそが、人を引きつけ続ける」。蛮習と断じられてから150年経過しても、多くの人が江戸情緒に魅力を感じているからこそ国技館に足を運ぶのである。ただし、相撲ファンをつなぎとめるには、大相撲という「生ける文化財」の「質」を維持することが重要である。

(8) 酒井(1956)を参照のこと。
(9) Ito et al.(2017)を参照のこと。
(10) 抜井(2023)「角界余話：力士のマゲ、どうやって守った？　いまも結い続ける江戸時代の髪形」『朝日デジタル』(2023年12月5日)を参照のこと。
(11) Rosen(1981)を参照のこと。

12・4 相撲の「質」が維持されるシナリオ

公傷制度が廃止され、怪我のリスクを避けるための方便としての八百長も封じられる。その状況で、純粋に勝利を追求し、長期的に土俵に上がろうとするならば、怪我が悪化する前に休場し回復を待ち、万全の状態で土俵に戻ることは合理的である。軽自動車がぶつかるほどの衝撃を、年間6場所それぞれ15日間繰り返すのだ。単純に考えて1年間のうち4日に1回自動車事故にあうのだ。しかも場所中は15日連続で。

規模の経済性が働くので、市場経済の発達とともに、営利目的のため力士は増加してきた。それにともない取組数も増加した。一方で市場経済化以前からある規範の縛りも存在する。つまり、真剣勝負、そして、痛みを堪えそれに打ち勝つことだ。痛いと言ってはいけない。怪我していることを公表せずに不死身を装うことが力士の定め。

しかし上位力士の現実は過酷だ。取組中に重大な怪我をした後に「顔にこそ出さなかったが、勝ち名乗りをうけて土俵下で座っている間にも、痛むひざがみるみる腫れ上がってくる（中略）ここは我慢だ。そう思い、痛みをこらえて平気な顔をして会場を後にした[12]」。怪我のため休場を続け引退した日本人横綱の稀勢の里が怪我を負った際の描写は壮絶だ。「土俵上で闘っていた稀勢の里関が、日馬富士関に敗れて向こう側の土俵下に転げ落ちた、と思ったら左胸を押さえて苦悶の表情を浮かべているではないか。のちの彼の土俵人生を大きく狂わせた、左の大胸筋の大ケガを負った瞬間だった」[13]。

著者の照ノ富士は大怪我のために大関から序二段まで番付を下げた後に、復活し横綱に上り詰めた。自著で明かしているように、この間に重度の糖尿病、車イスが必要な日常生活を送った。奇跡的に横綱まで昇進したが、ベストパフォーマンスとは程遠い状況である。照ノ富士の現役中の告白は、頂点の力士がいかに過酷な状況で相撲を取り続けているかを示す。規範に従えば、実態は胸の中にしまい込んでいたことだろう。モンゴル出身だからこそ詳らかにできた真実の証言は貴重だ。

経済学の基本原理は「フリーランチなし」である。何かを得るためには、何かを失う。相撲界が「市場化」「グローバル化」の利益を享受するときに失うものは何か？　力士の過酷な労働環境は、「相撲財」の質の低下を引き起こす。しかし、相撲ファンが望むのは、万全の状態で力士が繰り広げる美しく芸術的な取組である。

相撲の質が下がり相撲ファンを納得させることができなくなれば、相撲への需要が減少する。そうなれば、これまでの大規模興行を実施すると、赤字が続き経営困難になる。コストを小さくする必要に迫られ、自然

(12) 照ノ富士（２０２１）の１１７〜１１８ページを参照のこと。
(13) 照ノ富士（２０２１）の１１７〜１１８ページを参照のこと。

と興行の規模を縮小させていくことになる。市場メカニズムにおける適正規模まで相撲興行は縮小する。第2章で明らかにしたように、真逆のメカニズムが働いたのが昭和の高度経済成長期であった。所得の急上昇のために相撲需要が急増した。その後、集積の経済が働いて年間本場所数が2回から6回へ、本場所日数が10日から15日に増大した。怪我の重症化と相撲の質の低下は、相撲財の供給量が増加したことに起因するだろう。そう考えると、適正レベルまで相撲財の供給が減少することにより、相撲ファンが納得するレベルまで相撲の質が上昇していくかもしれない。

12・5　グローバル化と「生ける文化財」の価値

前節のストーリーは市場メカニズムから導かれる帰結である。ただし高度経済成長期に現在の興行規模になってから半世紀以上が経過している。労働市場には賃金の下方硬直性の問題があることが古くから知られている。賃金上昇はスムーズに起きるが、低下は起きにくい。それまでの給料を失うことに抵抗感があるからだ。[14] したがって市場メカニズムの機能が弱まる。これと似たような現象が、相撲市場でも起きるかもしれない。興行規模を小さくする場合、相撲部屋の縮小や統廃合は避けられないだろう。相撲部屋をもつ権利である「年寄株」の数は決まっている。しかし、規則を変更し「年寄株」を削減せざるを得ない状況になっても、そう簡単にことは運ばないだろう。現役力士たちが存在しているので、統廃合するときの彼らの処遇や受け入れ先を調整する必要がある。

また、行動経済学的な「損失回避」行動を、親方や相撲関係者は取ることだろう。[15] さらには、力士ばかりではなく、興行に関わってきた関係各所と調整を行う必要がある。つまり、興行規模を縮小するためにはシステムを変更する必要がある。しかし、そのコストは膨大になるために、慣性の法則のようなものが働きシステムが維持され、事態の悪化を招く。これが、日本経済システムのメカニズムを説明するメカニズムで、経路依存性という。[16]

伝統的な「規範」と市場メカニズムの狭間で相撲界は苦悶している。相撲の取組の質を上げる為には供給量を減らすこと。さらに、「規範」を無理のない形に明文化することだろう。力士の自己申告ではなく、例えばボクシングのリングドクターのような存在を導入し、力士の将来性を考慮し適宜取組前にドクターストップをかけることが必要だ。このような改革を強いられることがグローバル化の代償である。ただし、オリ

(14) 行動経済学には「損失回避」行動がある(ルイス 2017)。得ることから生じる満足度上昇よりも、同じものを失う満足度低下の方が大きいので、「失う」ことを回避しようとする。賃金の下方硬直性の背後には「損失回避」メカニズムがある。
(15) ルイス(2017)を参照のこと。
(16) 青木(2008)を参照のこと。

ンピック競技となった柔道のように魂を売り渡して、審美性や文化性が損なわれることになれば、相撲財への需要は激減し市場から淘汰されるだろう。第1章の経済理論モデルで示したような状況が現実化するかもしれない。明治維新期になぜ、そのような事態にならなかったのか？　それは、相撲が「生ける文化財」であり続けたからである。したがって、ルール等の変更のさじ加減が必要だろう。

例えば単純に世界中から力士が集まる状況では「横綱に美しさを求めるならば、横綱のみに適用される反則技を明示すべき」となる。単純な市場メカニズムで考えるならば、これは正しいだろう。しかし、本書で展開した大相撲の背景を前提とするならば、経済学的に考えてもこれは禁じ手となる。当たり前に思えるが、対等の勝負だからこそファンは楽しめるのだ。伝統文化の将棋ではかつて、将棋の八大タイトルの一つ「王将戦」において実験的に「指し込み制」が採用されていた。七番勝負で3勝差がついた時点で「指し込み」とし、ハンディ対局とする方式だ。そのため騒動が起きたことなどから「指し込み」ルールは廃止された[17]。強者と弱者の対戦だからといってプロの勝負でハンディ戦を採用することに多くの人は拒否感を持つだろう。

「生ける文化財」を生かし続けるためには審美性と競技性のバランスが重要だ。相撲の魅力を失わないように枝葉の部分は変更していくことが望まれる。ここに問題の核心となる問いがあらわれる。「どこまでならば、ルールの透明化や明文化が相撲ファンに許容されるのか？」これは学術的で実証的な分析対象であろう。

相撲界に起きている矛盾は、グローバル化の難しさを如実に表している。一般社会と相撲界は大きく違う。とはいえ、あらゆる職種において、形を変えたグローバル化の難しさがあるだろう。海外との共同プロジェクト、グローバル企業による国内企業の買収、生産拠点の海外への移動。それぞれの現場で、何かが起きているはずだ。その本質を突き詰めて結晶化するならば、相撲界と類似の問題に直面していることに気付くはずだ。

(17) 三番勝ち越した升田幸三が旅館「陣屋」で予定されたハンディ戦を拒否した「陣屋事件」(升田 2003)。

相撲コラム12

「日本の相撲」と「イタリアのオペラ」

住居があるパドバの街を歩いていると、イタリアン・ポップスの音が耳に流れ込んできた。なぜか懐かしさを感じる。ロックの中に演歌的な要素が入っているのだ。

帰宅後にオンライン上で調べてみると「イタリアポップス・ヒットメドレー（原文はイタリア語）」に入っていることがわかった。1970年代にヒットした「Italiano（イタリア人）」という曲で、トト・クトゥーニョという歌手の代表作だ。歌詞は単純明快。典型的なイタリア人を描いていた。例えば、「こんにちは、みなさん。こんにちは、神様、マリア様。[i] イタリア人なら、スパゲッティ・アルデンテ（固めに茹でたパスタ）[ii]。」さらに、調べるとトト・クトゥーニョがつい最近亡くなったらしい。2時間にわたる葬儀ミサの動画もネットに公開されている。彼の追悼のために街で流れていたのだろう。

共同研究者のジョルジョ・ブルネッロ（Giorgio BRUNELLO）に会って、この曲に感銘を受けたことを伝えた。

「西洋人にとっての日本は、フジヤマ、ゲイシャ、サムライだ。実際の日本と違うだろ？　トト・クトゥーニョの歌はあれと同じ。イタリア人でも多様だ。あの曲はイタリア人像をゆがめている。君もそのうち気が付くだろうよ。」

「男だったら酒を飲め」。古いタイプの日本男の感覚だろう。イタリア人も似ていて、「男だったらワインを飲

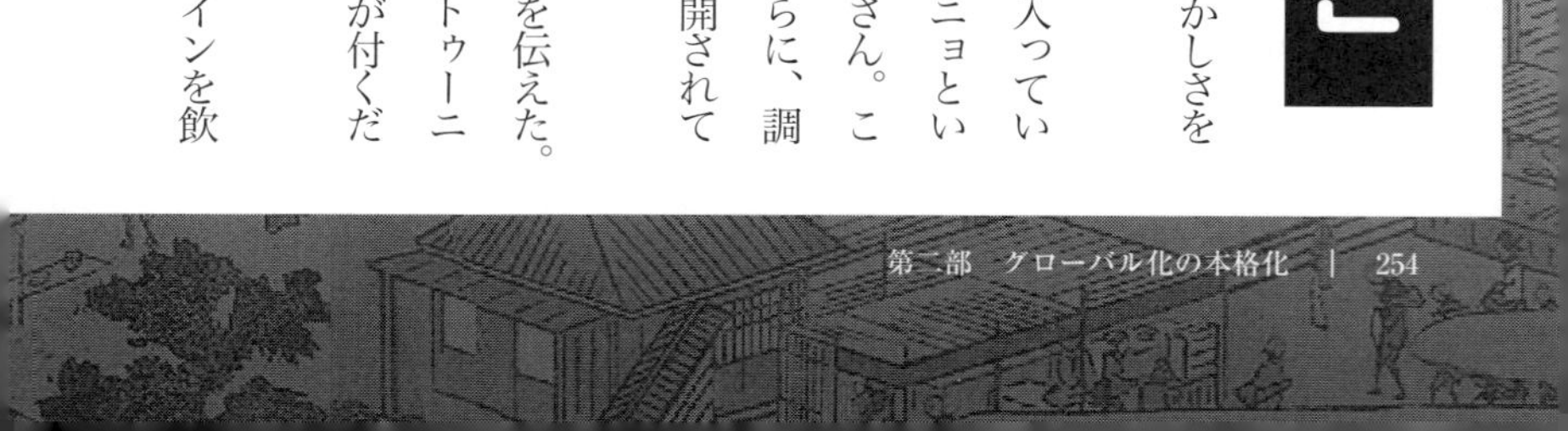

め」。ビールやカクテルではなく、「ワイン」というところに趣がある。ジョルジョの姓はBRUNELLO。イタリアの三大銘柄ワインの一つでトスカーナ地方を代表する名である。しかし、Giorgio BRUNELLOはワインをめったに口にしない。時間には正確、謙虚で控えめ。近隣のベローナで毎年開催される野外オペラに足を運んだことがない。そもそも、人生でオペラを鑑賞したことがないジャズ愛好家。ナポリに行ってもポンペイ遺跡を訪れたこともない。カトリックのミサには50年以上行ったことがない。たしかに目の前の人物は日本人が思い浮かべる「イタリア人」とはかなり違う。

ジョルジョを含めたイタリアの研究者と世間話をしている時に「大相撲300年」について説明したことがある。ペリーの黒船と明治維新、その時に大相撲存続の危機に直面した話など。その時イタリア人がイメージするのが、同時期に起きた1860年のイタリアの統一だ。現在のイタリアは、もともと全く異なる国々が存在していた。例えば、私が住んだパドバやベローナは、ベネチア共和国の領土だった。ナポレオンの征服を受けベネチア共和国は消えた。日本人にとっての黒船はナポレオンに置き換えられるだろう。ジョルジョによれば、そのおかげでカトリック教皇の影響力が弱まったとのこと。しかし、ボローニャがあるお隣のエミリア・ロマーニャ州や、ミラノがあるロンバルジア州、フィレンツェを擁するトスカーナ州も別の国だ。「イタリア・ワイン」の銘柄が多種多様なようにイタリアの地域性も多種多様だ。北イタリアは豊かで南イタリアは貧しいとされ、イタリアの南北問題と称される。実際には北部だけとっても、異なる国家が存在し、それぞれの歴史を歩んできたのだ。

異なる国々が１８６０年のある日を境に「イタリア」になったのだ。ランチタイムの何気ない会話をするだけで「イタリア」の捉えどころのなさや、多様性に気付く。「フランスみたいな単純な国ではないのだ」という軽口をイタリア人から聞くことがあるが、しっかりとした根拠があるのだ。

明治維新の「御一新」は日本から江戸情緒を一掃しようとした。黒船に乗ってきた西洋人を真似て相撲を否定した。しかし、相撲は残り今も現代人を魅了する。もちろん、相撲に関心がない人もいる。人生色々、好みも色々。事実として、明治維新から日本が始まったわけではない。「日本人」を単一化、画一化することはできないし、それは幻想にすぎない。大阪大学で経済学の博士号を取得し、正規の教員として阪大の教壇にも立っていたジョルジョの言葉が味わい深い。

「日本を1週間旅したイタリア人は日本人論を書きたくなるし、書くことができる。日本に20年住んだイタリア人は日本人論を書きたいと思わないし、書くことができない」。

注

（i）カトリックの本場では、キリストと同じくらい聖母マリアの存在が大きい。

（ii）イタリアでもスパゲッティは汎用性のあるパスタで最も使い勝手がよい。それを固めに茹でるのが「鉄板」である。これは、日本人でも知っている常識だ。しかし、イタリアのスーパーに行けば多種多様なパスタが存在することがすぐにわかる。素材、太さ、断面が丸や四角、平麺でも厚さや幅が違う。ほとんど同じ平麺パスタを、地方によって中南部ではフェットチーネおよび北部ではタリアッテレと呼ぶ。調理法も色々ある。ジェノベーゼは本場の北部ジェノバでは緑色のバジルソースのパスタだが、南部ナポリでは肉の塊が入ったトマトベースのパスタを指す。おまけにショートパスタも、有名なマカロニやラビオリ以外にも無数に存在する。

おわりに

20年前、博多の街に住み始めて半年を過ぎる頃、通勤路沿いに力士ののぼり旗がたっていた。九州場所開幕に合わせて仮住まいの相撲部屋が設置されているらしい。毎日、通り過ぎるのでたまに力士を目撃した。秋になると博多の街に相撲部屋がいたるところに立地する。書籍を通じて中村部屋の女将さんの存在を知り、ゼミ生と朝稽古を見学した（コラム9参照）。その年に初めて相撲を生観戦した。九州場所の千秋楽で魁皇が横綱・朝青龍に勝利した瞬間に場内に座布団が舞った（コラム10参照）。それから10年ほど経過した2015年の九州場所中に、北の湖理事長が逝去した。福岡在住の私にとって、同郷の大横綱の死去は衝撃的だった。衝撃のあまり相撲分析に没頭した。本書の内容の8割程度は、その内容が基になっている。他にも数多くの研究テーマを抱えていたため、推計結果を10年ほど放置していた。時間ができたら書こうと考えているうちに、10年経過してしまった。

2023年4月から1年間イタリアで在外研究をする機会に恵まれた。お蔵入りになりかけていた相撲研究を復活させたいと思った。10年前の推計結果を探し出してみた。大筋は覚えているが、ところどころ推計結果の意味がわからないこともあった。頭の中身を相撲世界にする必要があった。なので、イタリアでパスタ料理研究（円安のため外食を避けた自炊生活のこと）をしつつ、頭の中身は明治から現代までの相撲で埋め尽くした。10年前はモンゴル勢の全盛期と重なる。当時考えた結論は、「グローバル化の先頭を切る大相撲」だった。本書で明らかにしたように、その後の相撲界は大きく変化した。幕内の海外出身力士の数がかなり減っている。外国出身力士数の制限効果はイタリアに来てから分析したもので、この内容についてはイタリアの共同研究者のジョルジョ・ブルネッロ（Giorigo BRUNELLO）との議論から生まれた。彼とは週一回程度、会って知的ぶつかり稽古をしていた。

学術論文はショートパスタのようなものである。現代の経済学の実証研究では、狭く深く精度の高い分析が求められる。顕微鏡を覗き込み、肉眼では見えない細部まで観察する作業。本書で目指したのは、300年間の長期分析である。学術論文スタイルをとると、データの不足などのため分析対象とはならない空白期間ができる。顕微鏡を使うので、肉眼で観察可能な全体像を俯瞰できない。

そもそも用いる手法の専門性が高くなるほど、その意味を理解できる読者は限られてくる。当然、一般読者が興味を持つことはなかろう。経済学者は理解可能だ。しかし、彼らが読むのは英語論文であって、日本語の書籍ではない。以上の推論からすると、純粋な日本語の学術書に読者は存在しない。これが、担当編集者の道中真紀さんと本書の企画の打合せをしたときに気付いたことだ。

書籍には論文にはできないことが可能になる。ロングパスタ（＝麺）料理を作ることだ。全体を一つの流れとして捉え、各章の間に切れ目がないように工夫する。大まかに時代をわけて、発展段階を考えていくことで物語のなかで大相撲の300年間をとらえることができる。分析の精度や緻密さを犠牲にしたとしても、全体として意味を持たせ一つの世界観を描くことが重要である。

経済学の数量分析からは人間の顔が見えてこない。各章の冒頭では、経済学の学術論文では無視される時代状況の空気感を伝えることを心掛けた。例えば、各時代の出来事や人物の伝記などを挿入し、そこから経済学的な内容に導いていく。各章の間に、相撲界とかかわりのある人物たちが織り成す人間模様もコラムとして挿入した。実際に相撲界に生きた人物たちの姿と、その心情なども描写し、実証経済学分析に血を通わせる。これらの意図をもって本書を執筆した。私にとって初めての試みで、知的冒険ともいえる作業だった。

本書の執筆過程で担当編集者の道中さんが相撲愛好者であることが判明した。相撲に造詣があるうえに経済学の専門的なトレーニングを受けている。相撲と経済学、データ分析に「土地勘」がある。なので、道中さんのコメントは的確だ。そのおかげで私の相撲理解も深まった。大相撲は江戸情緒を横溢させた「生ける文化財」である。だからこそ否応なく「グローバル化」と対峙する運命にあった。黒船来航時に横浜でペリーらの前で相撲を披露した力士たちに対する米国人の印象は、一言で表現するならば「野蛮」。国内でも明治維新期に文明開化に逆行する前時代の遺物とされた。しかし、現在も存在している。私は道産子力士全盛の昭和時代に北海道で生まれ育った。そのためか、物心つく頃から何かにつけて触れる機会があったのが相撲だ。

グローバル化の最盛期は過去のものとなり、コロナパンデミックを経験した現在、世界経済は新たな局面を迎えている。15年ほど前から、災害が私の研究テーマに加わった。ウクライナとロシアの軍事衝突が起きたのは、偶然ミュンヘン市に一カ月近く滞在している最中。そして、日独の空襲比較の専門家と出会った。帰国後に東京大空襲の研究を開始した。真夏の東京で被害が大きかった本所、浅草、深川の避難ルートを徒歩で実測した。その折に訪れたのが両国。国技館の傍らを過ぎる時に、相撲研究の記憶が蘇った。この時期に、目に見えない何かが私に相撲本を書かせた。[1]

明治維新から150年。東京の街は変貌した。江戸の武家屋敷には超高層ビルが集積する。江戸幕府側の彰義隊の血が流れた上野は、東京芸大、美術館、博物館、音楽ホールが集まる芸術の街。忘れてはならないのが、大正の関東大震災、昭和の東京大空襲。東京の二大災厄。両国国技館が立地する横網町は最も深刻な影響をうけた被災地である。大きな災厄を超えて人類は生き延びてきた。当然、両国国技館も被災と焼失を経験し、後に姿を変えて再建された。時の流れとともに、力士の顔触れが変わる。体格も変わる、出身地も変わる、国籍の構成も変わり、学歴も変わり、意識も変わった。ただし変わらないものがある。鬢付け油の甘い香り、行事の煌びやかな衣装、本番所中に鳴り響く櫓太鼓、場内に響く「呼出」の声音、立ち合い、まわし姿で四股を踏む姿。

本所、両国に人は惹きつけられる。そこには江戸の磁場があるからだ。

（1）全体の草稿を書き終える頃の2024年正月に目にしたのが北陸の災害だ。輪島の市場の様子をみながら、横綱・輪島が石川県出身だったことを思いだす。居住地のイタリア北部のパドバ市も第二次世界大戦で空襲があり、年末から年始にかけてのクリスマス期間中に空襲の写真展が開催された。

追記：

本書の草稿を書き終えイタリアから帰国後、学会報告をするために東京に滞在した。その折に、原稿の内容チェックを担当編集の道中さんと行った。場所は東京両国、時は2024年5月の本場所中。回向院を訪れ、大相撲と災害の関りに思いを馳せた。ちゃんこ店で道中さんに、近い将来起きであろう東京大地震を話題にした。

翌日は横網町の慰霊堂と復興記念館を訪問。そして、3月10日の真夜中に起きた東京大空襲時に、回向院そばに住んでいた住民が上野まで避難した経路を歩いた。研究対象をリアルに感じるために。

午後の学会出席後、濃密な一日を終え、本所1丁目の宿に戻る。就寝中に、地震発生。様子をうかがっていると救急車のサイレン音が聞こえた。朝、公式情報を確認すると、地震の範囲は東京を含む関東圏。正確な発生時刻は、5月26日0時55分。その17時間後、史上最速の入門後7場所で「大の里」の優勝が決まった。令和6年5月場所「千秋楽」の出来事である。

令和6年11月24日　九州場所千秋楽　博多にて

北の富士（元九重親方）の冥福を祈りながら

山村　英司

本書に登場する主な力士一覧

初土俵 - 引退	四股名	最高位	出身地
1927-1945	双葉山	横綱	大分
1932-1954	名寄岩	大関	北海道
1934-1953	羽黒山	横綱	新潟
1954-1969	柏戸	横綱	山形
1956-1971	大鵬	横綱	北海道
1957-1974	北の富士	横綱	北海道
1959-1971	玉の海(玉ノ島)	横綱	愛知
1959-1974	琴櫻	横綱	鳥取
1963-1979	旭國	大関	北海道
1963-1980	三重ノ海	横綱	三重
1963-1985	富士櫻(中村親方)	関脇	山梨
1964-1984	高見山	関脇	ハワイ
1967-1985	北の湖	横綱	北海道
1968-1983	二代目若乃花	横綱	青森
1968-1986	隆の里	横綱	青森
1970-1981	輪島	横綱	石川
1970-1991	千代の富士	横綱	北海道
1971-1985	琴風	大関	三重
1975-1987	若島津	大関	鹿児島
1975-1996	霧島	大関	鹿児島
1976-1990	北天佑	大関	北海道
1978-1989	朝潮	大関	高知
1978-1991	大乃国	横綱	北海道
1978-1992	逆鉾	関脇	鹿児島
1979-1992	北勝海	横綱	北海道
1979-2002	寺尾	関脇	鹿児島
1981-1992	旭富士	横綱	青森
1982-1997	小錦	大関	ハワイ
1984-1988	双羽黒(北尾)	横綱	三重
1987-2004	貴ノ浪	大関	青森
1988-2000	三代目若乃花	横綱	東京
1988-2001	曙	横綱	ハワイ
1988-2003	貴乃花	横綱	東京
1988-2011	魁皇	大関	福岡
1992-2006	旭鷲山	小結	モンゴル
1992-2010	千代大海	大関	大分
1992-2015	旭天鵬	関脇	モンゴル
1999-2010	朝青龍	横綱	モンゴル
2001-2017	日馬富士	横綱	モンゴル
2001-2021	白鵬	横綱	モンゴル
2001-2021	鶴竜	横綱	モンゴル
2002-2014	琴欧州	大関	ブルガリア
2002-2019	稀勢の里	横綱	茨城
2011-	照ノ富士	横綱	モンゴル

索　引

事項索引

た

な

は

人名索引

た

な

は

ま

や・ら・わ

参考文献・資料

日本語

青木昌彦（2008）『比較制度分析序説――経済システムの進化と多元性』講談社

浅川重俊（1997）「ネットワークから読み解く相撲社会――拡張する「タニマチ」のネットワーク」『スポーツ社会学研究』5巻，pp.59-70.

飯塚さき（2022）『日本で力士になるということ――外国出身力士の魂』ホビージャパン

生沼芳弘（2023）『大相撲の社会学』22世紀アート

今田柔全（1995）『どかんかい――第三十九代横綱張り手一代前田山英五郎国際化を駆け抜けた男』（BABジャパン出版局）

「相撲」編集部編（2001）『大相撲人物大事典』ベースボール・マガジン社

大島勝（2015）『気がつけばレジェンド ――旭天鵬自伝』ベースボール・マガジン社

大竹文雄・大日康史（1993）「外国人労働者と日本人労働者との代替・補完関係」『日本労働研究雑誌』No.407, pp.2-9.

菊地正浩（2014）『地図でよむ東京大空襲――両国生まれの実体験をもとに』草思社

鬼頭宏（1989）「江戸＝東京の人口発展――明治維新の前と後」『上智経済論集』34巻1, 2号，pp.48-69.

京須利敏・水野尚文編著（2022）『令和５年版　大相撲力士名鑑』共同通信社

黒田英一（2005）「集団就職世代のライフヒストリー――成功者たちの回想を中心にして」『生活学論叢』10巻，pp.37-46.

琴欧州勝紀（2014）『琴欧州自伝――今、ここで勝つために』徳間書店

後藤純一（2004）「日本の労働力需給ギャップと外国人労働者問題」『日本労働研究雑誌』No.531, pp.16-25.

斎藤誠治（1984）「江戸時代の都市人口」『地域開発』９月号，pp.48-63.

佐々木一郎（2022）『関取になれなかった男たち』ベースボール・マガジン社

酒井忠正（1956）『日本相撲史 上巻』ベースボール・マガジン社

下河内勝利（2017）「近代における大相撲の改革とその変遷」『駒澤大学総合教育研究部紀要』11, pp.157-170.

シュンペーター・ヨゼフ（1942）『資本主義・社会主義・民主主義』（日経

BP より2016年に復刊）
園部哲史・大塚啓二郎（2004）『産業発展のルーツと戦略——日中台の経験に学ぶ』知泉書館
高槻泰郎（2018）『大坂堂島米市場 江戸幕府 vs 市場経済』講談社
チャンドラー、レイモンド著、村上春樹訳（2018）『プレイバック』早川書房
寺田寅彦（1935）「相撲」時事新報（昭和10年 1 月）
照ノ富士春雄（2021）『奈落の底から見上げた明日』日本写真企画
坪内祐三（1999）『靖国』新潮社
中澤嗣子（2004）「相撲部屋24時 おかみさん奮戦記 」（講談社プラスアルファ新書）
中島隆信（2003）『大相撲の経済学』東洋経済新報社
中村二朗・内藤久裕・神林龍・川口大司・町北朋洋（2009）『日本の外国人労働力——経済学からの検証』日本経済新聞出版社
夏目漱石（1988）「思い出すことなど　十九」『夏目漱石全集 7 』筑摩書房
日刊スポーツ（2001）「曙晴れやか引退会見「若貴いたから横綱に」（2001年 1 月23日）
日本経済新聞（2015）「大相撲、初場所に続き15日間満員御礼　春場所14年ぶり」（2015年 3 月22日 共同）
抜井規泰（2023）「角界余話——力士のマゲ、どうやって守った？　いまも結い続ける江戸時代の髪形」『朝日デジタル』（2023年12月 5 日）
パットナム、ロバート著、河田潤一訳（2001）『哲学する民主主義——伝統と改革の市民的構造』NTT 出版
パットナム、ロバート著、柴内康文訳（2006）『孤独なボウリングーー米国コミュニティの崩壊と再生』柏書房
速水佑次郎（2000）『開発経済学——諸国民の貧困と富　新版』創文社
福澤諭吉（1899）『福翁自傳』時事新報社
フクヤマ、フランシス著、加藤寛訳（1996）『「信」無くば立たず——「歴史の終わり」後、何が繁栄の鍵を握るのか』三笠書房
藤田昌久、ジャック・ティス著、徳永澄憲、太田充訳（2017）『集積の経済学』東洋経済新報社
升田幸三（2003）『名人に香車を引いた男——升田幸三自伝』中央公論新社
水野直樹・京須敏郎編著（2011）『大相撲力士名鑑』共同通信社
宮崎里司（2001）『外国人力士はなぜ日本語がうまいのか』明治書院
宮本徳蔵（1984）『力士漂白——相撲のアルケオロジー』筑摩書房
ミルグロム、ポール、ジョン・ロバーツ著、奥野正寛、伊藤秀史、今井晴雄、

西村理、八木甫訳（1997）『組織の経済学』NTT出版
文部省（1980）『学制百年史』帝国地方行政学会
山村英司（2020）『義理と人情の経済学』東洋経済新報社
ルイス、マイケル著、渡会圭子訳（2017）『かくて行動経済学は生まれり』文藝春秋
レヴィット、スティーヴン・D、ダブナー、スティーヴン・J著、望月衛訳（2007）『ヤバい経済学――悪ガキ教授が世の裏側を探検する（増補改訂版）』東洋経済新報社
若林淳之（1968）『駿州赤心隊』富士山本宮浅間神社社務所

英語

Becker, G., 1957. *The Economics of Discrimination*. University Chicago Press.
Berlinschi, R., Schokkaert, J., Swinnen, J., 2013. When drains and gains coincide: migration and international football performance. *Labour Economics* 21(1), 1-14.
Borjas, G.J., Gregger, J., Hanson, G.H., 2008. Imperfect substitution between immigrants and natives: a reappraisal. NBER Working Paper W13887.
Duggan, M., Levitt, S.D., 2002. Winning isn't everything: corruption in sumo wrestling. *American Economic Review* 92(5), 1594-1605.
Goff, B. L., McCormick R. E. , Tollison, R. D., 2002. Racial integration as an innovation: empirical evidence from sports leagues. *American Economic Review* 92(1), 16-26.
Goff, B. L., Tollison, R. D., 2010. Who integrated major league baseball faster winning teams or losing teams? a comment. *Journal of Sports Economics*, 11(2), 236-238.
Gordon, A., 2002. A *Modern History of Japan: From Tokugawa Times to the Present*. Oxford University Press. New York.
Grand Sumo Encyclopedia (Ozumo Jinbutsu Daijiten), 2001. Editorial. Tokyo: Baseball Magazine-sha (in Japanese).
Granovetter, M., 1973. The strength of weak ties. *American Journal of Sociology* 78(6), 1360-1380.
Hanssen, A., 1998. The cost of discrimination: a study of major league baseball. *Southern Economic Journal* 64(3), 603-627.
Hanssen F. A., Meehan Jr, J. W., 2009. Who integrated major league

baseball faster. *Journal of Sports Economics* 10(2), 141-154.
Ito, T., Kubota, K., Ohtake, F., 2017. Long term effects of Buddhist temples, jizo bodhisattvas and shrines on a school rute: the effects on income, happiness and health thorough social capital. ISER Discussion Paper 0995.
Jovanovic, B., 1982. Selection and the evolution of industry. *Econometrica* 50(3), 649-670.
Jovanovic, B. And Nyarko, Y., 1996. Learning by doing and the choice of technology. *Econometrica* 64(6), 1299-1310.
Kawaguchi, D., Lee, J., Lin, M-J., Yokoyama, I., 2023. Is Asian flushing syndrome a disadvantage in the labor market? *Health Economics* 32 (7), 1478-1503.
Kawaura, A., La Croix, S., 2016. Integration of north and south American players in japan's professional baseball leagues. *International Economic Review* 57(3), 1107-1130.
Koenig, F., 2023. Technical change and superstar effects: evidence from the rollout of television. *American Economic Review: Insights* 5(2), 207-223.
Lanning, J. A., 2010. Productivity, discrimination, and lost profits during baseball's integration. *Journal of Economic History* 70(4), 964-988.
Lechner, M., 2009. Long-run labour market and health effects of individual sports activities. *Journal of Health Economics* 28(4), 839–854.
Miyoshi, K., Sasaki, M., 2016. The long-term impacts of the 1998 Nagano winter Olympic games on economic and labor market outcomes. *Asian Economic Policy Review* 11(1)43-65.
Munshi, K., (2003) Networks in the modern economy: Mexican migrants in the U. S. labor market. *Quarterly Journal of Economics* 118(2), 549-599.
Munshi, K., Rosenzweig, M., 2006. Traditional institutions meet the modern world: caste, gender, and schooling choice in a globalizing economy. *American Economic Review* 96(4), 1225-1252.
Ottaviano, G.I.P., Peri, G. 2012. Rethinking the effect of immigration on wages. *Journal of European Economic Association* 10(1), 152-197.
Peri, G., Sparber, C., 2009. Task specialization, immigration, and wages. *American Economic Journal: Applied Economics* 1(3), 135-169.
Rooth, D.O., 2011. Work out or out of work: the labor market return to

physical fitness and leisure sport activities. *Labour Economics* 18, 399–409.

Rosen, S., 1981. The Economics of Superstars. *American Economic Review* 71, 845–858.

Saint Onge, J.M., Krueger, P.M., Rogers, R.G., 2008., Historical trends in height, weight, and body mass: data from U.S. Major League Baseball players, 1869–1983. *Economics and Human Biology* 6(3), 482–488.

Schmidt, M.B., Berri, D.J., 2005. Concentration of playing talent: evolution in Major League Baseball. *Journal of Sports Economics* 6(4), 412–419.

Sequeira S, Nunn N, Qian N., 2020. Immigrants and the making of America. *Review of Economic Studies*. 87(1), 382–419.

Stark, O., Wang, Y., 2002. Inducing human capital formation: migration as a substitute for subsidies. *Journal of Public Economics* 86(1), 29–46.

Szymanski, St., 2000. A Market Test for Discrimination in the English Professional Soccer Leagues. *Journal of Political Economy* 108(3), 590–603.

Szymanski, S., 2003. The Economic Design of Sporting Contests. *Journal of Economic Literature* 41(4), 1137–1187.

Tamiya, R., Lee, S. Y., Ohtake, F., 2012. Second to fourth digit ratio and the sporting success of sumo wrestlers. *Evolution and Human Behavior* 33(2), 130–136.

Vidal, J.P., 1998. The effect of emigration on human capital formation. *Journal of Population Economics* 11(4), 589–600.

West, M.D., 2004. *Law in Everyday Japan: Sex, Sumo, Suicide, and Statutes*. Chicago: University of Chicago Press.

Yamamura, E., 2010. Effects of interactions among social capital, income and learning from experiences of natural disasters: a case study from Japan. *Regional Studies* 44(8), 1019–1032.

Yamamura, E., 2011. "Game information, local heroes, and their effect on attendance: The case of the Japanese baseball league," Journal of Sports Economics 12, 20–35.

Yamamura, E., 2012a. Influence of body image in urbanized areas: differences in long-term changes in teenage body mass index between boys and girls in Japan. *Journal of Bioeconomics* 14(3), 243–256.

Yamamura, E., 2012b. Effect of linguistic heterogeneity on technology

transfer: an economic study of FIFA football rankings. *Atlantic Economic Journal* 40(1), 85-99.

Yamamura, E., 2014. Impact of natural disaster on public sector corruption. *Public Choice*, 61(3-4), 385-405.

Yamamura, E., 2015. The impact of natural disasters on income inequality: analysis using panel data during the period 1965 to 2004. *International Economic Journal* 29(3), 359-374.

Yamamura, E., 2016. Natural disasters and social capital formation: the impact of the Great Hanshin-Awaji earthquake. *Papers in Regional Science* 95(S1), 143-164.

Yamamura, E., 2017. Identity, nostalgia and happiness among migrants: the case of the Kōshien high school baseball tournament in Japan. *Pacific Economic Review* 22(5), 792-813.

Yamamura, E., 2019. Do university sports function as advertising in the Japanese higher education market? an analysis of the Hakone Ekiden long-distance relay road race. *Pacific Economic Review* 24(5), 642-658.

Yamamura, E., 2022. Bad weather, social network, and internal migration; case of Japanese sumo wrestlers 1946-1985. Papers 2204. 07891, arXiv.org.

Yamamura, E., Shin, I., 2016. Effect of consuming imported cultural goods on trading partners' tolerance toward immigrants: the case of Japanese anime in Korea. *Review of World Economics* 152(4), 681-703.

ウェブサイト

■第１章

表１資料：日本の長期統計系列』（総務省統計局）https://warp.da.ndl.go.jp/info:ndljp/pid/283520/www.stat.go.jp/data/chouki/02.htm（2023年12月15日閲覧）

■第２章

注19資料：厚生労働省公式サイト「完全生命表」https://www.mhlw.go.jp/toukei/saikin/hw/life/19th/gaiyo.html（2024年１月２日閲覧）

コラム２：博多の魅力「博多の豆知識」https://hakatanomiryoku.com/mame/%E5%B1%B1%E8%88%81%E3%81%8D%E8%A1%A3%E8%A3%85（2023年12月５日閲覧）

■第３章

注５資料：全国都道府県市区町村別面積調　https://www.gsi.go.jp/

KOKUJYOHO/MENCHO-title.htm（2024年１月８日閲覧）
注６資料：総務省統計局「２－５　都道府県、男女別人口（明治17年～平成21年）」http://www.stat.go.jp/data/chouki/02.htm（2015年10月28日閲覧）
コラム３：東京新聞ウェブ版「２代目若乃花死去　69歳元横綱、北の湖らと熱戦」2022年７月19日　https://www.tokyo-np.co.jp/article/190485（2023年12月14日閲覧）
■第４章
注３資料：Google Citation のデータ　https://scholar.google.com/citations?user=OlKVqZ8AAAAJ&hl=en（2023年12月21日閲覧）
■第５章
注２資料：日本相撲協会公式サイト　https://www.sumo.or.jp/Watching/guide/tokyo/schedule/621/（2024年１月17日閲覧）
図４資料：消費動向調査　http://www.esri.cao.go.jp/jp/stat/shouhi/shouhi.html#jikeiretsu（2015年11月11日閲覧）
■第６章
図１資料：総務省時計局のオンラインサイト。
・2010~2020の外国人データ http://www.moj.go.jp/housei/toukei/toukei_ichiran_touroku.html（2023年９ 月20日閲覧）
・１ 968~2009の外国人データ　http://www.stat.go.jp/data/chouki/02.htm（2015年10月21日閲覧）
・日本全体人口データ　https://www.stat.go.jp/data/jinsui/2.html#series（2024年１ 月９ 日閲覧）
コラム６資料：半田赤煉瓦倶楽部「赤レンガ・カブトビール　物語」https://akarenga-handa.jp/%e7%ac%ac1%e7%ab%a0%e3%80%80%e3%82%ab%e3%83%96%e3%83%88%e3%83%93%e3%83%bc%e3%83%ab%e7%89%a9%e8%aa%9e/（2024年１月３日閲覧）
■第７章
コラム７資料：プレジデントオンライン　https://president.jp/articles/-/71676?page=１（2023年12月20日閲覧）
■第８章
注12資料：外務省公式サイト「わかる！国際情勢　Vol. 65モンゴル：良き隣人としての絆」https://www.mofa.go.jp/mofaj/press/pr/wakaru/topics/vol65/index.html（2023年12月27日閲覧）
■第10章
表１資料：NHK スポーツ「特集：力士の給与っていくらなの？」2020年６月24日 https://www3.nhk.or.jp/sports/story/4900/（2023年12 月26日閲覧）

注４資料：文部科学省ウェブサイト「（補論２）我が国高等教育のこれまでの　歩　み　」https://www.mext.go.jp/b_menu/shingi/chukyo/chukyo0/toushin/attach/1335599.htm（2024年１月９日閲覧）。
コラム10資料：飯塚さき「千代大海インタビュー」Number Web: SUMO Press. 2022年９月10日　https://number.bunshun.jp/articles/-/854548?page=１（2024年１月10日閲覧）
■第11章
コラム11資料：「錣山親方告別式に400人参列『本当に本当に、本当に本当に、ものすごく優しくていい人でした』」『日刊スポーツ』（20223年12月24日）https://www.nikkansports.com/battle/sumo/news/202312240000042.html（2024年１月18日閲覧）
■第12章
注４資料：第四十八代横綱大鵬オフィシャルサイト：https://www.taiho-yokozuna.com/profile/index.html（2023年７月18日閲覧）
■日本評論社『経済学で読み解く大相撲300年史』ウェブサイト
https://www.nippyo.co.jp/shop/book/9432.html

著者紹介

山村 英司（やまむら・えいじ）

1968年生まれ。北海道札幌市出身。

西南学院大学経済学部教授。専門は行動経済学、開発経済学。博士（経済学）。早稲田大学社会学部卒、東京都立大学大学院社会科学研究科経済学専攻単位取得退学。2003年、西南学院大学経済学部専任講師。助教授、准教授を経て、2011年より現職。

著書・論文：『義理と人情の経済学』（東洋経済新報社、2020年）、"Performance in Mixed-Sex and Single-Sex Competitions: What We Can Learn from Speedboat Races in Japan," *Review of Economics and Statistics*, 2018, 100(4), pp.581-593.（Alison Booth 氏との共著）

経済学《けいざいがく》で読《よ》み解《と》く大相撲《おおずもう》300年史《ねんし》

本所《ほんじょ》、そして両国《りょうごく》の磁場《じば》

2025年1月26日　第1版第1刷発行

著　者——山村英司

発行所——株式会社日本評論社

〒170-8474　東京都豊島区南大塚3-12-4

電話　03-3987-8621（販売）　03-3987-8595（編集）

ウェブサイト　https://www.nippyo.co.jp/

印　刷——精文堂印刷株式会社

製　本——株式会社難波製本

装　幀——有田睦美（本文デザイン含む）

ISBN978-4-535-54096-5　　Printed in Japan

「浅草の相撲」（部分）

コウシェロン・オーモト（クウシェロン・アアモット）1893/(Coucheron-Aamot, William, b. 1868)

国際日本文化研究センター収蔵